marcado pela própria natureza

O Imperial Instituto
Fluminense de Agricultura
1860 a 1891

marcado pela própria natureza

O Imperial Instituto
Fluminense de Agricultura
1860 a 1891

Begonha Bediaga

Rio de Janeiro, 2014

Fundação Carlos Chagas Filho de Amparo
à Pesquisa do Estado do Rio de Janeiro

Preparação de originais
     Sandra Frank
Revisão
     Tathyanna Viana e Déborah Vasconcelos
Capa e projeto gráfico de miolo
     Mary Paz Guillén
Diagramação
     Ana Paula Oliveira
Imagens
     Biblioteca Nacional
     Foto Marc Ferrez / Coleção Gilberto Ferrez / IMS - capa e páginas
     36/39/68/71/81/84/85

Ficha catalográfica elaborada pela Biblioteca Mario Henrique Simonsen/FGV

Bediaga, Begonha
     Marcado pela própria natureza: o Imperial Instituto Fluminense de Agricultura –
1860 a 1891 / Begonha Bediaga. - Rio de Janeiro : Editora FGV, 2014.
     236 p.

     Inclui bibliografia.
     ISBN: 978-85-225-1506-6

     1. Imperial Instituto Fluminense de Agricultura – História. 2. Agricultura -
Brasil - História. I. Fundação Getulio Vargas.

                                                              CDD – 630.981

Ao Cadinho, sempre.
A Felipe e Gustavo, generosidades da vida.

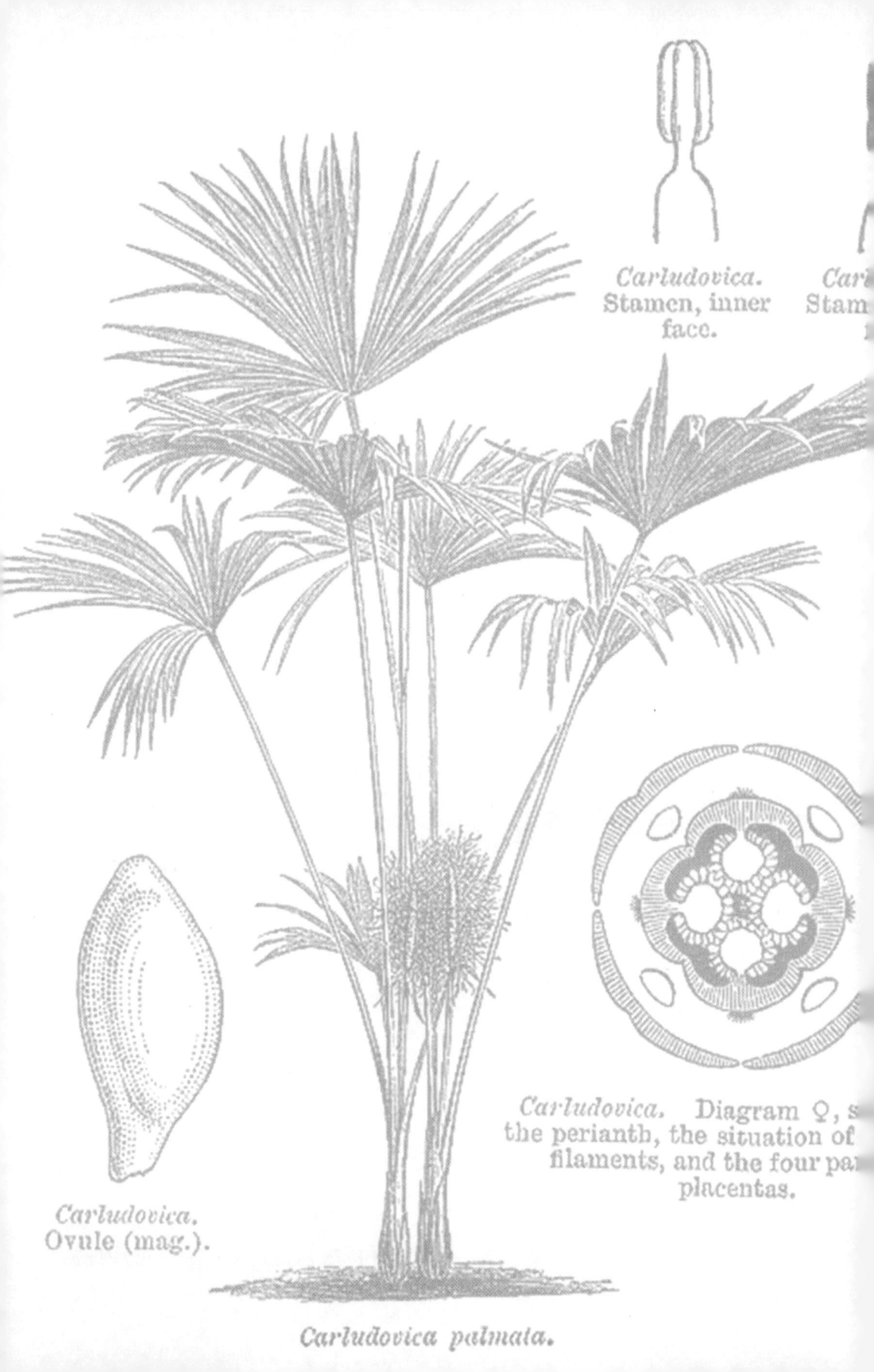

Carludovica.
Stamen, inner
face.

Car[
Stam

Carludovica. Diagram ♀, s
the perianth, the situation of
filaments, and the four pa
placentas.

Carludovica.
Ovule (mag.).

Carludovica palmata.

SUMÁRIO

AGRADECIMENTOS

Ao pensar nos agradecimentos, me vem à cabeça a frase de Guimarães Rosa em *Grande sertão: veredas:* "A colheita é comum, mas o capinar é sozinho". No momento, sinto o prazer da *colheita* ao publicar este livro com a pesquisa de minha tese de doutorado, defendida em 2011. Contudo, percebo que meu *capinar* não foi solitário; tive a sorte de contar com pessoas especiais, sobretudo minha orientadora, Maria Margaret Lopes, que, com seu estímulo carinhoso e assertivo aliado à cobrança profissional, foi decisiva na elaboração da pesquisa. Contei também com a coorientação de Léa Velho, presente de forma competente e terna nos momentos de definição, incluindo o presente livro.

Maria Amélia Dantes e Flávio Edler, na qualificação da tese, definiram o rumo da pesquisa ao apontar os *roçados* que deveriam ser explorados. Na banca de defesa da tese, as contribuições de Silvia Figueirôa e José Augusto Pádua colaboraram para o formato final. Obrigada pela *colheita*!

Para aprender a *capinar*, lembro dos colegas da Casa de Oswaldo Cruz/Fiocruz, onde iniciei minha carreira profissional. Ali tive o privilégio de compartilhar o trabalho com pessoas brilhantes, que me auxiliaram a consolidar a base do que sei hoje. Um aprendizado e tanto. Importantes também foram os companheiros de trabalho do Museu Imperial em outros tempos. O acolhimento afetivo e generoso que recebi desde o início da pesquisa no acervo da instituição reconfortou minha alma e foi fundamental no resultado final.

Agradeço ao Jardim Botânico do Rio de Janeiro pelo incentivo à qualificação dos funcionários, e por permitir meu afastamento para o doutorado. Aos colegas da instituição também sou grata pelo estímulo e apoio às pesquisas históricas.

Aos amigos que compartilharam comigo as dúvidas e os acertos, em especial à Regina Marques, que além de amiga querida foi revisora da tese com esmero e competência.

Aos meus pais Elisa e Nemesio, pela herança do prazer na leitura e da busca incessante pelo saber, que espero estarem aqui refletidos.

Por fim, aos meus filhos Gustavo e Felipe, pelo amor, e ao Cadinho, companheiro da vida, que torna tudo mais prazeroso.

APRESENTAÇÃO

Um projeto prospectivo e educacional: a propósito de uma apresentação

Maria Margaret Lopes | Léa Maria Velho

O Imperial Instituto Fluminense de Agricultura – o IIFA – conta com mais uma contribuição à sua história. A tese de doutorado de Begonha Bediaga, defendida no Programa de Ensino e História das Ciências da Terra do Instituto de Geociências da Unicamp, publicada agora em livro, revela eventos e ações e acrescenta novos detalhes para compor um quadro mais abrangente do que foi o IIFA, instituição acompanhada de perto pelo imperador d. Pedro II, através de seu amigo Pedreira – Luís Pedreira do Couto Ferraz –, o visconde do Bom Retiro, que, por cerca de 40 anos, esteve a serviço do Império.

A trajetória do IIFA, recriada pela autora, inclui uma descrição das atividades do Jardim Botânico do Rio de Janeiro, desde seu processo formal de incorporação ao instituto, em 1860; da Fazenda Normal; do Asilo Agrícola e da *Revista Agrícola*. Destacam-se os projetos de melhoramento da agricultura, de incorporação de práticas científicas e de introdução de máquinas e instrumentos agrícolas, que nem sempre foram concretizados, o que não significa que não tenham existido.

Begonha Bediaga identifica a "consolidação e o auge" da trajetória da instituição, marcada por controvérsias, nas direções de Frederico Leopoldo César Burlamaqui e Guilherme Süch de Capanema, os conhecidos diretores do Museu Nacional do Rio de Janeiro e de sua seção de geologia, membros proeminentes da Sociedade Auxiliadora da Indústria Nacional, defensores ardentes de uma agricultura trabalhada por mão de obra

VAGÕES PUXADOS POR JUMENTO NOS TRILHOS QUE INTERLIGAVAM OS ESTABELECIMENTOS DO IMPERIAL INSTITUTO FLUMINENSE DE AGRICULTURA: JARDIM BOTÂNICO, FAZENDA NORMAL E ASILO

Museu do Meio Ambiente/ JBRJ

livre e apoiada nos avanços técnicos trazidos da Europa. Argumenta, também, que, agindo sob a "dissimulada orientação do monarca", Couto Ferraz não teria se mostrado, à frente do IIFA, o empreendedor que fora em seus cargos políticos nas administrações provinciais e ministeriais.

Mais do que partir acriticamente apenas da premissa da identificação do IIFA ao imperador e seus amigos, este trabalho relê a criação do IIFA pela iniciativa do governo imperial, "à semelhança dos congêneres" do Nordeste. O IIFA é aqui considerado na perspectiva, já proposta por Léa e Paulo Velho, que não ignora que a ciência agrícola também no Brasil se conformou como uma ciência tipicamente aplicada, que exigiu estratégias específicas para se institucionalizar. Entre essas estratégias, destaca-se a *Revista Agrícola*, com seus inúmeros artigos sobre a cana-de-açúcar, enquanto a cultura cafeeira se desenvolvia no centro-sul do país. Na direção da publicação e "principal legado da memória do IIFA", segundo a autora, ao longo de seus 22 anos de existência, estiveram outras figuras ativas no universo técnico-científico do Império: o professor da Politécnica, Miguel Antonio da Silva; o médico Nicolau Joaquim Moreira, ativista da abolição e diretor da seção de botânica do Museu Nacional e Ladislau Netto, diretor do Museu Nacional.

Os processos gerais de construção da nação têm, em muito, ocupado a historiografia brasileira em análises que, mesmo necessárias, por vezes obscurecem a complexidade de articulações específicas, às vezes até mais simples, mas que também configuraram processos culturais, técnico-científicos, políticos, tanto em suas dimensões individuais – de certos atores – como em suas dimensões mais coletivas – de grupos associativos, de setores sociais, de setores das comunidades técnico-científicas que se forjavam.

O projeto do IIFA se consolida em pleno início do chamado renascer liberal dos anos 1860, vinculado à nova e poderosa Secretaria de Estado dos Negócios da Agricultura, Comércio e Obras Públicas, também da mesma época. E *melhoramentos* – expressão reveladora de concepções que sustentaram projetos de construção da nação por setores das elites brasileiras, como lembra Inez Turazzi – podem também ser identificados como muitas das intenções dos projetos do IIFA.

A tese defendida por Begonha, longe de ignorar a atuação específica das instituições científicas, de seus articuladores e de seus projetos educativos e prospectivos para a nação – viabilizados ou não –, discute e identifica como tais práticas foram desempenhadas por esses senhores. Eles, plenamente inseridos nas contradições da vida de seu tempo, conceberam o IIFA nos moldes das fazendas normais características dos países latino-americanos; em escola agrícola para qual, por indicação de outro amigo do imperador – Capanema –, contratam um professor estrangeiro: Carlos Glasl.

Mais do que acrescentar elementos à história do IIFA, *Marcado pela própria natureza* se configura como uma contribuição à história não só das elites agrárias do país, como das elites técnico-científicas do Segundo Império. Uma contribuição não só à história da agricultura, à história da química, mas também à institucionalização da agronomia no país. E como não poderia deixar de ser, na segunda metade do século XIX, traz elementos para história da escravidão, que não tem se detido muito nas dimensões técnico-científicas daqueles que, mesmo contraditoriamente, pretendiam superá-la através da substituição da mão de obra escrava pelos "melhoramentos" técnicos.

Moinho de Mahondeau, ilustração de aparelho mecânico da Exposição Universal de Paris de 1867

Revista Agrícola
Biblioteca/JBRJ

Livro de Registro

das

Actas da Directoria do Imperial Instituto Fluminense d'Agricultura, Officios dirigidos ao Governo e outras Authoridades, Regulamentos, &.ª

Este Livro contem 150 paginas

Dr. Frederico Leopoldo Cesar Burlamaqui
Secretario da Directoria

INTRODUÇÃO

O Imperial Instituto Fluminense de Agricultura (IIFA) foi criado em 1860 por decreto imperial, juntamente com outros imperiais institutos de agricultura, como os da Bahia, de Pernambuco e de Sergipe. Embora fosse uma instituição de caráter privado, com personalidade jurídica e patrimônio próprio, suas atividades eram reportadas nos relatórios anuais do Ministério da Agricultura, Comércio e Obras Públicas (Macop), do qual recebia subvenção anual. Ademais, os membros da diretoria e do conselho fiscal, além do presidente e vice-presidente, eram nomeados pelo imperador.

No estatuto de criação, verifica-se que seus principais objetivos eram a busca de alternativas para a mão de obra escrava, através da vinda de colonos estrangeiros; o aprimoramento de máquinas e instrumentos para incrementar a produção agrícola; o apoio às investigações acerca de solo e adubagem e de aclimatação de novas espécies; e estudos de variedades de vegetais, em especial as que tivessem retorno econômico. Observam-se, também, os propósitos de criar escolas agrícolas e incentivar publicações que propiciassem a circulação de informações sobre agricultura.

As pesquisas históricas sobre o IIFA são muito escassas. Quando abordado, é referido, de modo geral, como agremiação de representação dos grandes proprietários rurais da província do Rio de Janeiro. Por sua vez, a *Revista Agrícola* – publicação oficial da instituição – também é pouco mencionada na maioria das pesquisas sobre publicações no século XIX.

Autores que se dedicaram à história das ciências pouco fazem referência ao IIFA, a exemplo de Azevedo (1994), que não menciona o instituto em seu livro de 1955 sobre as ciências no Brasil; Schwartzman (2001), que considera a criação da Estação Agronômica de Campinas, em 1887, o marco inicial da pesquisa agrícola no país; e Motoyama (2004), que em obra sobre a história da ciência e tecnologia no Brasil discorre sobre a Sociedade Auxiliadora da Indústria Nacional (Sain) e o Instituto Histórico e Geográfico Brasileiro (IHGB), mas nada relata sobre o IIFA. Do mesmo modo, causa estranheza que o clássico livro de Carone (1978) sobre a indústria no Rio de Janeiro dedique um capítulo à Sain, discorra sobre a criação do IHGB, comente a instalação dos imperiais institutos de agricultura da Bahia, de Pernambuco e de Sergipe, analise ainda a questão agrícola com muita propriedade e conhecimento do assunto, porém ignore o IIFA.

Na área da história da botânica, Arthur Neiva (1929) também não tratou do instituto fluminense, e Leitão (1937) dedicou apenas um parágrafo à administração do Jardim Botânico do Rio de Janeiro (JBRJ), no período em que esteve vinculado ao IIFA. Para o autor, essa foi a época em que o jardim esteve "reduzido a simples ponto de recreio, facilitados os piqueniques ao ar livre" (Leitão, 1937:209).

Algumas análises históricas sobre o JBRJ basearam-se nas publicações de seu diretor João Barbosa Rodrigues,[1] que considerava a fase em que a instituição esteve vinculada ao IIFA um "desvio" de trajetória, por ter ela se dedicado, naquele período, à química e ciência agronômica, contrariando sua vocação tradicional, a pesquisa botânica. A historiografia não conta com qualquer trabalho que confronte as ideias de Barbosa Rodrigues sobre o assunto; ao contrário, suas obras costumam ser utilizadas acriticamente, sem que elas ou seu autor sejam contextualizados.

No entanto, a história do IIFA é mais rica e complexa do que parece apontar, por omissão, a historiografia. Apesar de não ter sido reconhecida como uma das instituições científicas do século XIX ou uma associação científica *stricto sensu*, certamente cabem estudos que analisem seu papel na produção de conhecimento científico e sua influência no estabelecimento, no país, de instituições públicas no campo das ciências agronômicas.

Quanto à *Revista Agrícola*, não obstante ser encontrada ainda hoje em algumas bibliotecas, grande parte dos autores que pesquisaram periódicos no século XIX a ela não se referem. O periódico constitui o principal legado da memória do IIFA e foi publicado ininterruptamente durante 22 anos – um longo período, se considerarmos que poucas revistas sobreviveram por tanto tempo nessa época.

Em *História da imprensa no Brasil*, Vianna (1945:82) dedica um capítulo à "Imprensa científica agrícola". Nele, comenta o primeiro periódico de agricultura do Brasil, o *Jornal da Sociedade de Agricultura, Comércio e Indústria da Província da Bahia*, editado em Salvador (1832-1836); refere-se a *O Auxiliador da Indústria Nacional*, periódico da Sain; e discorre longamente sobre a importância da *Revista do IHGB*, inclusive para a área científica do país. Mas ignora a *Revista Agrícola*. Outra importante obra sobre a imprensa no Brasil, ainda mais citada que a de Vianna, é a de Nelson Werneck Sodré (1999). Considerada o mais completo trabalho

---

1 João Barbosa Rodrigues (1842-1909) assumiu a direção do Jardim Botânico (1890-1909) logo após o fim da monarquia e buscou imprimir à sua gestão um "caráter científico", criticando seus antecessores. As publicações a que me refiro são: *Hortus fluminensis*. Rio de Janeiro: Tip. Leuzinger, 1890 e *O Jardim Botânico do Rio de Janeiro: uma lembrança do 1o centenário*. Rio de Janeiro: Banco Safra/JBRJ, 1998.

sobre o assunto, nela a *Revista Agrícola* nem sequer é mencionada, tampouco seus editores.

Trabalhos mais recentes também deixam de lado o periódico do IIFA, como o de Vergara (2003:55-61), que elenca vários periódicos do século XIX, entre eles *O Auxiliador* e a *Revista do IHGB*. Entretanto, o estudo de Pádua (2002) assinala a relevância política, cultural e econômica do IIFA e, em especial, da *Revista Agrícola*, e aponta a urgência de pesquisas acerca do assunto. O trabalho, dedicado ao pensamento ambiental no Brasil do século XIX, defende que a crítica à destruição ambiental, no período, esteve atrelada à urgência de pôr fim à escravidão, e a documentação produzida pelo IIFA e a *Revista Agrícola* serviram de fontes para que o autor corroborasse sua tese. Pádua considera que os redatores do periódico, Miguel Antonio da Silva e Nicolau Joaquim Moreira, eram críticos com relação à destruição ambiental, além de abolicionistas. Entre as observações do autor, vale destacar:

João Barbosa Rodrigues, reconhecido botânico que assumiu a direção do Jardim Botânico posteriormente à extinção do IIFA

Museu do Meio Ambiente/JBRJ

> Nesse sentido, o IIFA tornou-se um espaço entre intelectuais, fazendeiros, políticos e outros membros da elite social. Apesar de a maior parte dessa elite viver de práticas agrícolas fundadas no escravismo e nos métodos predatórios da monocultura, o fato surpreendente é que a direção intelectual do Instituto [Fluminense de Agricultura] foi ocupada em grande parte por pensadores comprometidos com a crítica do atraso agrícola, da destruição ambiental e, em vários casos, do próprio trabalho escravo [...].

É bastante inusitado constatar, dessa forma, que o principal órgão de reflexão sobre as questões rurais no Brasil monárquico, um meio privilegiado de comunicação direta com os proprietários, estava entregue nas mãos de dois estudiosos que eram profundamente críticos das práticas adotadas por esses proprietários – não obstante o fato de que, no caso do escravismo, essas críticas eram expressas de forma cautelosa. Mesmo sem uma análise mais profunda da sociologia desse fenômeno, penso que esse tipo de realidade dificulta a identificação simples e direta da revista do Imperial Instituto Fluminense de Agricultura com a representação ideológica dos proprietários rurais, como querem alguns analistas [Pádua, 2002:211].

A falta de informações sobre o perfil dos leitores da *Revista Agrícola*, sua tiragem e o impacto que teve nos debates e na agricultura da época me impedem de ratificar a afirmação do autor sobre ter sido ela o "principal órgão de reflexão sobre as questões rurais no Brasil monárquico". Ademais, ainda existe carência de estudos sobre outros periódicos que circulavam então e cujo escopo era a agricultura, como *O Auxiliador*, da Sain, e jornais de cunho comercial, como a *Revista de Horticultura* (1876-1879). Contudo, concordo com Pádua quanto à necessidade de análises que respondam questões com que ele deparou ao historicizar o IIFA e, também, a *Revista Agrícola*.

Recentemente a *Revista Agrícola* foi objeto de pesquisa de mestrado. Seu autor, Capillé (2010), teve o mérito de ser o primeiro a enfrentar as dificuldades de um estudo tão árido, ao menos do ponto de vista das ciências humanas. Sua formação em ciências biológicas contribuiu com esclarecimentos acerca das análises químicas que identificavam os nutrientes das cinzas das plantas e muitas outras informações sobre os artigos do periódico. Segundo o autor, a dissertação objetivou:

> [...] a compreensão dos conhecimentos técnicos e científicos coadjuvantes do processo de modernização da agricultura brasileira no século XIX, a partir da pesquisa dos noventa números da *Revista Agrícola*, onde foi possível perceber padrões de crescente especialização dos conhecimentos científicos, e decrescente esforço na vulgarização para o leitor leigo [Capillé, 2010, s.p.].

Por sua vez, a análise de Tamás Szmrecsányi (1990) aponta de forma precisa, embora resumida, as motivações para a fundação dos institutos agrícolas (que o autor denomina estações agronômicas), como resposta do Estado às insatisfações dos proprietários rurais com o fim do tráfico de escravos:

Foi a partir da proibição do tráfico que se começou a cogitar mais seriamente (ao lado da imigração subsidiada de trabalhadores livres do exterior para substituir a mão de obra escrava) a implantação pelo governo de estações agronômicas para testar e introduzir no país tanto novas variedades de plantas e animais, como métodos mais modernos de cultivo e criação [Szmrecsányi, 1990:50].

A única pesquisa exclusivamente dedicada ao IIFA, a dissertação de Martins (1995:28), é uma referência constante no presente livro. Seus estudos e dados estatísticos sobre os membros do instituto, obtidos com intenção de "identificar a elite presente na instituição" (p. 28), me foram muito úteis e possibilitaram elencar elementos para aprofundar a pesquisa sobre a instituição.

Considero norteadora da minha pesquisa a hipótese com que Martins trabalha e demonstra confirmar-se ao longo de sua dissertação:

Procurou-se demonstrar que o Imperial Instituto Fluminense de Agricultura foi resultado de uma política da elite imperial que visava cooptar os poderes locais para um projeto nacional de modernização agrícola, na medida em que este era o caminho possível para execução das reformas, dentro de uma estrutura social e política rigidamente hierarquizada. O projeto defendido pela elite política, contando com a colaboração e participação de diferentes grupos que compunham a elite imperial brasileira, baseava-se na defesa da mão de obra livre e especializada, através do ensino profissional agrícola, na diversificação dos gêneros e na modernização das técnicas de cultivo, porque essa se mostrava a melhor maneira de salvar da crise a agricultura fluminense, sem ameaçar a estrutura da grande propriedade [Martins, 1995:26].

Porém, ao analisar principalmente as elites imperiais no IIFA, a dissertação de Martins não problematiza a história da instituição, tampouco questiona algumas "verdades" historiográficas sobre as quais proponho uma interpretação distinta. Por exemplo, baseada na dissertação de José Luis Werneck da Silva (1979), a autora afirma: "O Imperial Instituto surgiu, tal como ocorrera anteriormente com o Instituto Histórico e Geográfico Brasileiro, da já antiga Sociedade Auxiliadora da Indústria Nacional" (Martins, 1995:62). A pesquisa de Werneck da Silva tem o mérito de abordar a Sain de forma pioneira, porém, ao analisar o IIFA, o autor limita-se a afirmar que a Sociedade "serviu de berço, modelo e hospedeira para o Imperial Instituto Fluminense de Agricultura" (Silva, 1979:111). Os estudos de Heloísa Domingues sobre o tema também são referências importantes (1995, 2001a, 2001b). Ela ratifica Werneck da Silva ao referir-se ao IIFA como "uma seção [da Sain] especializada nos assuntos de agricultura" (Domingues, 2001b:85) e ao afirmar que o "Imperial Instituto Fluminense de Agricultura nasceu nos moldes de uma associação científica, tal como era organizada a Sociedade Auxiliadora da Indústria Nacional, sua inspiradora" (Domingues, 1995:206). Defendo, ao contrário, que, a despeito de apresentar semelhanças importantes com essas instituições – as quais analiso no capítulo 1 –, o IIFA foi criado em contexto muito diverso e com objetivos distintos. E argumento, sobretudo, que não foi a Sain a projetar e criar o IIFA; a proposta partiu do governo, que sugeriu àquela sociedade incorporar-se ao projeto de criação do instituto, cuja denominação proposta pelo governo seria Imperial Instituto Agrícola e Industrial.[2] O projeto não se concretizou, apesar da concordância da Sain, porém isso indica que ela não foi a idealizadora do IIFA, mas sim que, ao contrário, buscou se incorporar ao projeto de institutos agrícolas nas províncias.

Portanto, entendo que a criação do IIFA foi uma iniciativa do Estado imperial e constituiu um espaço semiprivado de atuação de proprietários rurais, homens das ciências e representantes do Estado imperial, empenhados em buscar alternativas às formas tradicionais de produção agrícola, englobando desde o uso de equipamentos agrícolas e o preparo do solo, até a origem da mão de obra.

Creio, também, que cabe analisar o IIFA no contexto de criação dos demais institutos agrícolas nas províncias, e não apenas circunscrevendo-o à Corte e à província fluminense. As motivações políticas e econômicas de sua criação podem ser resumidas como uma tentativa, por parte do Estado, de apresentar compensações aos produtores rurais, que se mostravam insatisfeitos com as reformas da década de 1850.[3]

Estudos de Nilton Araújo acerca dos institutos agrícolas, em especial o Imperial Instituto Baiano de Agricultura (IIBA), resultam de pesquisas em fontes inéditas.[4] O autor considera esses institutos um "conjunto de associações de classe que deveriam animar e dar desenvolvimento à lavoura de suas respectivas províncias, auxiliando o governo Geral e Provincial [...]" (2010:73). Quanto ao IIBA, apesar de ter sido criado quase simul-

---

2 Ver *O Auxiliador da Indústria Nacional*, p. 164-167, maio 1860; p. 283-285, ago. 1860.
3 Refiro-me, sobretudo, ao fim do tráfico de escravos e à Lei de Terras, conforme abordado no capítulo 1.
4 Destaco especialmente *A Escola Agrícola de São Bento das Lages e a institucionalização da agronomia no Brasil* (1877-1930). Dissertação (mestrado) – Universidade Estadual de Feira de Santana, Feira de Santana, 2006 e *Pioneirismo e hegemonia*: a construção da agronomia como campo científico na Bahia (1832-1911). Tese (doutorado) – Universidade Federal Fluminense, Niterói, 2010.

taneamente ao da província fluminense, de Pernambuco e Sergipe,[5] teve especificidades na sua trajetória determinadas pela conjuntura daquela província. Em relação ao IIFA, a presente pesquisa tenta mostrar que a instituição fluminense não se constituiu como "associação de classe".

Importante diferença entre os institutos agrícolas criados no país em meados do século XIX foi a composição de suas administrações. Nos nordestinos, os governos provinciais estiveram à frente, inclusive na indicação de presidente e membros da diretoria e do conselho fiscal. Já no IIFA, conforme mencionado, o corpo diretivo era de escolha pessoal do imperador e, formalmente, o ministro da Agricultura era o presidente de honra. O instituto fluminense situava-se na Corte e entre seus membros encontravam-se agentes do governo e políticos de abrangência nacional. Além do mais, o imperador era frequentador assíduo das reuniões de sua diretoria. Portanto é possível inferir que o IIFA configurou-se com propósitos sobretudo de abrangência nacional, em contraponto, por exemplo, ao IIBA, que buscava atender unicamente à província baiana.

Outra referência importante para esta pesquisa é a tese de Laura Pang (1981) acerca dos clubes agrícolas, instituições privadas de interesses agrários locais, especialmente os relativos à agricultura de exportação. A autora explica que não incluiu o IIFA no rol desses clubes por ter sido a instituição criada pelo governo e ser por este subsidiada; por motivos semelhantes, a Sain também não foi contemplada na referida tese. Porém, ao analisar a trajetória de um dos clubes, a Sociedade Círculo Agrícola de São José de Cacaria, entre 1860 e 1861, Pang compara sua representatividade com o IIFA: enquanto este recrutara 160 membros em toda a província do Rio de Janeiro, o Cacaria, em menos de dois anos de existência e com atuação circunscrita à região do Vale do Paraíba, tivera duas vezes mais sócios. Para a autora, o intento original do Estado, ao criar o IIFA, era colocar os lavradores fluminenses sob tutela imperial, e o fraco desempenho do instituto, em relação à representatividade junto aos produtores rurais, se comparado à Sociedade Cacaria, demonstra que produtores rurais e governo imperial não compartilhavam as mesmas perspectivas e objetivos, razão por que o IIFA não logrou "posição de comando na província do RJ" (Pang, 1981:2), isto é, de liderança junto aos produtores rurais

A constatação de Pang se soma aos comentários de Clitarco,[6] propagador da Sociedade Cacaria no jornal de sua propriedade, o *Diário do Rio de Janeiro*. Clitarco foi um crítico feroz da criação dos institutos agrícolas, que na sua opinião seriam um "remédio heroico" do governo em busca de uma política para o setor agrícola. Também zombava do caráter aristocrático do IIFA:

5 Respectivamente, decretos nº 2.500 de 1/11/1859, nº 2.516 de 22/12/1859 e nº 2.521 de 20/1/1860. O IIFA foi criado pelo Decreto nº 2.607 de 30/6/1860. Apesar da criação do Imperial Instituto Rio-Grandense de Agricultura, através do Decreto nº 2.816 de 14/8/1861, a iniciativa não foi avante.
6 Segundo Pang (1981), Clitarco era o pseudônimo de Saldanha Marinho.

O nosso país necessita muito de criar escolas práticas de agricultura... (*férmes modele* de agricultura) em diferentes pontos do Império, a fim de propagar, e de aperfeiçoar a cultura da terra; e de sociedades que promovam deveras os interesses reais da agricultura. Diversas sociedades dessas se criaram na Europa sob a proteção imediata dos governos para aumentar e beneficiar a arte agrícola. Uma também existe na corte, que não preenche contudo aqueles fins, e que mais acertadamente se poderia chamar de associação aristocrática e de luxo palaciano, do que sociedade agrícola [Clitarco, 1861].

O exagero da expressão "luxo palaciano" parece dever-se, em parte, às "frases de efeito" do jornalismo de oposição exercido por Saldanha Marinho, posto que as dificuldades financeiras por que o IIFA passava – referidas adiante – não permitiriam isso. Mas Clitarco tinha razão quanto ao grande número de titulados entre os membros da instituição e seu viés aristocrático.

Pang, por sua vez, fornece elementos que fortalecem a análise empreendida no presente estudo e que, portanto, não corroboram os argumentos de Domingues, quando ela afirma: "Apesar de ter tido respaldo governamental, estes institutos [agrícolas] eram autônomos no sentido de eleger as suas diretorias e redigir estatutos. Eram mantidos com verba do governo, mas, principalmente dos sócios" (Domingues, 2001b:41-42). Pang identificou que a contribuição dos sócios, na manutenção do IIFA, era irrisória e que a instituição sobreviveu durante 31 anos sobretudo com verba governamental.

As inúmeras intervenções de ministros do Macop no sentido de autorizar verbas para a instituição e as tentativas, por parte do Senado, de boicote a aumentos na dotação orçamentária do governo ao IIFA, além dos embates acerca do assunto, são apresentadas na presente pesquisa, em especial no capítulo 2, e mostram o quão era necessário o dinheiro do Estado para o sustento da instituição.

Com base nos autores mencionados e na análise de fontes de pesquisa, sugiro que o IIFA foi uma criação do Estado imperial em busca do apoio de produtores rurais, e que os demais institutos agrícolas, a despeito de terem motivações semelhantes na sua fundação, tomaram rumos distintos, conforme a conjuntura política e econômica de suas províncias. Tentarei demonstrar, pela análise de sua trajetória, que o IIFA não teve origem em iniciativas de proprietários rurais, e que ele teve um caráter mais governamental do que se poderia supor, diante de sua conformação como instituição de cunho privado.

Trabalho também com a hipótese de que o IIFA tenha servido de lócus de afirmação e legitimação das ciências agrícolas, com vistas a sua institucionalização e constituição de espaços científicos próprios. A discussão dessa hipótese pressupõe o entendimento acerca do conceito de institucionalização e instituição científica. Historiadores das ciências como Lopes e Oliver e Figueirôa[7] assim definem os referidos conceitos:

Por institucionalização das ciências entendemos o processo de construção de uma prática e de discursos científicos que requerem um conjunto de medidas de implantação, desenvolvimento e consolidação em determinadas conjunturas espaço-temporais específicas.

Se neste processo os elementos mais visíveis são as chamadas instituições científicas, no entanto ele não se restringe a análises meramente funcionais destas últimas. As quais, aliás, são aqui compreendidas de forma ampla, englobando não só institutos de pesquisa, mas o conjunto de todas as possibilidades de realização e divulgação de investigações científicas. O que quer dizer que um museu, uma revista, uma expedição de exploração, são igualmente espaços institucionais, embora apresentem características diversas e específicas [Lopes, 1999a:217].

Como instituição compreendemos um dado local que serve como canal de trânsito e discussão entre pessoas, conhecimentos, artefatos e ideologias e tem por finalidade última a elaboração, verificação e continuação do conhecimento científico como legítimo e verdadeiro [Oliver e Figueirôa, 2006:105].[8]

Já Velho e Velho (1997:215) entendem que "a ciência agrícola emergiu como uma ciência tipicamente aplicada, com características particulares e que exigiu estratégias específicas para se institucionalizar".

Com base nesses autores, compreendo instituição científica como espaço reservado à teoria e/ou práxis de disciplinas científicas, ou ainda um lócus onde circulam debates científicos e se estabelecem identidades entre investigadores em torno de objetos de pesquisa em comum, de forma que o órgão/estabelecimento/agremiação/organização se constitui com objetivos voltados sobretudo à pesquisa de base científica.

Quanto à institucionalização das ciências agrícolas no Brasil na metade do século XIX, entendo que ela pode ser analisada com base nas iniciativas de organizações ou grupos, com vistas à experimentação de novas técnicas de cultivo, aprimoramento de variedades de plantas, reprodução e melhoria de raças de animais e utilização de laboratórios químicos na análise de solos e vegetais. Tais iniciativas proporcionam indícios que

---

7 Respectivamente, Maria Margaret Lopes (1999a:217-230); Graciela Oliver e Silvia Figueirôa (2006:104-115).
8 A respeito desse tema, ver também: Dantes (2001a); Figueirôa (1997); Vessuri (1994:168-200) e Oliver (2005).

permitem apontar que os campos científicos da agronomia, zootecnia, química agrícola, pedologia, meteorologia agrícola, silvicultura, entomologia agrícola, fitopatologia, entre outros, estiveram presentes na trajetória do IIFA e, com mais evidência, na publicação oficial da instituição – a *Revista Agrícola*.

O IIFA, por sua vez, é aqui abordado como uma instituição criada pelo Estado e dirigida por setores das elites do Império, com o propósito de incrementar a agricultura. As ciências agrícolas se fizeram presentes nos debates, e os homens das ciências vislumbraram, no instituto, um espaço de experimentação e demonstração da utilidade das atividades científicas no espaço rural.

Importa observar que o IIFA e sua *Revista Agrícola* não restringiram suas áreas de atuação à agricultura, como podem sugerir suas denominações. Seu escopo foram os espaços e as atividades rurais, entendidas e tratadas de forma mais ampla do que as atividades científicas poderiam dar conta. Temas como a instrução do homem do campo, a escravidão, a imigração e a questão das terras foram igualmente objeto de debates travados na instituição.

***

Cabe, a esta altura, uma reflexão sobre as atividades científicas desenvolvidas e divulgadas pelo IIFA, reflexão esta fundada no pressuposto da atividade científica como um processo cultural e político que, a despeito de mecanismos próprios, se integra ao contexto maior em que ocorre. Para tanto, baseio-me em autores como Saldaña, que, ao investigar a história das ciências na América Latina, observou: a "política estatal foi definitiva na organização e promoção da atividade científica e, reciprocamente, que a ciência foi um fator de legitimação do Estado nacional, ao converter a política numa técnica e numa engenharia social, para a conformação da nova sociedade" (Saldaña, 2000:22).

Até a década de 1980, historiadores das ciências negavam a existência de produção científica no Brasil antes de 1900, sob o argumento de que faltava no país "espírito crítico e científico". Para eles, até o século XX, produções dessa natureza teriam sido esporádicas e desprovidas de tradição e métodos próprios. Porém, estudos empreendidos posteriormente sobre as instituições científicas trataram de demonstrar uma realidade diferente e contribuíram para renovar o entendimento sobre a história das ciências no Brasil. Em tais estudos, prioriza-se a especificidade da ciência nas regiões não europeias e considera-se que as ideias tanto quanto as instituições são construções criadas pelos homens em contextos históricos específicos.

Nesse sentido, as trajetórias de instituições científicas como IHGB, Palestra Científica, Museu Nacional, Sain, Sociedade Vellosiana e Associação Brasileira de Aclimação podem auxiliar a compreender o IIFA e a observar como se deu o diálogo entre elas e esse instituto. Maria Margaret Lopes afirma, a propósito:

> Ao lado das sociedades econômicas, de comércio, agricultura, para progresso da indústria, que cumpriram papéis importantes no desenvolvimento de atividades científicas na América Latina, a partir de meados do século, sociedades científicas especializadas em história natural se vinculariam também em diversos países latino-americanos [Lopes, 1999b:55].

Assim, alinho-me com a crítica à visão eurocentrista da história das ciências no Brasil, que nega a existência, até os inícios do século XX, de atividades científicas além do eixo Europa-América do Norte. Tal percepção é reforçada por uma história positivista, que credita aos documentos legados pelos viajantes naturalistas uma prova de que não se fazia ciência no Brasil. Nesses relatos constam impressões de menosprezo e sátira quanto às instituições científicas brasileiras e seus programas de investigação, certamente porque seus autores tinham como referência instituições de seus próprios países. Por um bom tempo nossos historiadores as ratificaram, e para tal historiografia só restava considerar que brasileiros como frei Vellozo e Leandro do Sacramento foram exceções ao panorama científico da época (Figueirôa, 1998).

Com base na investigação sobre a atuação do IIFA e os conhecimentos ali levados a efeito entre 1860 e 1891, compactuo com a vertente historiográfica que sustenta que a segunda metade do século XIX, no Brasil, deve ser analisada como um período em que o governo imperial, com apoio da maioria das elites, buscava alinhar o país às "nações civilizadas". Para tanto, projetava banir os "atrasos" da sociedade por meio da educação, do aprimoramento das técnicas agrícolas e da substituição da mão de obra escrava pela do imigrante (Carvalho, 1996; Mattos, 1994).

Busco analisar a trajetória do IIFA por uma perspectiva histórica, introduzindo a instituição nos debates sobre a história das ciências, em particular das ciências voltadas ao conhecimento das atividades rurais, como agronomia, química agrícola, silvicultura, zootecnia, fitopatologia, pedologia e meteorologia agrícola. Destaco os "espaços da ciência no Brasil" como forma de ampliar o universo de estudo sobre as "novas" instituições científicas, criadas a partir de meados do século XIX no Brasil (Dantes, 2001a). Já a *Revista Agrícola* abordo como veículo de comunicação científica, com o propósito de compreender sua relevância como lócus de sociabilidade de homens das ciências do período e como espaço de legitimação das ciências voltadas às atividades rurais.

Esta pesquisa insere-se no escopo da história das ciências, em especial na vertente que entende o saber científico como um conhecimento fundamentalmente cultural e compreende que o indivíduo que produz ciência pertence a uma determinada família, tem uma formação acadêmica específica, compartilha suas atividades com um grupo social – enfim, pertence a sua época e a um determinado lugar, e, como tal, deve ser investigado, e não como mera corporificação de um saber deslocado de uma realidade. Dito de outra maneira, entendo que a pesquisa científica é atividade complexa que interage com as mais diversas esferas sociais; é um processo a ser estudado e descrito, uma atividade humana ligada a todas as demais, que com elas se entrelaça continuamente (Pestre, 1996).

Tal compreensão da história das ciências opõe-se à ideia da ciência universal, atemporal e desenraizada de contexto, e supõe que os fenômenos naturais são vistos, observados, experimentados e sistematizados em uma dada conjuntura política, cultural e econômica. Ao analisar o conhecimento científico como objeto histórico, o contexto em que foi gerado deve ser um dos elementos para sua compreensão.

O limite cronológico da pesquisa refere-se ao período de funcionamento do IIFA – 1860 a 1891. Nesse ano, circulou o último número da *Revista Agrícola*, publicação oficial da instituição. Ademais, depois de 1891 não foi localizado nenhum outro documento referente ao instituto.[9]

Algumas convenções por mim utilizadas devem ser esclarecidas: no vocabulário científico, procurei me aproximar dos termos usados nos documentos da metade do século XIX. Por exemplo, os vocábulos "proprietário ou produtor rural", "fazendeiro", "lavrador" e "agricultor" são empregados como sinônimos, apesar das diferenciações que atualmente se fazem entre eles. Assim, o termo "proprietário rural" e seus sinônimos são aqui referidos sem especificar os diferentes modos de ser e agir. Do mesmo modo, para os propósitos deste estudo, não me concentro nas diferenças de objetivos, interesses e convicções entre os proprietários rurais do país no período – embora ciente de que eles não formavam uma classe social homogênea. Sabe-se, por exemplo, que os objetivos dos produtores de cana-de-açúcar não eram os da cultura cafeeira, e entre os produtores de café do Vale do Paraíba e do oeste paulista havia distintos interesses.

Outro ponto a esclarecer refere-se aos termos "ciências agrícolas", "ciências agronômicas" e "agronomia", adotados quando me refiro aos saberes científicos das atividades rurais em geral, e não apenas às aplicações científicas na agricultura. O uso que faço deles deve-se, mais uma vez, ao vocabulário restrito dessa área de conhecimento no século

---

9 Martins (1995) indica 1897 como o último ano de funcionamento do IIFA, mas não explicita os motivos que a levaram a tal conclusão.

XIX. Certamente, ao considerar o universo atual das "ciências agrárias", que abrange, além das ciências agrícolas e agronomia, a silvicultura, a pesca, a zootecnia e outras, o termo englobaria melhor o escopo desta pesquisa.

***

No levantamento das fontes primárias sobre o IIFA, identifiquei de imediato, além da *Revista Agrícola*, duas outras que reportavam as atividades do instituto: as atas das sessões de reuniões da diretoria e os relatórios anuais do Macop.

As atas, livros com páginas numeradas que registram as reuniões e são assinadas por seus participantes, são documentos legais com dimensão pública. Têm caráter oficial e certamente são relevantes para informar acerca das atividades, consensos, dissensões e rumos da instituição. Mas é preciso confrontá-las com outras fontes para uma análise crítica de seu conteúdo. As atas das sessões de diretoria do IIFA foram publicadas na *Revista Agrícola* desde a primeira sessão até a 64ª, correspondendo ao período de 1860 a 1876. A divulgação delas se encerra muitos anos antes ao que considero o fim da instituição, em 1891. Não pude identificar os motivos para essa suspensão. Alguns documentos apontam dificuldades na convocação de reuniões,[10] contudo causa estranheza o fato de a instituição não tê-las promovido durante 15 anos, com exceção da assembleia geral realizada em 1890.[11]

A periodicidade dessas reuniões era irregular, mas, até 1869, houve em média de seis a sete sessões por ano. De 1870 a 1876, realizou-se uma sessão por ano, sendo que em 1872 e 1875 ela não aconteceu. Em 1876, ocorreu a derradeira sessão com ata publicada na *Revista Agrícola*, e a partir de então não há registro de nenhuma outra, no periódico ou nas demais fontes pesquisadas. Portanto, embora seja uma fonte de relevância indiscutível para o estudo do IIFA, sua publicação oficial não reflete a totalidade da vida societária, sobre a qual, lamentavelmente, permanece uma lacuna de atas entre 1877 e 1891.

Apenas um livro de atas do IIFA, manuscrito, foi localizado na biblioteca do Sistema Firjan,[12] juntamente com livros de atas da Sain. Constam nele as atas da primeira à 41ª sessão, e o cotejo entre essas atas originais e as publicadas na *Revista Agrícola* mostrou que são idênticas.

---

10 Um exemplo é a carta de Bom Retiro ao imperador desculpando-se pela falta de sessões no instituto (Museu Imperial, Arquivo POB, maço 169, documento 7.741). No capítulo 3, a correspondência entre o presidente do IIFA e Pedro II é discutida em detalhes.

11 Essa assembleia geral foi convocada para aprovação dos novos estatutos. A República fora instaurada no país, o IIFA não mais recebia subsídios do governo e havia devolvido o Jardim Botânico ao Estado. A assembleia de 1890 pode ter sido convocada para discutir esse novo contexto.

12 Os arquivos da Sain e parte do acervo documental do IIFA encontram-se atualmente sob a guarda do Centro Industrial do Rio de Janeiro (Cirj), que integra o Sistema Firjan.

Os relatórios anuais dos presidentes do IIFA, publicados nos relatórios do Macop, compensaram de certa forma a lacuna quanto às atas no período mencionado, já que por eles foi possível tomar conhecimento das atividades e dos projetos do IIFA naqueles anos.

Estranhamente, não existem atas das assembleias gerais, apesar das menções a elas em documentos privados e de o estatuto do IIFA determinar a realização de assembleias gerais ordinárias a cada ano, para aprovação das contas e dos atos da diretoria e do conselho fiscal, entre outras finalidades. Entre os documentos particulares em que a assembleia geral do IIFA é mencionada, encontra-se o "Diário de Pedro II", que em 26 de novembro de 1862 anotou: "Às 6 estava no Museu para assistir à sessão da Assembleia Geral do Instituto de Agricultura" (Bediaga, 1999). O monarca registrou os acontecimentos que lhe chamaram a atenção naquela reunião. As sessões de diretoria que ocorreram mais proximamente a ela foram as de 10 de novembro e 3 de dezembro daquele mesmo ano, o que exclui a possibilidade de equívoco, por parte de Pedro II, na denominação da reunião e confirma a realização da assembleia geral, embora sobre ela não se tenham localizado outros registros.

Na busca pelos arquivos do IIFA e outras fontes junto a instituições de guarda que poderiam hoje abrigá-los, tomei conhecimento de um grande incêndio ocorrido no prédio do Serviço Nacional de Agricultura em 1942, quando parte de seu acervo documental foi destruído. O sinistro pode ter eliminado os arquivos do IIFA, supondo-se que o serviço os tenha herdado. De todo modo, refiro-me a essa ausência de fontes não só porque ela é notável, se considerarmos a relevância, o tempo de funcionamento e os quadros que compuseram o IIFA, como também porque ela pode explicar o silêncio acerca dessa instituição na historiografia.

Assim, o trabalho de pesquisa foi duplamente árduo: afora as próprias dificuldades inerentes a qualquer investigação, a ausência de parte da documentação resultou em mais um desafio, o de compreender, ou ao menos buscar "pistas" que explicassem a falta de registro das reuniões no IIFA (ou sua não ocorrência) durante 15 anos, e incorporar o fato ao estudo da trajetória da instituição.

Outra dificuldade na pesquisa de fontes deveu-se a não ter sido localizado o arquivo pessoal daquele que ocupou a presidência do IIFA durante 21 anos: Luís Pedreira do Couto Ferraz, o visconde do Bom Retiro. Figura ilustre do Império, ele ocupou os mais importantes cargos: presidente das províncias do Espírito Santo e Rio de Janeiro, ministro do Império, membro do Conselho de Estado, deputado e senador – além de ter privado da amizade do imperador.[13]

---

13 Contudo, a busca pelo arquivo do visconde de Bom Retiro não deve ser dada como concluída, pois sempre se conta com a possibilidade, mesmo que remota, de esse acervo encontrar-se em local ainda desconhecido.

Há indícios de que seus documentos pessoais foram eliminados intencionalmente. Em artigo de 1899 publicado na *Revista do Instituto Histórico e Geográfico Brasileiro*, Henri Raffard atesta a existência de "inúmeras cartas do Sr. D. Pedro II, mas infelizmente a família entendeu que devia queimar todos os papéis deixados pelo Bom Retiro" (Raffard, 1899). O fato parece incomum diante do cuidado, por parte dos descendentes de personagens históricos e ligados ao poder, em preservar os registros que comprovam seus laços de sangue e podem lhes outorgar certo prestígio social. Mas, por outro lado, a eliminação dos documentos pessoais de Couto Ferraz parece plausível quando interpretamos o gesto à luz de sua personalidade e de sua vida pública, impressas com a imagem da discrição. É de supor, inclusive, que tal característica o tenha favorecido a tornar-se confidente do monarca, como também tenha sido responsável, ao menos em parte, pelas raras menções feitas a ele pela historiografia do período.

Com o objetivo de compensar as lacunas das fontes de pesquisa, optei por analisar os perfis biográficos dos personagens mais atuantes do IIFA e da *Revista Agrícola*, buscando interseções no que concerne, sobretudo, às trajetórias políticas e acadêmico-científicas, que pudessem revelar algo sobre a rede de relacionamentos daqueles indivíduos e, por extensão, sobre a vida societária da instituição. Para Mary del Priore, essas "renovadas" biografias "caíram como uma luva para resolver alguns problemas práticos dos historiadores" (Del Priore, 2009:11). A autora esclarece que, nessa nova maneira de biografar, não se trata de fazer a história de grandes nomes, abordando-os como homens perfeitos ou quase santos, mas sim de "examinar os atores (ou o ator) célebres ou não, como testemunhas, como reflexos, como reveladores de uma época" (Del Priore, 2009:9).

O livro está dividido em quatro capítulos. No primeiro, "Contexto de criação do Imperial Instituto Fluminense de Agricultura", apresento a conjuntura em que foram criados os demais institutos agrícolas – na Bahia, Pernambuco e Sergipe – e as principais questões políticas e econômicas da década de 1850, em especial aquelas vinculadas à produção agrícola. No mesmo capítulo também menciono, sucintamente, o IIFA em relação a outras duas instituições que, como ele, tiveram suas trajetórias atreladas ao Estado imperial, embora fossem de natureza privada: o IHGB e a Sain.

No segundo capítulo, "A Trajetória do Imperial Instituto Fluminense de Agricultura: semear 'civilização' no campo", abordo o IIFA no que tange a seus objetivos, suas práticas, sua estrutura administrativa e executiva, a composição social de seus membros, os principais personagens e as diversas fases por que passou nos 31 anos de existência. Destaco a figura de Luís Pedreira do Couto Ferraz, em virtude do papel central que exerceu no instituto. Procuro demonstrar que seus laços de amizade com o monarca facilitaram a ingerência deste nos assuntos da instituição, embora veladamente. Busco analisar a *persona* incorporada por Pedro II e indicar pistas que auxiliem no entendimento de suas estratégias e ações, sobretudo em relação ao IIFA. Afinal, conforme salienta Sergio Buarque de Holanda, "os poderes que enfeixava o imperador, e ninguém mais os teve no mesmo grau entre nós, não deixam silenciá-lo ou subestimá-lo" (Holanda, 2010:141). Espero, ademais, contribuir para o desvelamento de Couto Ferraz, que tanto se "escondeu" da história, a despeito de ter exercido cargos políticos decisivos no Segundo Reinado. Ainda no segundo capítulo, apresento um panorama do Congresso Agrícola de 1878, pois, apesar de o IIFA dele não ter participado oficialmente, o evento proporciona elementos de análise sobre os proprietários rurais do período, permitindo revelar suas relações com as ciênciprimeias agrícolas.

"*Revista Agrícola*: plantar ciências agrícolas e sensibilizar o lavrador" é o título do terceiro capítulo, em que o escopo do periódico, seus redatores e editoriais são objeto de atenção, com vistas a analisar a rede de relacionamentos e os campos disciplinares que à época emergiam no país. Com objetivo de analisar a série completa da *Revista Agrícola*, foi elaborado um banco de dados com informações de autor, título, ano, localização, assunto e notas. A indexação temática dos artigos muito auxiliou na análise do escopo do periódico. Os temas dos artigos publicados na *Revista Agrícola* são apresentados e discutidos neste capítulo. Por ora, cabe ressaltar que a atividade da agricultura pode ser representada por inúmeros assuntos, desde os científicos e tecnológicos aos políticos, econômicos e sociais. De fato, as ciências e técnicas que regem a agricultura são muitas, pois se referem, em grande parte, às igualmente numerosas atividades rurais – as quais nem sempre concernem diretamente à cultura do solo para produção de vegetais. A refletir essa característica, o escopo da *Revista Agrícola* revelou-se bastante amplo, mas, em benefício de sua análise, procurei restringir o universo de temas a 12 descritores, além de dois outros, denominados "outros e variedades", conforme se verá. De maneira geral, tais descritores correspondem à terminologia em vigor no período de publicação dos artigos, mas foram selecionados também de modo a serem compreendidos por aqueles familiarizados com os conceitos contemporâneos das ciências agrárias.

No quarto capítulo, "Combater a moléstia da cana-de-açúcar: a lavoura orientada pela ciência", analiso o episódio de combate à moléstia da cana-de-açúcar ocorrido entre 1867 e 1870, que mobilizou proprietários rurais, homens das ciências e governo. Busco entender o significado da moléstia no contexto das mudanças técnico-científicas que ocasionaram transformações na prática agrícola na Europa e nos EUA, principalmente a partir da década de 1840, com enfoque na química agrícola de Liebig e em outras teorias que afetaram profundamente a agricultura. O IIFA esteve envolvido na busca de soluções para combater a praga que acometia a produção canavieira, inicialmente por designação ministerial. Nos debates então ocorridos na instituição, percebe-se que os proprietários rurais mostravam-se céticos em relação às respostas que as ciências apresentavam naquele momento. Por sua vez, os homens das ciências vislumbravam, no episódio, a oportunidade de evidenciar as vantagens da prática científica na melhoria da agricultura e a consequente prevenção de moléstias nos vegetais. A análise das controvérsias expostas nos debates aponta a formação de redes de relacionamentos em processo de configuração entre os homens das ciências. O episódio parece ter produzido um abalo na trajetória societária do IIFA: depois dele, coincidentemente ou não, decresce o número de reuniões de diretoria, até que, a partir de 1876, não se encontram mais atas nem qualquer outro indício de realização delas.

INSTRUMENTO AGRÍCOLA CHAMADO
DESEMPEDRADOR

Revista Agrícola
Biblioteca/JBRJ

CAPÍTULO

1

Contexto de criação do Imperial Instituto Fluminense de Agricultura

Imperiais institutos agrícolas

Os institutos agrícolas foram criados, no Brasil, ao final da década de 1850, em um contexto de busca de alternativas para a iminente perda da mão de obra escrava e da chegada de inovações técnico-científicas no campo da agricultura. Em princípios daquela década fora aprovada a lei que proibia o tráfico de escravos. Conhecida como Lei Eusébio de Queiroz, ela é considerada o início da "sentença de morte" da escravidão (Costa, 2004:176). Os proprietários rurais, base econômica e, em grande parte, política do governo, reagiram às mudanças, uma vez que a mão de obra utilizada nas lavouras era basicamente composta por escravos. O governo, por sua vez, buscava apresentar soluções para a situação por meio da implementação de uma política de imigração, ou do incentivo ao uso racional da terra e da adoção, na agricultura, de máquinas e instrumentos que reduzissem a demanda por trabalhadores. A questão ganhou, igualmente, atenção especial do imperador, conforme indica Carvalho (1996:318): "A oferta de mão de obra era preocupação constante no Império, como o indica o fato de ter sido a questão mais referida nas Falas do Trono: em 56 Falas, 34 a mencionaram".

O debate acerca do fim da escravidão trouxe à tona discussões sobre o projeto agrário que se buscava implantar no país. Em resposta à indignação dos proprietários rurais, setores do Estado e entidades como a Sociedade Auxiliadora da Indústria Nacional (Sain) argumentavam que o "progresso" da nação dependia de sua adequação aos novos tempos, e que a escravidão era inconcebível em países "civilizados".

O IMPERADOR DO BRASIL, D. PEDRO II, EM CENÁRIO DE VEGETAÇÃO TROPICAL COM ORQUÍDEAS, CACTOS, BEGÔNIAS E BROMÉLIAS, ENTRE OUTRAS

Foto Joaquim Insley Pacheco, 1912
Biblioteca Nacional

A revista editada pela Sain, *O Auxiliador da Indústria Nacional*, publicava artigos em que mostrava, por exemplo, que a produção de açúcar nas Índias Ocidentais havia aumentado depois de a Inglaterra ter abolido a escravidão (Carvalho, 1996:279).

Outra intervenção do governo, ainda na década de 1850, foi a chamada Lei de Terras. Preocupado com a possível falta de mão de obra devido ao fim do tráfico e empenhado em regular a aquisição de terras por parte de colonos imigrantes, o Estado imperial estabelecia, com essa lei, normas para compra e registro de terras e para cobrança de impostos. De fato, a reiterada constatação da vocação agrícola do país e da agricultura como base fundamental da economia exigia uma nova estratégia na condução da política agrária. A criação do Ministério da Agricultura, Comércio e Obras Públicas (Macop), em 1860,[14] revela a atenção do governo e do imperador com essa área da economia e o propósito de atender às reivindicações dos proprietários.

Os principais biógrafos de Pedro II, como Calmon, Lyra, Schwarcz e Carvalho,[15] concordam que a década de 1850 representa a maturidade política do imperador. Foi então que ele começou a apresentar seus projetos com mais desenvoltura e segurança, além de constituir o que seria a marca do seu reinado: "É portanto, a partir dos anos 1850 que o imperador passa a tomar parte de um projeto maior: assegurar não só a realeza como destacar uma memória, reconhecer uma cultura" (Schwarcz, 1998:126). Com efeito, data dessa época o início da correspondência de d. Pedro com os chamados sábios da Europa e dos EUA, fruto de seu interesse por temas das ciências, literatura e música, entre outros. Começava-se a construir, então, a imagem-símbolo do seu reinado: a do imperador mecenas, do "sábio imperador dos trópicos" (Schwarcz, 1998).

Periódicos nacionais e estrangeiros chegavam ao monarca, que certamente por meio deles se atualizava sobre os avanços da ciência e da técnica. Entre as "invenções" noticiadas com destaque, as do químico alemão Justus Liebig, que provocavam uma verdadeira "revolução" na agricultura, podem ter aguçado o interesse do imperador[16] – que de certa forma incentivava a introdução, no Brasil, das transformações que proporcionavam o aumento da produção e a melhora da qualidade agrícola.

Entre as contribuições de Liebig para a agricultura, pode-se dizer que uma das mais relevantes foi a identificação da função dos elementos minerais na composição do solo e

---

14 Decreto nº 1.067, de 28/7/1860. Inicialmente denominada Secretaria de Estado dos Negócios da Agricultura, Comércio e Obras Públicas. Doravante, utilizo a abreviatura Macop para designar o órgão, independentemente das diversas denominações que ele teve.

15 Respectivamente, Calmon (1975); Lyra (1977); Schwarcz (1998) e Carvalho (2007a).

16 Uma evidência do interesse de Pedro II a respeito de Liebig encontra-se na carta de Capanema ao monarca informando que já escrevera ao químico alemão com a intenção de marcar um encontro entre ambos, em Munique, na primeira viagem de Pedro II à Europa. (Carta de Capanema a Pedro II, de 23/5/1871. Museu Imperial, Arquivo Histórico, Arquivo POB, maço 160, doc. 7.411). Apesar de a carta ter sido escrita uma década depois, não deixa de ser significativo o interesse do monarca em encontrar-se pessoalmente com Liebig.

na nutrição vegetal. O químico alemão demonstrou que, além dos elementos orgânicos encontrados no esterco, nas folhas secas, em restos de alimentos etc., o vegetal necessita também de elementos inorgânicos como zinco e ferro. A teoria teve grande impacto na agricultura ao conferir poderes ilimitados ao conhecimento da composição do solo e, por conseguinte, instaurar a possibilidade de recomposição do solo por meio de adubos.[17] Uma grande campanha da mídia desencadeou um otimismo exagerado, ao preconizar que, com a composição do solo identificada nos laboratórios de química e uma vez constatada a ausência de determinados nutrientes, estes poderiam ser "restituídos" à natureza, o que permitiria novas lavouras e o uso permanente do solo, sem necessidade de descanso e rodízio de culturas. Os adeptos dos fertilizantes também defendiam que estes poderiam combater as chamadas pragas agrícolas, graças à análise do solo e à suposta adição dos nutrientes carentes nas plantações, a fim de que o vegetal ganhasse força para combater os "invasores".

Outras pesquisas, na época, também colaboraram para a melhoria da produção agrícola, a exemplo da ação fixadora do nitrogênio através das leguminosas, do uso do calcário para corrigir a acidez do solo e da pesquisa fisiológica dos agentes de enfermidades e seu combate. Com todos esses conhecimentos, anunciava-se maior produtividade e qualidade dos produtos extraídos da natureza, e agricultores de várias partes do mundo buscavam informações sobre o assunto, obtidas principalmente em revistas e periódicos de divulgação científica.

O debate e as mudanças de procedimentos na agricultura resultaram na valorização de disciplinas como agronomia, meteorologia agrícola, fisiologia vegetal, geologia agrícola e química agrícola, que buscavam se afirmar para obter *status* científico. Algumas delas, a fim de dar conta da crescente demanda, subdividiram-se em especializações, como a pedologia, advinda da agronomia, e a química agrícola como especialização da química. No bojo desse movimento, outros ramos de conhecimento atinentes a atividades rurais, como veterinária e zootecnia, tiveram oportunidade de firmar-se como saberes úteis que exigiam pesquisa e demandavam reconhecimento e apoio do Estado e da sociedade.

No Brasil, a criação de instituições como o Imperial Instituto Fluminense de Agricultura (IIFA) e outros institutos agrícolas certamente esteve atrelada à necessidade conjuntural de sintonizar o país com os debates travados na Europa e nos EUA acerca do aumento e da melhoria da produção agrícola e pecuária. Observe-se que, no Brasil, além da imperiosa busca por alternativas à produção agrícola, então baseada, em grande parte, na mão de obra escrava, outro fator concorria para a aceitação das novas técnicas de agricultura. A economia brasileira firmava-se principalmente na agricultura de exportação e sofria grande concorrência dos produtos de outros países, no que se refere tanto a preço

---

17 Sobre o assunto, ver capítulo 4.

FOTOS DE MARC FERREZ ILUSTRAM A LAVOURA ESCRAVISTA DO PAÍS NA DÉCADA DE 1880, QUE OS MEMBROS DO
IIFA ALMEJAVAM MODERNIZAR

Fotos Marc Ferrez / Coleção Gilberto Ferrez / IMS

quanto a qualidade. O mercado internacional compelia o Brasil a incrementar a agricultura, em especial as lavouras do açúcar e do café. Segundo José Murilo de Carvalho, o Estado imperial não podia se sustentar sem o relacionamento com a agricultura de exportação de base escravista, que "gerava 70% das rendas do governo-geral via impostos de exportação e importação" (Carvalho, 1996:212).

Minha análise parte do pressuposto de que o Império buscava aprimorar as relações com os grandes proprietários de terras, base de sua sustentação política e econômica. Desse modo, os institutos agrícolas originaram-se como *loci* onde o governo buscaria agregar produtores rurais a implantar projetos "modernizadores" para a agricultura, porém sem grandes reformas do modelo agroexportador vigente no país. Contudo, o fim da escravidão, ponto de tensão constante entre proprietários rurais e governo, seria sugerido de forma indireta, e às vezes diretamente, por esses institutos, fosse advogando o uso de maquinaria agrícola, defendendo a fixação de colonos imigrantes nas fazendas, ou mesmo expondo os benefícios obtidos pela agricultura em países onde a mão de obra escrava fora abolida – e todas essas argumentações eram expressas em artigos da *Revista Agrícola*, publicada pelo IIFA.

Em estudo sobre o debate na Sain acerca do fim do tráfico de escravos, André Alípio de Andrade expõe as semelhanças entre essa instituição e o IIFA, no que se refere ao posicionamento quanto à mão de obra escrava. O autor afirma que muitos dos membros da Sain eram pessoalmente contra a escravidão, mas a sociedade não se manifestava explicitamente sobre o tema:

> É evidente que os membros da Auxiliadora, através do seu periódico, jamais falariam de abolição, pois como membros da elite política e econômica estavam comprometidos com os interesses agrários e comerciais da grande lavoura, e temiam, por isso mesmo, a desorganização da estrutura produtiva do país; além do que, muitos dos associados se não eram fazendeiros, eles próprios estariam ligados àqueles pelos vínculos mais diversos: familiares, econômicos, apadrinhamento político, etc. Mas isto não impedia a divulgação de ideias de substituição gradual do trabalho escravo e de suas possíveis alternativas. O próprio incentivo ao uso de máquinas e equipamentos na agricultura era um incentivo nesse sentido [Andrade, 2002:148].

Em 1859, Pedro II partiu, pela primeira e única vez, em direção às províncias ao norte do Rio de Janeiro até a Paraíba. A visita causou grande alvoroço nas localidades incluídas no trajeto, e imperador e comitiva foram recebidos com pompa pelas elites locais.

O visitante, por sua vez, aproveitou a ocasião para apresentar os decretos de criação de institutos agrícolas na Bahia, em Pernambuco e em Sergipe.[18] Propunha-se, então, às províncias que não foram contempladas por esses atos que aderissem à ideia e,

COLHEITA DO CAFÉ

Foto Marc Ferrez / Coleção Gilberto Ferrez / IMS

tão logo fosse possível, criassem seus próprios institutos. Entretanto, passado o período de recepção ao ilustre hóspede, pouco se fez em Pernambuco e Sergipe, conforme os insistentes protestos, por parte do governo, registrados nos relatórios ministeriais.

A Bahia foi a única província a encampar a proposta de forma satisfatória para o governo: o Imperial Instituto Bahiano de Agricultura (IIBA), apesar de funcionar precariamente até 1877 – ano da criação da Escola Agrícola da Bahia –, teve rumo singular e desempenhou papel importante para as ciências agronômicas no país. Foi na Bahia que se criou, então, a primeira escola de nível superior de engenharia agronômica do Brasil, que também oferecia cursos técnicos (Baiardi, 1999; Araújo, 2006a).

Na volta da viagem, em 1860, o imperador criou o instituto da província do Rio de Janeiro, o Imperial Instituto Fluminense de Agricultura, à semelhança dos congêneres do Nordeste. Anteriormente o governo fizera uma consulta à Sain sobre a possibilidade de fusão das duas instituições, e o debate em torno no tema foi publicado em *O Auxiliador*.[19] O projeto era fundar uma nova organização com o nome de Imperial Instituto Agrícola e Industrial, mas decidiu-se depois manter separadas as duas instituições, apesar de a Sain ter aceitado a proposta. Por certo a criação do IIFA pareceu atender melhor às intenções de incrementar, nas províncias, uma rede de conhecimentos e políticas para o setor agrícola, já que a criação de institutos agrícolas por todo o país, de natureza e conformação semelhantes, favoreceria a criação e operação dessa rede,[20] ainda que a Sain tivesse abrangência nacional.

Os estatutos dos institutos agrícolas eram bastante semelhantes, porém se distinguiam na forma de escolha dos membros dirigentes, o que pode ter sido fundamental na diferenciação de suas trajetórias. Os institutos do Nordeste tiveram apenas seus primeiros presidentes e vice-presidentes nomeados pelo imperador, e a partir de então os ocupantes desses cargos foram indicados pelos presidentes da província. No IIFA, a nomeação desses cargos, como também a dos membros da diretoria e do conselho fiscal, era de escolha

---

18 Respectivamente, decretos nº 2.500, de 1/11/1859; nº 2.516, de 22/12/1859, e nº 2.521 de 20/1/1860. Lembremo-nos de que o IIFA foi criado pelo Decreto nº 2.607 de 30/6/1860. Em relação ao instituto agrícola do Rio Grande do Sul, ver nota 21.

19 Sessão do Conselho em 26/3/1860, publicada em *O Auxiliador da Indústria Nacional*, Rio de Janeiro, p. 165-168, maio 1860 e sessão extraordinária da Assembleia-Geral em 10/4/1860, publicada em *O Auxiliador da Indústria Nacional*, Rio de Janeiro, p. 283-285, ago. 1860.

20 Em 1861 criou-se, na província de São Pedro, o Imperial Instituto Rio-Grandense de Agricultura, sob as mesmas bases do IIBA, através do Decreto nº 2.816 de 14/8/1861. A esse respeito, Paulo Zarth afirma: "Nos anos 1860, o governo retomaria essa questão [do ensino de ciências para melhoramento da agricultura] projetando a criação de um instituto agrícola denominado Imperial Instituto Rio-grandense de Agricultura. Tal iniciativa não passou do projeto e nunca foi instalado" (Zarth, 2006:4).

pessoal do imperador, sendo o ministro da Agricultura o presidente de honra do instituto. Observa-se, portanto, o atrelamento do IIFA ao imperador e ao governo central, ao passo que os outros institutos agrícolas eram vinculados à política de suas províncias.

Cerca de oito anos depois dos decretos de criação dos institutos agrícolas, foi elaborada uma nova legislação para as instituições congêneres do Nordeste e no Rio Grande do Sul, alterando a forma de nomeação de seus presidentes, por ser a antiga "inconveniente para a marcha dos trabalhos".[21] Assim, nas localidades em que o presidente de província acumulava a presidência do instituto agrícola, passava esse a ser dirigido por indivíduo nomeado pelo governo imperial, escolhido entre aqueles que residiam na capital da província. No entanto, a tentativa de centralizar a escolha da administração dos institutos por meio de nomeação vinda da Corte, para deles afastar ingerências das políticas locais, parece não ter surtido o efeito desejado.

Os institutos de Sergipe e Pernambuco não apresentaram resultados a contento do governo imperial, como se pode verificar nos relatórios ministeriais, em que, embora mencionados frequentemente, são alvos de críticas constantes. O ministro José Fernandes da Costa Pereira Júnior, em relatório ministerial de 1874, observou: "o Instituto Fluminense é por enquanto o único dos estabelecimentos desta ordem que, de acordo com o elevado pensamento que presidiu à criação, concorre para o aperfeiçoamento da agricultura nacional".[22] Nove anos depois, o representante da pasta da Agricultura registrou em seu relatório: "O Imperial Instituto Pernambucano de Agricultura – Criada e organizada pelos decretos n. 2516 e 2517 de dezembro de 1859, esta associação deixou de reunir-se desde muitos anos, tendo sido inúteis algumas tentativas de restaurá-la".[23] E em 1886 os comentários desfavoráveis persistiam: "O Imperial Instituto Sergipano de Agricultura – Nenhuma informação posso prestar-vos acerca desta associação, que há muito tempo não satisfaz os fins para que foi criada".[24]

Na *Revista Agrícola*, o editor Miguel Antonio da Silva também teceu comentários semelhantes, ao referir-se aos institutos agrícolas das províncias do Nordeste:

> Cumpre confessá-lo, por algum tempo não corresponderam, em geral à expectativa pública, e muito menos satisfizeram às vistas de seu Fundador. Não é intenção nossa fazer uma censura, mas consignar um fato assaz reconhecido.

---

21 Decreto nº 3.882, de 25/5/1867.

22 Brasil. Ministério da Agricultura, Comércio e Obras Públicas. Relatório do ano de 1873, apresentado à Assembleia Geral Legislativa na 3ª sessão da 15ª legislatura. Rio de Janeiro: Imprensa Nacional, 1874, p. 16. Doravante esses relatórios ministeriais serão referidos, nesta tese, como "Relatório do Macop", acrescido do ano de sua publicação.

23 Relatório do Macop, de 1883, p. 63.

24 Relatório do Macop, de 1886, p. 8.

Entretanto, honra lhe seja feita, dentre todos, o Instituto da ilustrada Província da Bahia parece ter arcado, e vantajosamente, contra a incredulidade sistemática, e contra o desânimo que, por mais de uma vez, tem aluído as grandes tentativas e inutilizado as melhores dedicações [Silva, 1871:7].

Sobre o Imperial Instituto Agrícola de Pernambuco (IIPA), afirma Bompastor (1988:51):

A partir de 1871, o IIPA pode ser considerado extinto. Apesar de ter sua diretoria e o conselho fiscal renovados duas vezes, não se tem notícia, segundo Ferreira Lima, de que o IIPA tenha feito algo em benefício da agricultura da província. O ensino agrícola, a modernização, a resolução de problemas como o dos transportes, da falta de crédito e outros, ficaram, portanto, no terreno da discussão teórica, sem qualquer atuação prática por parte do Instituto.

Outra associação agrícola naquela província, a Sociedade Auxiliadora da Agricultura de Pernambuco, buscou desempenhar o papel esperado do IIPA, porém com estrutura e composição bastante diferentes. Segundo Bompastor, a sociedade, criada em 1875, era formada basicamente por um grupo de fazendeiros ligados a interesses açucareiros e insatisfeitos com o pífio resultado que apresentava o IIPA. Buscavam, esses fazendeiros ,se organizar com o máximo de independência financeira do governo imperial e criticavam o instituto, "alegando que, ao invés de estimular a iniciativa individual, o excessivo controle exercido pelo governo imperial acabava por sufocá-la, inibindo a participação ativa dos agricultores na instituição" (Bompastor, 1988:53). Na organização da sociedade pernambucana, os cargos eram eletivos e representavam uma espécie de oposição à soberania do Sudeste na agricultura. Até mesmo um congresso agrícola foi organizado, em 1878, em desagravo àquele realizado na Corte para as províncias de Minas Gerais, Espírito Santo, São Paulo e Rio de Janeiro,[25] tanto os membros do governo como alguns homens das ciências que se ocupavam do tema discutiam a necessidade de melhorias para a agricultura brasileira. Os proprietários de terras, em grande parte, constatavam a necessidade de aumento e melhoria da qualidade da produção, preocupados com a concorrência no mercado internacional. Debates acerca de soluções para a agricultura despontaram e ganharam análise crítica. Na *Revista Brazileira*, por exemplo, Guilherme Schüch Capanema (1824-1908) publicou uma extensa análise sobre a agricultura de outros países, divulgada em artigo sobre a Exposição Universal de Paris de 1855 (Capanema, 1858). Com os exem-

---

25 Sobre ambos os congressos agrícolas, ver capítulo 2.

plos colhidos na exposição, traçava um diagnóstico bastante negativo do sistema agrícola no Brasil, principalmente devido à utilização do solo até sua exaustão sem reposição de nutrientes e consequente abandono, à ausência de máquinas e instrumentos agrícolas que aumentassem a produção e a qualidade dos produtos, à ausência de escolas de agricultura para qualificar a mão de obra, à adoção de sistemas de queimadas e destruição das matas sem aproveitamento racional das madeiras etc. Opinava que "quem deve tomar a iniciativa a esse respeito é o governo, e cremos que deve fazê-lo sem perda de tempo" (Capanema, 1858:227). Para ele, o mercado brasileiro tinha deixado de voltar-se para a metrópole havia muito tempo, porém o sistema agrícola não acompanhara as mudanças e permanecera produzindo como nos tempos coloniais. Acrescentava que o Brasil disputava mercado com países que apresentavam melhores resultados agrícolas, e se nada fosse feito os alimentos teriam de ser importados e a nossa lavoura entraria em colapso.

Para sair do estado "estacionário" em que se encontrava a lavoura, sugeria Guilherme Capanema a criação de um estabelecimento agrícola com laboratório de química, viveiros, fábrica de máquinas de lavoura, dois museus (um com a coleção de máquinas empregadas na lavoura e outro de produtos brasileiros) e, por fim, uma escola prática de agricultura. Cada uma dessas propostas era acompanhada de justificativas e exemplos. Todavia, destacava que os bons resultados obtidos em alguns países não se verificariam necessariamente no Brasil e poderiam resultar em soluções equivocadas devido ao clima do nosso país. Finalizava o artigo mostrando que o estabelecimento rural que propunha deveria vincular a silvicultura às suas atividades, e alertava sobre o risco de as nossas florestas se transformarem em desertos devido à escassez de madeira e água, que acreditava ocorrer em curto prazo.

Saliente-se que Guilherme Schüch Capanema foi um destacado homem das ciências, com formação no Imperial Instituto Politécnico de Viena (1841-1846) como bolsista do imperador (Figueirôa, 2005). Professor da Escola Militar – posteriormente denominada Escola Central e, mais tarde, Escola Politécnica – até a década de 1870, era amigo pessoal e uma espécie de consultor de Pedro II, que frequentemente lhe solicitava opiniões acerca de assuntos científicos. Além de ter ocupado cargos em instituições como Museu Nacional, Sain, IHGB, Sociedade Vellosiana e Palestra Científica, Guilherme Capanema foi um dos idealizadores e líderes da Comissão Científica de Exploração, na década de 1850. Em pesquisa sobre Capanema, Figueirôa assim resume o personagem:

> O engenheiro e naturalista Guilherme (Wilheim) Schüch Capanema, barão de Capanema foi, sem dúvida, um expoente da elite imperial que circulou por importantes espaços institucionais científicos e técnicos, tendo atuado de forma bastante significativa para a implementação de uma cultura técnico-científica no Brasil e para o consequente fortalecimento da engenharia e dos engenheiros, assim como das ciências geológicas e naturais. Sua trajetória profissional, talvez até por circunstâncias da origem familiar – já que seu pai chegou ao Brasil como integrante da comitiva da Imperatriz Leopoldina de Habsburgo –, esteve inextricavelmente vinculada ao Segundo Império [Figueirôa, 2005:439].

A Comissão Científica de Exploração atuou entre 1859 e 1861. Tinha por objetivos consolidar as ciências nacionais e, consequentemente, legitimar pesquisadores e instituições científicas do Império (Lopes, 2009:61).[26] Apesar dos percalços e das incompreensões que sofreu, ela resultou de um movimento em defesa do conhecimento nacional e de suas riquezas, levado a efeito por cientistas brasileiros. Os institutos agrícolas foram criados no bojo

---

26 Sobre o assunto, sugiro o livro organizado por Lorelai Kury (2009).

desse movimento e com expectativas semelhantes: conhecer a realidade da produção agrícola e adaptar conhecimentos e experiências com o fim de incrementar a lavoura nacional.

Observe-se que a iniciativa de criação dos institutos agrícolas também suscitou avaliações negativas. Saldanha Marinho, em seu jornal *Diário do Rio de Janeiro*, analisou a conjuntura da agricultura que levou o governo a criar tais instituições e, em crítica ácida, própria do jornalismo de oposição na época, provocou:

> Na atualidade o bem público depende essencialmente da satisfação de duas grandes necessidades: liberdade de crédito e proteção à lavoura.
>
> O governo atual, porém, que não quis saber disto, teve ocasião de compreender logo que a situação era de fato melindrosa.
>
> A fome havia chegado e já se constituía o assassino público da propriedade e das vidas. O descontentamento facilmente lavrou: o mal era econômico, e o ministério aterrado julgando-o meramente político, como grande medida salvadora aconselhou à coroa uma viagem ao norte.
>
> E, como a viagem imperial [às províncias do Norte] foi, por lei de sua natureza, mais um gravame imposto à população, além da ostentação do fausto, posto em paralelo com a miséria pública, entendeu ainda o governo que era necessária uma máscara. Proclamou-se então e adotou-se a proteção à agricultura como fim da viagem imperial, e dois ou três institutos agrícolas foram solenemente fundados por decreto imperial, e organizados por sistemas de corporações políticas com altos funcionários e titulares postos à frente de sua direção.
>
> Mas os lavradores? Esses ficaram o que eram os párias da nação, de que eles são, aliás, os primeiros servidores [...]
>
> O ministério enganou-se. Se quis o bem não o soube fazer, e se quis remediar o mal, não soube onde ele reside.
>
> Sem estradas para condução de seus escassos produtos, sem capitais para auxílio de suas fazendas, sem braços para a cultura de suas produções e sem esperança sequer de próximo remédio a todos esses males, os lavradores entre nós sentem-se abatidos e desesperançados.
>
> Em tais circunstâncias são inquestionavelmente úteis e necessários os institutos agrícolas, mas é mister saber fundá-los.
>
> Os auxílios que eles podem prestar, e a natureza de suas funções, essas serão o assunto do primeiro artigo que escrevemos. A questão vale a pena de alguma fadiga [...] [Saldanha Marinho, 1860].

Instituições privadas, mas atreladas ao Estado: um panorama do Instituto Histórico e Geográfico Brasileiro, da Sociedade Auxiliadora da Indústria Nacional e do Imperial Instituto Fluminense de Agricultura

Sem pretender efetuar uma análise comparativa entre instituições do Império, cabe, a esta altura, destacar algumas observações acerca das semelhanças e diferenças do Instituto Histórico e Geográfico Brasileiro e da Sociedade Auxiliadora da Indústria Nacional em relação ao IIFA. Assim, com base na historiografia consagrada a respeito do tema,[27] procuro pontuar questões que auxiliem na compreensão da trajetória do IIFA e de seu papel no Estado e na sociedade.

Não obstante o Museu Nacional dedicar-se também a algumas atividades científicas semelhantes às do IIFA e ter compartilhado com ele alguns dirigentes, como Frederico Burlamaqui, Nicolau Joaquim Moreira e Ladislau Neto, sua situação de órgão público, além de um escopo de atuação muito mais amplo, imprimiu-lhe um percurso diferente daquele cumprido pelo IIFA. Do mesmo modo, entidades do período dedicadas às ciências naturais, como a Sociedade Vellosiana, a Palestra Científica, a Sociedade Brasileira de Aclimação, o Museu Paraense de História Natural e Etnografia, o Museu Botânico de Manaus e outros também não são objetos desta análise, ou porque sua trajetória se reduziu a um curto espaço de tempo ou visto que sua história foi definida em contextos distintos ao IIFA.

Pode-se destacar como um dos aspectos comuns às três instituições (Sain, IHGB e IIFA) o fato de serem estabelecimentos privados, mas atrelados ao Estado imperial, de quem dependiam financeiramente. Assim, pode-se estender ao IHGB e IIFA o que Werneck da Silva afirmou a respeito da Sain: "um organismo intermediário, na confluência da sociedade civil e da sociedade política, com características semigovernamentais, semioficiais e semipúblicas" (Silva, 1979:94).

Acrescenta-se a tal perfil comum às três instituições a estreita relação que mantiveram com Pedro II. Apesar de terem sido fundadas em diferentes épocas e contextos,[28] a partir de 1870 todas elas estamparam o epíteto "Sob a imediata proteção de Sua Majestade Imperial", o que resultava em prestígio político junto ao governo – vantajoso para obtenção de dotações do erário – e perante a sociedade – útil para angariar sócios e aumentar o fundo obtido com as mensalidades. Note-se que o próprio monarca expressava sua "proteção" em doações pessoais, muitas vezes traduzidas em vultosas quantias de dinheiro.

---

27 Sobre a Sain, apoio-me em trabalhos de Edgard Carone (1978), José Luis Werneck da Silva (1979), Heloísa Domingues (1995) e André Luís Alípio de Andrade (2002). Quanto ao IHGB, serviram de orientação as pesquisas de Manoel Luís Salgado Guimarães (1988) e Lúcia Maria Paschoal Guimarães (1995).

28 A Sain foi a primeira a ser criada, em 1827; o IHGB, em 1838; e o IIFA, conforme assinalado, em 1860.

A Sain esteve sob a proteção do imperador somente a partir de 1869, 42 anos depois de ter sido criada (Silva, 1979:163), ao passo que o IHGB, apenas após o estatuto de 1851. O IIFA, ao contrário, nasceu sob a égide do imperador Pedro II. De todo modo, a partir da década de 1870 as três instituições estiveram sob "proteção imperial".

Ao comparecer à maioria das suas reuniões e atividades, Pedro II demonstrava interesse pessoal pelas três instituições. Por outro lado, se a ida assídua ao IHGB contribuía "para a construção da imagem de um monarca esclarecido e amigo das letras" (Guimarães, 1988:7), o comparecimento às reuniões do IIFA e da Sain reforçava a representação de um monarca que buscava, também, estar a par dos avanços das ciências e impulsionar o país rumo à "civilização". O próprio imperador comparou as três instituições, em seu diário, ao referir-se a uma reunião do IIFA em que tentara inculcar ânimo aos presentes, desolados com a falta de recursos: "Ainda que pouco alcançasse não se devia desanimar lembrando-se da vida que tem tido a Sociedade Auxiliadora e o Instituto Histórico, que a despeito de tantos obstáculos bastantes serviços já têm prestado".[29]

Representantes das chamadas elites do Império comumente encontravam-se entre os sócios de pelo menos duas dessas instituições, quando não integravam simultaneamente suas diretorias. O marquês de Abrantes, por exemplo, presidiu a Sain desde 1848 e, posteriormente, em 1860, acumulou esse cargo com a presidência do IIFA, até seu falecimento em 1865. Também Couto Ferraz, ainda na presidência do IIFA, foi escolhido presidente do IHGB em 1875 e ocupou ambos os cargos até sua morte, em 1886.

O IHGB e o IIFA iniciaram suas atividades nas dependências da Sain. Salgado Guimarães afirma que, "embora criado por iniciativa da Sociedade Auxiliadora da Indústria Nacional, o Instituto Histórico organiza-se administrativamente independente daquela instituição". Mais adiante observa que, até serem implantados os estatutos de 1851, "a agremiação estivera sob a proteção da Sociedade Auxiliadora da Indústria Nacional, [e] os novos estatutos definem diretamente o imperador como seu novo protetor" (Guimarães, 1988:9).

Alguns autores entendem que o IIFA foi concebido sob o "modelo" da Sain, ou criado como seu "apêndice", com o propósito de ampliar sua Seção de Agricultura.[30] Tal interpretação não parece coadunar com o projeto de criação dos institutos agrícolas em todas as províncias, além de reduzir a atuação e a importância do IIFA. Ademais, a Sain era composta de várias seções, entre as quais a de Agricultura, ao passo que o IIFA era voltado unicamente para a busca de conhecimentos e de sua aplicação nas atividades

---

29 Diário de d. Pedro II. Anotação do dia 12 de maio de 1862 (Bediaga, 1999, pasta "Original", arquivo D09092.jpg).
30 José Luiz Werneck da Silva (1979:111) afirma que a Sain "serviu de berço, modelo e hospedeira para o Imperial Instituto Fluminense de Agricultura". Também Heloísa B. Domingues (1995:209), na mesma linha de pensamento, afirma que o IIFA "pode ser considerado uma espécie de apêndice" da Sociedade. No capítulo 2 analiso o assunto com mais argumentos.

agrícolas e áreas afins. Certamente ambas as instituições tinham atividades comuns, como a distribuição de mudas e sementes nas províncias do Império e a edição de periódicos (*O Auxiliador* e *Revista Agrícola*) em que as atividades do mundo rural eram os principais temas abordados. Entretanto, não se constata entre elas nenhuma subordinação, tampouco complementaridade.

A criação do IIFA não parece ter alterado em nada a Seção de Agricultura da Sain, tanto que a instituição continuou publicando, em sua revista, artigos pertinentes à agronomia, além de editar livros em que o escopo era a lavoura, a exemplo do *Catecismo da agricultura*, de Frederico Burlamaqui e Nicolau Joaquim Moreira.[31]

Pelas atas de reuniões e assembleias da Sain, constata-se que, em geral, concorria à presidência e aos cargos de diretoria mais de um candidato, com quórum numeroso e grande mobilização dos sócios nas sessões de eleição. No IIFA isso não ocorria, em virtude da ausência de disputa por serem as nomeações feitas pelo imperador – fato, aliás, que pode ter contribuído também para o esvaziamento progressivo da vida societária e para a "facilidade" com que Couto Ferraz centralizou as tomadas de decisão na instituição que presidia.

Tanto o IIFA como o IHGB foram criados com o propósito de que se implantassem, nas províncias, estabelecimentos a eles semelhantes, de modo a articular pesquisas regionais e nacionais, "integrando-as ao projeto de centralização do Estado e criando os suportes necessários para a construção da Nação brasileira" (Guimarães, 1988:5). Entretanto o resultado de tal estratégia foi insatisfatório, e em ambos os casos tal intenção esteve longe de se concretizar, ao menos no período analisado.

O fato de Couto Ferraz ter sido presidente concomitantemente do IIFA e do IHGB aponta que o cargo maior dessas instituições era ocupado por representação política e/ou relações pessoais com o monarca, ou seja, com trânsito fácil na alta governança do Estado e entre as elites imperiais. O trio de institutos "privados" integrava o Estado imperial e era estratégico não só para seu projeto de centralização, como também para construir uma "nação civilizada" e alinhada à Europa e aos EUA. Para este último propósito, o fim da escravidão era um tema consensual:

> Num momento em que a abolição do tráfico escravo coloca-se como inadiável, a *Revista do Instituto Histórico* oferece um *fórum* privilegiado para os debates e discussões, visando à busca de alternativas para a questão do trabalho no Brasil frente ao projeto de construção nacional então em curso [...] aponta no sentido de imputar à escravidão negra a responsabilidade pelo atraso do país na corrida da civilização [...] [Guimarães, 1988:20].

---

31 A respeito dessa obra, ver capítulo 2.

Martins, ao apresentar um levantamento dos temas abordados nos artigos da *Revista Agrícola*, assinala que a escravidão era referida indiretamente em artigos sobre outros temas, como colonização, ensino agrícola e agricultura racional. Conclui, então:

> No que se refere à questão prática, portanto, o instituto [IIFA] havia assumido um posicionamento radicalmente contrário à utilização do trabalho escravo, por tudo de primitivo e retrógrado que em termos de prática ele sugeria [...]. A condenação do trabalho escravo e a importância da instrução profissional pareciam os únicos pontos consensuais do debate [Martins, 1995:89-90].

Nesse sentido, os periódicos da Sain, do IHGB e do IIFA foram espaços importantes onde diversos autores puderam expressar e divulgar suas opiniões sobre a extinção da escravatura.

REVISTA AGRICOLA

DO

IMPERIAL INSTITUTO FLUMINENSE DE AGRICULTURA

PUBLICADA TRIMENSALMENTE

DEBAIXO DA IMMEDIATA PROTECÇÃO DE SUA MAGESTADE IMPERIAL

O SENHOR D. PEDRO II

SOB A DIRECÇÃO E REDACÇÃO DE

Miguel Antonio da Silva

Repetidor de sciencias physicas e naturaes na Escola Central; membro do Conselho fiscal do Imperial Instituto Fluminense d'Agricultura; socio do Instituto Historico, Geographico e Ethnographico Brasileiro; do Instituto Polytechnico Brasileiro; da Sociedade Auxiliadora da Industria Nacional; da Sociedade Velosiana; das Sociedades Geologica e Geographica de França; da Sociedade Polymathica do Morbihan; da Sociedade d'Archeologia, Sciencias, Letras e Artes do Departamento do Sena e Marne; da Sociedade de Historia Natural „Isis" de Dresda, etc., etc.

N. I.—SETEMBRO, 1869.

RIO DE JANEIRO

TYPOGRAPHIA DO IMPERIAL INSTITUTO ARTISTICO

RUA DA CONSTITUIÇÃO N. 1.

1869.

EXEMPLARES DAS
REVISTAS DO IIFA, DO
IHGB E DA SAIN

1869
Biblioteca Nacional

REVISTA TRIMENSAL

DO

INSTITUTO HISTORICO

Geographico e Ethnographico do Brasil

FUNDADO NO RIO DE JANEIRO

DEBAIXO DA IMMEDIATA PROTECÇÃO DE S. M. I.

O Sr. D. Pedro II

TOMO XXXII

Parte primeira

Hoc facit, ut longos durent bene gesta per annos
Et possint serâ posteritate frui.

RIO DE JANEIRO

B. L. Garnier — Livreiro-editor

69 Rua do Ouvidor 69

1869

O AUXILIADOR

DA

INDUSTRIA NACIONAL

PERIODICO

DA

Sociedade Auxiliadora da Industria Nacional

SOB A DIRECÇÃO E REDACÇÃO

DO

DR. NICOLAO JOAQUIM MOREIRA

Vires industria firmat.

VIRGILIO.

Janeiro a Dezembro de 1869

RIO DE JANEIRO

TYP. — INDUSTRIA NACIONAL — DE J. J. C. COTRIM

113 Rua d'Ajuda 113

1869

Projecto de Regulamento

do

Imperial Instituto Flum.ᵉ de Agricultura

approvado

em

Sessão da Directoria de 24 d'Agosto
de 1863.

Regulamento interno

do

Imperial Instituto Fluminense de Agricultura.

Secção 1.ª

_ Da Secretaria da Directoria. _

Artigo 1.º A Secretaria do Imperial Instituto Fluminense de Agricultura é a repartição pela qual a Directoria e o seu Presidente expedem as suas ordens e communicações a respeito dos negocios do Instituto.

Artigo 2.º O Chefe da Secretaria é o Secretario da Directoria, a quem cabe a immediata responsabilidade de todos os encargos desta repartição.

Terá para o coadjuvar um Amanuense e um Continuo, os quaes serão pagos pelo cofre do Instituto na forma deste regimento.

CAPÍTULO

2

Trajetória do Imperial Instituto Fluminense de Agricultura:
semear "civilização" no campo

Consolidação e auge (1860-1870)

Frederico Burlamaqui e Guilherme Schüch Capanema: notas biográficas

Com objetivo de compreender os antecedentes do projeto que originou o IIFA e seus primeiros anos de funcionamento, faz-se necessário traçar um esboço biográfico de dois personagens que atuaram na configuração da instituição: Burlamaqui, primeiro secretário do IIFA e diretor do Jardim Botânico até 1863, e Capanema, que, apesar de não ter ocupado cargos na instituição, desempenhou um papel de "consultor" de Pedro II no que diz respeito à configuração do IIFA.

Frederico Leopoldo César Burlamaqui (1803-1866) nasceu em Oeiras, Piauí, e era filho do coronel Carlos César Burlamaqui e de Dorothéa da Silva Pedegachi. Seu pai ocupou cargos de governo, entre os quais o de presidente da província de Sergipe (Lopes, 2009:93). Burlamaqui era doutor em matemáticas e ciências naturais pela Escola Militar, onde lecionou até sua aposentadoria. Exerceu a função de engenheiro militar e reformou-se como brigadeiro, patente entre coronel e marechal de campo. Foi diretor do Museu Nacional entre 1847 e 1866. Era sócio do Instituto Histórico e Geográfico Brasileiro (IHGB) e da Sociedade Vellosiana. Publicou inúmeros artigos em revistas especializadas e jornais de grande circulação. Na Sain, foi personagem atuante da vida societária, tendo exercido o cargo de secretário honorário perpétuo, além de presidir a Seção de Agricultura e assumir a redação do *O Auxiliador* desde 1854. Sua produção intelectual é bastante diversificada, abrangendo geologia, matemática, metalurgia e agronomia. Segundo Lopes (2009:111), Burlamaqui foi também "excelente químico e profundamente interessado tanto nas atividades agrícolas como no processo emergente da industrialização do país".

Desde a década de 1830, Burlamaqui se posicionara contra a escravidão e dizia-se discípulo de José Bonifácio de Andrada e Silva (1763-1838). Com o estudo intitulado "Memória analítica acerca do comércio de escravos e acerca dos males da escravidão doméstica", inscreveu-se em concurso de ensaios promovido em 1836 pela Sociedade Defensora da Liberdade e a Independência Nacional. O concurso não foi adiante, mas o trabalho de Burlamaqui foi publicado um ano depois, e hoje é importante referência do pensamento antiescravista na época. O livro denunciava o caráter improdutivo da escravidão e os males que ela incorporava à sociedade, distanciando cada vez mais o Brasil dos países "civilizados". Em relação à sua posição na Sain, André Alípio de Andrade analisa:

> Podemos considerar Burlamaqui como um dos mais importantes e mais fiéis representantes das preocupações e objetivos da Sociedade Auxiliadora no que diz respeito à divulgação de conhecimentos científicos, a melhoria e o incentivo à diversificação das atividades produtivas. Empenhado como estava com a causa do progresso material e a "difusão das luzes" que conduzissem o país rumo às "nações civilizadas", a publicação pelo *Auxiliador* em 1847 de sua Memória, em que condena a escravidão de forma contundente, marca a posição da "elite ilustrada" da Auxiliadora mais influenciada e convicta acerca da ideia de progresso, elaborada pelas teorias da "Ilustração" e da economia política clássica [Andrade, 2002:104].

Autor de vasta produção intelectual e um dos mais importantes homens das ciências do Brasil naquele período, Burlamaqui publicou sobre agricultura, pecuária e áreas afins. Entre seus trabalhos encontram-se: "Aclimatação do dromedário nos sertões do norte do Brasil, e da cultura da tamareira" (1857); "Manual dos agentes fertilizadores" (1858); "Manual de máquinas, instrumentos e motores agrícolas" (1859); "Monografia do cafezeiro e do café" (1860); "Monografia da cana-de-açúcar" (1862); "Monografia do algodoeiro" (1863); "Manual da cultura de arroz e de agricultura" (1864a); "Manual de apicultura ou tratado da cultura e tratamento das abelhas" (1864b); e "Manual da cultura, colheita e preparação do tabaco" (1865).

Seu *Catecismo de agricultura* (Burlamaqui e Moreira, 1870), finalizado e publicado anos após sua morte por Nicolau Joaquim Moreira,[32] permite apreender diversos temas que se propunha a divulgar. Na obra se observam, também, uma intenção doutrinária e o propósito de enaltecer as ciências do mundo "civilizado". Ao mesmo tempo, demonstra o conhecimento de Burlamaqui sobre os mais diversos assuntos relacionados a atividades do campo, como nutrição, anatomia e fisiologia vegetal, química agrícola, estudo do solo, meteorologia agrícola, geologia agrícola, mecânica e hidráulica agrícola, estrumes orgânicos e artificiais, pastos naturais e prados artificiais, horticultura, silvicultura, melhoramento das raças e utilidade dos animais domésticos. A linguagem é simples e a narrativa, construída em forma de diálogo entre "mestre" e "discípulo", em uma longa "conversa" por mais de 200 páginas. A título de exemplo, segue um trecho da obra em que o mestre ensina ao discípulo que a terra não se cansa:

> Discípulo – Mas nós vemos abandonar terras depois de algumas colheitas e deixá-las em repouso por alguns anos. Nossos pais dizem que essas terras estão cansadas.
>
> Mestre – Exaustas, deveriam eles dizer; incapazes de produzir tal ou tal gênero, mas aptas para produzir outros [...] [Burlamaqui e Moreira, 1870:5].

Após retificar a tradição herdada dos pais, o mestre segue instruindo o discípulo sobre os trabalhos de rotação de culturas, os afolhamentos para proteger o solo etc. Ao optarem pelo diálogo entre "mestre" e "discípulo", Burlamaqui e Moreira assumem uma posição superior. A própria palavra "catecismo", no título da obra, indica a concepção dogmática e religiosa da ciência, então vigente.

Ressalte-se o mérito de Nicolau Joaquim Moreira por finalizar a obra de Frederico Burlamaqui e, sobretudo, empenhar-se em obter recursos para publicá-la. Aliás, verifica-se, em muitos trabalhos de Moreira, a afinidade de ideias com Burlamaqui, tanto em relação aos temas quanto aos propósitos, apesar da diferença de 20 anos de idade entre ambos. Para os objetivos desta pesquisa, entretanto, limito-me a destacar que Burlamaqui e Moreira foram influentes na trajetória do IIFA e nos debates científicos da época, em especial os da agronomia, com intuito fundamentalmente educativo e de divulgação de conhecimentos.

Mais do que imprimir sua "marca" na instituição que então se criava, Frederico Burlamaqui parece corporificá-la. Seu perfil de homem das ciências, influente nos debates

---

32 Em 1883 Nicolau Joaquim Moreira (1824-1894) foi diretor do Jardim Botânico, da Fazenda Normal e do Asilo Agrícola; um ano antes assumira as funções de editor da *Revista Agrícola*. Nicolau Joaquim Moreira se dizia discípulo de Burlamaqui. Ver item "Nicolau Joaquim Moreira: um representante dos homens das ciências no Imperial Instituto Fluminense de Agricultura" adiante.

da época, as ideias antiescravistas e a dedicação à "vulgarização" das ciências agrícolas e seu caráter educativo casavam-se harmoniosamente com os objetivos iniciais do IIFA.

Durante seu mandato de secretário do IIFA, Burlamaqui foi nomeado diretor fiscal do Jardim Botânico (1861) e ocupou esses cargos simultaneamente ao de diretor do Museu Nacional e redator de O *Auxiliador*. Porém, em 1862, demitiu-se dos postos que ocupava no instituto fluminense alegando cansaço e perda de recursos provocada por tais ocupações.[33]

Mesmo demissionário do cargo de secretário do IIFA, Burlamaqui continuou a frequentar assiduamente as reuniões de diretoria. Somente a partir de 1864 sua presença ali começou a escassear, e nas atas decresceram igualmente intervenções, opiniões ou propostas de sua parte, até seu falecimento em 1866.

Guilherme Schüch Capanema[34] nasceu em Mariana, na província de Minas Gerais, em 1824. Seu pai, Roque Schüch, viera da Áustria na comitiva de dona Leopoldina para ser o bibliotecário e diretor do Gabinete de História Natural. Por conta da relação próxima entre seu pai e a mãe de Pedro II, deste foi companheiro de infância e com ele estabeleceu uma amizade para toda a vida, que marcou, sobretudo, seu rumo de atuação.

Em 1838, Capanema, ingressou no Imperial Instituto Politécnico de Viena e, posteriormente, na Bergakademie Freiberg como "bolsista do imperador" (Figueirôa, 2008:127). De volta ao Brasil, ingressou, por concurso, na Escola Militar do Rio de Janeiro, onde lecionou física e mineralogia. Entre 1849 e 1876, trabalhou no Museu Nacional, como adjunto da Seção de Geologia e Mineralogia. Era um profissional eclético, com interesse especial nas ciências e tinha ideias próprias acerca das medidas a serem tomadas em prol do desenvolvimento desse campo no país. Embora não se furtasse das polêmicas, expressava, em suas cartas, certa mágoa pelos preconceitos que julgava sofrer e pelas avaliações errôneas a seu respeito:

> A comissão científica provou-me a toda evidência quem são os que governam o país e com que qualidade de protetores poderão contar vindo eu a faltar, muito principalmente aos tais que se apregoam amigos para depois me estigmatizarem de ladrão, do que eu devo fingir consolado pois que epítetos muito piores e mesmo infamantes são lançados por essa rua do Ouvidor por alguns sujeitos em paga do pão que comem.[35]

---

33 A respeito das divergências que levaram Burlamaqui a renunciar ver item "Primeiros anos do Imperial Instituto Fluminense de Agricultura".

34 As publicações de Silvia Figueirôa abordam Capanema de forma abrangente e relacionada às outras atividades em que esteve envolvido. Cf. Figueirôa (2001, 2005, 2007 e 2008). Destaco também as pesquisas de Rachel Pinheiro (2002) e de Maria Sylvia Porto Alegre (2006).

35 Carta de Capanema a Pedro II, de 3/1/1863 (Museu Imperial, Arquivo Histórico, Arquivo POB, maço 132, doc. 6.498).

Guilherme Capanema participou ativamente de diversas organizações, entre as quais se destacam a Sociedade Vellosiana, o IHGB, a Palestra Científica e a Sain. Foi diretor da Seção de Geologia da Comissão Científica do Império e comandou a instalação das primeiras redes telegráficas do norte do Brasil. Nas diversas cartas que escreveu a Pedro II, mostrava-se bastante crítico e buscava informar o imperador acerca de pessoas e do andamento das instituições. Sobre o IIFA não era diferente: demonstrava seu pessimismo e criticava de forma cáustica seus dirigentes:

> Creio que será prudente esperar até que o governo possa obter fundos para que se principiem ensaios em regra, excluindo deles o Instituto Agrícola, que em um ano deu provas de sobra da sua incapacidade, os elementos ativos que ele possui são os mais impróprios, posso afirmá-lo a V.M.I.
>
> E V.M.I. acoroçoando tentativas que infalivelmente darão mau resultado, terá o desgosto de ver as suas boas intenções mal interpretadas e toda culpa lhe cairá sobre os ombros, tenho provas dessa maneira de proceder de certos homens.[36]

Entre sua correspondência com Pedro II, há uma carta na qual se encontra anexado um documento elaborado a pedido do monarca.[37] Nele, Capanema expõe suas considerações sobre agricultura. No texto, de 11 páginas manuscritas e intitulado "Medidas para o desenvolvimento da lavoura do Brasil", de 6 de julho de 1862, sugere atribuições para o governo e as competências do IIFA. Aquelas relativas ao governo, Capanema denominava "método da lavoura" e as que deveriam ser assumidas pelo IIFA, "propagação desses métodos". Assim, em sua opinião, as experiências e os ensaios deveriam ser responsabilidade do governo, pois os particulares não se interessavam por métodos em que houvesse possibilidade de falhas, e as circunstâncias das experiências na lavoura eram variáveis, portanto eram falíveis.

No texto, Capanema descreve detalhadamente o estabelecimento de ensaios e adverte: "é preciso toda a ação livre do governo, sobretudo para evitar a intervenção de interesses particulares". Em relação às ações do IIFA, também trata em pormenores delas, das quais destaco a distribuição de prêmios aos fazendeiros que melhorassem seus produtos e lavouras ou economizassem terrenos e preservassem as matas. Sugere ainda que o IIFA atue nos distritos empregando "os esforços a fim de conservar, e mesmo

---

36 Carta de Capanema a Pedro II, de 14/7/1862 (Museu Imperial, Arquivo Histórico, Arquivo POB, maço 131, doc. 6.452).

37 Anexo da carta de Capanema a Pedro II, de 16/7/1862 (Museu Imperial, Arquivo Histórico, Arquivo POB maço 131, doc. 6.452).

replantar as matas nos pontos onde elas sejam necessárias para a conservação de águas, para impedir desmoronamentos etc."

Como sugestão para o aumento de capital do IIFA, Guilherme Capanema aponta o exemplo da Suécia, em que fabricantes de ferro e aço se cotizaram, por meio de um imposto voluntário, para a criação de escolas de minas, florestas e outras com dinheiro privado. Além de mostrar outras vantagens, pergunta: "E por que motivo não poderão os novos fazendeiros proceder do mesmo modo?". Argumenta então que o imposto voluntário dos fazendeiros poderia até mesmo auxiliar na criação de um banco para empréstimos aos agricultores, e acrescenta: "Essa ideia lançada no meio do Instituto Agrícola pelo imperador será abraçada sem a menor prevenção". As dificuldades, segundo ele, recairiam na discussão sobre o uso desse capital, em virtude da enorme oferta de propostas, razão por que caberia ao governo deliberar.

Enquanto Capanema insistia em que o governo assumisse os ensaios, Pedro II anotava em seu diário sua intenção de ver o IIFA funcionando independentemente do governo para se manter afastado de influências políticas, contudo recebendo auxílio do governo:

> 11 [de julho de 1862] – Conversei com o Capanema a respeito do Instituto Agrícola. Ele entende que a fazenda que esse estabelecimento montar deve aproveitar os ensaios que previamente se tiverem feito por conta do Estado. Não me inclino a esta ideia cuja consequência seria nada [a] se fazer ao menos nesses anos mais próximos, sem, contudo ser improfícuo o que o Instituto pode ir fazendo desde já em ponto pequeno, no sentido da combinação das duas ideias, dele que é a minha, podendo-se facilmente obter auxílio do Estado, sem o inconveniente da influência política, que tanto tem estorvado os melhores pensamentos, desde que virem que o Instituto faz alguma coisa [Bediaga, 1999].[38]

Em cartas enviadas ao imperador dias depois, Capanema tentava ainda convencê-lo com mais argumentos, acrescentando que Pedreira (como chamavam, na intimidade, Couto Ferraz) concordava com ele acerca das atribuições do IIFA. Ao advertir o monarca sobre algumas pessoas, afirmava que Pedro II confiava "em homens pelas suas boas aparências", ao passo que ele aprendera a desconfiar deles. Ambos desejavam manter afastados do IIFA influências político-partidárias ou de particulares, contudo reconheciam que era inevitável o auxílio do governo, e, assim, as pressões e o jogo de interesses teriam de ser negociados.

---

38 Bediaga (1999), pasta "Original", arquivo D09164.

Em uma dessas ocasiões, o imperador consultou Guilherme Capanema: "desejo saber se posso utilizar-me de suas ideias, segundo meu modo de pensar, porém não revelando sua origem. Seu amigo D. Pedro 2º".[39] A resposta de Capanema veio de forma evidente:

> As ideias que tive a honra de apresentar a V.M.I. são para que V.M. faça delas o uso que julgar mais conveniente. Depois que elas forem emitidas, e que se tornem do domínio público, eu posso discuti-las e sustentar os meios de sua aplicação. Não convém que se conheça a minha paternidade porque serão repelidas quando preciso seja a força de voto.[40]

Capanema insistia que o problema não era falta de recursos do governo: "A desculpa de que não há dinheiro é improcedente, pois não havendo fundos, para que a despesa de cento e tantos contos com o passeio público? [...] Há portanto dinheiro, a questão é do seu bom emprego".[41] E apesar das tentativas de convencer Pedro II sobre suas propostas, deixava claro sua preocupação em "protegê-lo":

> V.M.I. se acha em condições muito desfavoráveis porque se forem as coisas mal, aqueles que têm obrigação de esclarecer a V.M.I. e propor meios de encaminhá-las bem, encolhem-se com a frase, "são negócios do Imperador não me meto nisso" já mais de uma vez proferida por ministro. É nessas circunstâncias que insisto na necessidade de evitar todos os passos que possam trazer comprometimentos mais vale esperar e refletir.[42]
>
> Peço permissão para prevenir a V.M.I. contra uma conspiração anticientífica que estão tramando: o Jardim Botânico é considerado boa presa, já aparecem aos jornais insinuações fialhescas [*sic*].[43]

Ainda na década de 1860, Couto Ferraz também trocava correspondência com Capanema sobre o IIFA. Não é possível saber se foi apenas nesse período que ambos trocaram missivas sobre o IIFA, mas pode-se afirmar que Capanema foi consultado em diversas ocasiões por Couto Ferraz para auxiliar em traduções do alemão de livros e fo-

---

39 Carta de Pedro II a Capanema, sem data (Museu Imperial, Arquivo Histórico, Arquivo DIF, I-DIF-1862/1864, PII.B.c 1-8).
40 Carta de Capanema a Pedro I, de 14/7/1862 (Museu Imperial, Arquivo Histórico, Arquivo POB, maço 131, doc. 6.452).
41 Ibid.
42 Ibid.
43 Carta de Capanema a Pedro II de 18/8/1862 (Museu Imperial, Arquivo Histórico, Arquivo POB, maço 131, doc. 6.452).

lhetos, como também para atuar como seu interlocutor com os austríacos Carlos Glasl e Alois Krauss.[44] Também foi solicitado a opinar sobre cultura da cana-de-açúcar e a enxertia que havia sido experimentada em Campos, fibras vegetais, contratação de responsável pelo Asilo Agrícola, preços de venda de mudas e avaliação dos trabalhos de Glasl para publicação, conforme nos mostra a seguinte carta:

> S. Sr. Dr. Guilherme S. de Capanema
> Em 3 de Set. de [18]67
> Meu Amigo
> Desculpe a maçada. É mais uma que lhe dou somente confiado em sua bondade para comigo, em seu zelo, gosto e competência acerca das matérias da ordem desta sobre que versam os papéis juntos.
> Peço-lhe que os leia e examine, dando-me sua esclarecedora opinião sobre os pontos cardeais – 1o cultura da quina, e se a julgue possível no Rio de Janeiro, ao menos em Nova Friburgo, em Teresópolis etc., etc. – 2o quais as providências para onde se deve mandar de preferência a semente. 3o o que dei da Gávea e Corcovado. 4o recomendações que devam ser feitas – para a venda das plantas das diferentes espécies de bambu a que se referem os papéis.
> Enfim, tudo quanto lhe ocorrer sem limite.
> Tem de haver sessão do Instituto talvez 2a feira 9, e eu desejava ter este negócio pronto até então.
> Dá-me notícias do pedido que fez o Sr. Niemeyer da colônia D. Francisca para os ensaios de uma escola de agricultura prática ali.
> Tenha paciência com o seu amigo do Coração.
> O Pedreira
> O João Caetano disse-me, que está inteiramente às suas ordens para tudo e em tudo.
> [Pós-escrito à margem da primeira página da carta] Se puder, diga em resumo, o que diz o A. do folheto em Alemão.[45]

Quanto a Guilherme Schüch Capanema, embora figure discretamente nos documentos oficiais do IIFA e não tenha ocupado cargos de sua diretoria, dois dos importantes personagens da instituição, Carlos Glasl e Sebastião Ferreira Soares, parecem ter sido nomeados por sua influência. De fato, a correspondência privada entre Pedro II e Capanema torna evidente o papel deste último como "consultor" e "conselheiro" do

---

44 Ambos serão objetos de análise mais adiante.
45 Carta de Couto Ferraz a Capanema, de 3/9/1867 (Museu Imperial, Arquivo Histórico, Arquivo DIF, I-DIF-1866/1872-BR.d 1-22, p. 1-2).

imperador nos primeiros anos do IIFA e, mais tarde, de "assessor" de Couto Ferraz em diversos assuntos sobre a Fazenda Normal.

Primeiros anos do Imperial Instituto Fluminense de Agricultura

A criação do Imperial Instituto Fluminense de Agricultura (IIFA), em 1860, contou com a subscrição de 146 sócios.[46] O número de membros chegou a 188, segundo cálculo elaborado com base em fontes primárias.[47] A análise dos sócios fundadores evidencia que a maioria era de proprietários rurais e que 26 sócios possuíam títulos nobiliárquicos. Dos homens de ciências, o único a constar na lista de fundadores é Custódio Alves Serrão; os demais filiaram-se ao IIFA posteriormente, a exemplo de Miguel Antonio da Silva, Manoel Ferreira Lagos, Guilherme Schüch Capanema, Ladislau Netto e Nicolau Joaquim Moreira. Frederico César L. Burlamaqui, apesar de não constar na lista de sócios fundadores – decerto porque era secretário do instituto –, esteve presente desde o primeiro momento da instituição.

Foi Miguel Calmon du Pin e Almeida (1796-1865), o marquês de Abrantes, o primeiro presidente do IIFA. Era também presidente da Sociedade Auxiliadora da Indústria Nacional (Sain) desde 1848 e acumulou as duas presidências durante cinco anos, até falecer. Descendente de tradicional família baiana de Santo Amaro, formado em direito pela Universidade de Coimbra, foi um político atuante desde o Primeiro Reinado. Exerceu os mais altos cargos na hierarquia do Estado: ministro seis vezes, conselheiro de Estado, embaixador, deputado e senador. Foi agraciado, em 1854, com o título de marquês – da alta nobreza, intermediário entre duque e conde.

O projeto inicial do IIFA previa a abertura de estabelecimentos voltados para educação agrícola e divulgação de saberes agronômicos, além da criação de uma Fazenda Normal. Cogitou-se inicialmente a incorporação do Jardim Botânico ao Instituto, com o objetivo de instalar a fazenda em suas imediações. Apesar das discordâncias, o Jardim Botânico permaneceu atrelado ao IIFA até 1889. Mais tarde, em 1869, foram criados o Asilo Agrícola e a *Revista Agrícola*, como ilustrado a seguir.

---

46 A lista foi publicada na *Revista Agrícola* com o título "Sócios fundadores do Imperial Instituto Fluminense de Agricultura" (v. 1, n. 1, 1869).

47 No levantamento das atas das sessões de diretoria do IIFA foi possível identificar 74 diretores, ou seja, sócios do IIFA de 1862 (quando as atas informam os participantes das reuniões) a 1876 (última ata). A interseção com os nomes que constam na lista dos 146 sócios fundadores permitiu identificar 188 membros no IIFA. Entretanto, os relatórios ministeriais informavam a existência 156 sócios. Portanto, foram identificados, na presente pesquisa, 23 sócios a mais, mas tal diferença pode ser explicada ao considerarmos a saída de alguns sócios e o falecimento de outros, com o passar dos anos.

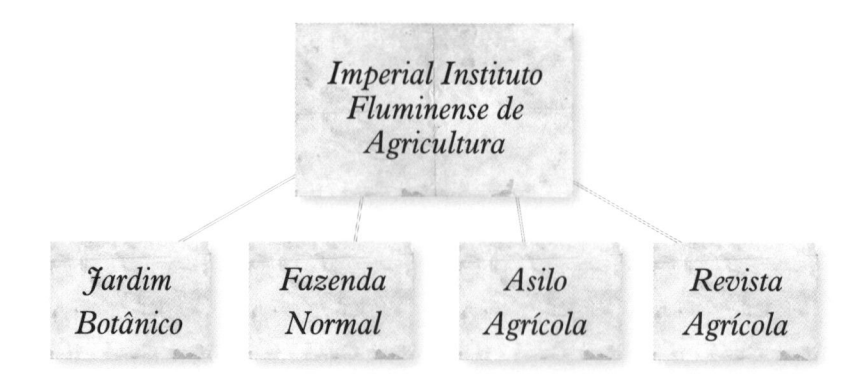

ORGANOGRAMA DO IIFA EM 1869

Os objetivos principais a nortear a estruturação do IIFA foram pedagógicos e técnico-científicos. No que concerne aos primeiros, procurava-se aliar o ensino teórico à prática no campo, para que os agricultores abandonassem as técnicas "rudimentares" e aderissem às "modernas". Os objetivos técnico-científicos estavam calcados no estudo dos processos da vida vegetal – germinação, crescimento e reprodução – e na experimentação científica, que tratava da interação do complexo solo/planta/clima. Os propósitos eram maximizar a produção da lavoura, melhorar a qualidade do produto e incrementar novas culturas de espécies de plantas com potencial de retorno econômico. Além disso, buscava-se incentivar o uso de máquinas e instrumentos agrícolas na lavoura, para aumentar a produtividade e servir de alternativa à substituição da mão de obra escrava.

O Jardim Botânico, ao ser incorporado ao IIFA, já tinha 53 anos de existência e era uma tradicional área de lazer da Corte. Criado em 1808 com o intuito de aclimatar vegetais exóticos e indígenas, no decorrer do tempo incorporou outras atividades, como plantação de chá (*Camellia sinensis*) e distribuição de mudas e sementes de diversas espécies para lavradores.

A história do Jardim Botânico iniciou-se com a chegada da família real portuguesa. Desde então, duas missões acompanham sua trajetória: as pesquisas técnico-científicas e a disponibilidade do espaço ao lazer à população. O ensino de disciplinas das ciências naturais, outro de seus objetivos originais, não se manteve constante.

Desde a década de 1830, a falta de verba dificultava a plena execução de suas atividades. Os governos se mostravam cada vez mais relutantes em prosseguir com uma instituição que não apresentava retorno econômico imediato (Bediaga, 2007). Por outro lado, convinha manter aquele espaço, que conferia à Corte ares de "civilidade" e ajudava a propagar a beleza e a exuberância da natureza brasileira, sobretudo junto aos estrangeiros que aportavam na cidade. Ademais, aquela área de lazer estava estreitamente

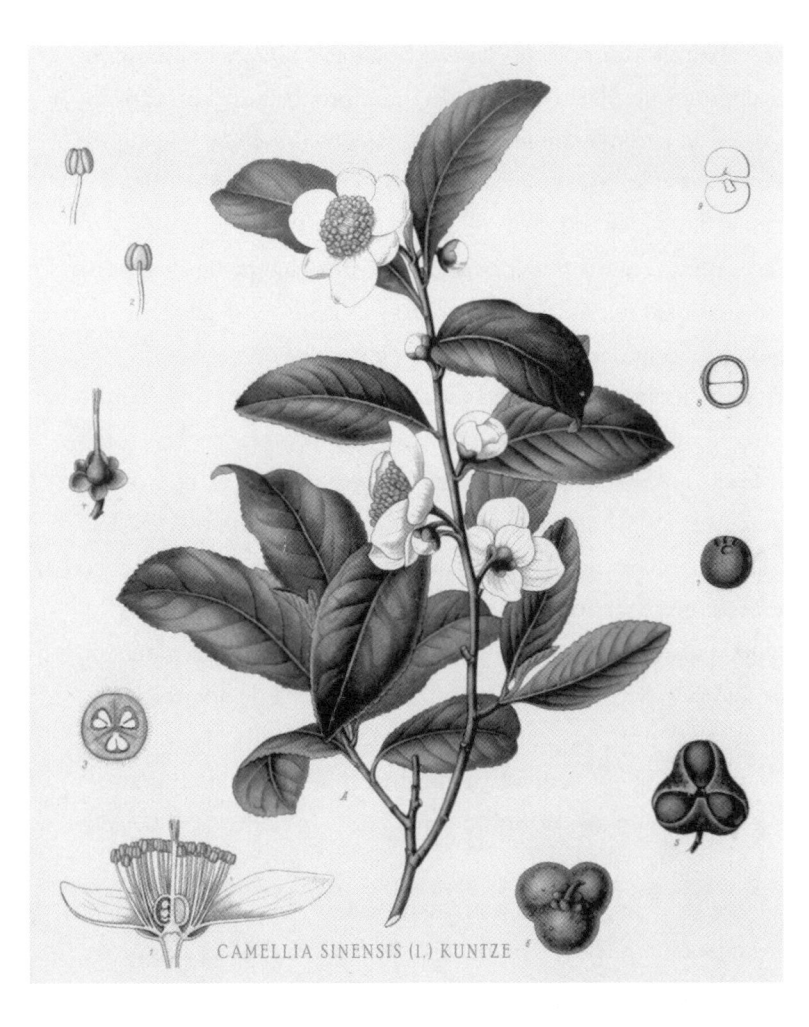

CAMELLIA SINENSIS (L.) KUNTZE

associada a d. João VI – avô do então imperador Pedro II –, à instalação da família real no Brasil e à instauração da monarquia no país. Incorporar o Jardim Botânico ao recém-criado IIFA parece ter sido a solução encontrada pelo governo para superar as dificuldades daquela instituição e permitir-lhe implementar os projetos almejados.

O "processo formal" de incorporação do Jardim Botânico pelo IIFA foi iniciado em 1860, quando Burlamaqui apresentou, em ses-

CAMELLIA SINENSIS, USADA PARA FAZER O CHAMADO CHÁ PRETO

são de diretoria, uma moção reivindicando ao governo imperial a administração do jardim. No ano seguinte, governo e IIFA assinaram um contrato estabelecendo que o primeiro cederia ao segundo o Jardim Botânico, suas benfeitorias e terrenos adjacentes, bem como colaboraria com subvenção anual de 12 contos de réis, a título de auxílio para a manutenção daquele bem público.[48] Justificou-se a consignação com o argumento de que o IIFA colaboraria na redução de gastos do governo em atividades como a distribuição de sementes e mudas, além de conservar e melhorar as benfeitorias e o arboreto do Jardim Botânico e franqueá-lo à visitação pública, nos domingos e dias de festas.

48 "Contrato celebrado entre o Governo Imperial e o Imperial Instituto Fluminense de Agricultura, para a cessão do Jardim Botânico da Lagoa Rodrigo de Freitas ao dito Instituto", de 17/8/1861 (Relatório do Macop, de 1863, anexo, p. 1). Posteriormente, a Lei de Orçamento de 1871-1872, votada no Legislativo, permitiu aumentar a consignação para 24 contos de réis, valor que permaneceu inalterado até o fim do contrato, em 1889.

Cerca de um ano após assumir a direção do Jardim Botânico, Burlamaqui mudou de opinião e apresentou à diretoria do IIFA, em reunião, uma proposta de rescisão do contrato.[49] Alegava que as terras do jardim eram imprestáveis para os fins a que o instituto pretendia destiná-las. Argumentava que, para colocar o terreno em condições de plantio, seria necessário o esgotamento das águas, a drenagem e o aterramento dos pântanos e o nivelamento dos declives do terreno, o que representaria gastos demasiadamente altos para a instituição. Foi nessa mesma reunião que Burlamaqui solicitou sua dispensa das funções de secretário do IIFA e de diretor do Jardim Botânico, alegando excesso de trabalho.

As razões explicitadas por Burlamaqui para seu afastamento nos cargos que ocupava no IIFA pouco esclarecem o episódio. Parecem inconsistentes perante sua trajetória dedicada às ciências e, sobretudo, aos preceitos de uma agricultura "moderna", conforme vimos anteriormente. Alguma luz pode ser lançada quando consideramos os debates, que tiveram lugar na instituição, sobre a implantação da Fazenda Normal e da Escola de Agricultura – os alegados motivos da incorporação do Jardim Botânico ao IIFA –, que não alcançaram consenso entre os membros do instituto, ao menos acerca de sua exequibilidade. O que unia aqueles indivíduos era o propósito comum de aperfeiçoar a agricultura, porém a estratégia a ser implantada para tal fim ainda requeria negociações, tanto no âmbito interno do instituto quanto em relação ao governo. A saída de Burlamaqui denunciaria, então, a ausência de um acordo sobre a instalação dos novos estabelecimentos do IIFA.

De fato, após 17 reuniões, os debates sobre a permanência da anexação do Jardim Botânico ao IIFA pouco avançaram em termos práticos, e por mais dois anos eles prosseguiriam. Irineu Evangelista de Sousa, o barão de Mauá, ofereceu ao IIFA um terreno em Sapopemba (atual bairro de Deodoro, na cidade do Rio de Janeiro), para que ali se instalasse a Fazenda Normal. A oferta foi aceita pela maioria dos membros da diretoria. Iniciou-se a preparação do terreno, mas depois constatou-se que a falta de água acarretaria um gasto, ou mesmo um empecilho, que não se previra para fundar ali a Fazenda.

Aqueles contrários ao contrato de cessão do Jardim Botânico ao IIFA alegavam que a área contígua ao primeiro era muito reduzida e que seria difícil ampliá-la devido aos arrendatários da região, que se recusavam a deixar suas benfeitorias. Argumentavam também que o espaço disponível para a lavoura de grande extensão era inadequado por causa do declive do terreno. Já os favoráveis à incorporação defendiam que, com a boa oferta de água e a provável qualidade da terra – atestada, segundo eles, pela pujança com que crescia a floresta do entorno –, não haveria dificuldades para implantar ali culturas como as de cana, café, algodão, fumo e outras.

---

49 Ata da 17ª sessão de diretoria do IIFA, de 12/5/1862.

Além da discussão acerca da rescisão do contrato de cessão do Jardim Botânico, houve uma polêmica sobre a vinda de Carlos Glasl,[50] da Áustria, para assumir o cargo de diretor da Fazenda Normal, do Jardim Botânico e da Escola de Agricultura.[51] Burlamaqui era contrário à contratação de Glasl, alegando falta de meios do instituto para arcar com despesas de viagem e moradia dele e dos 13 membros da sua família. Discordava igualmente da contratação de um químico, de um marceneiro e de um ferreiro austríacos, que também viriam para trabalhar no IIFA. Porém o secretário, Sebastião Ferreira Soares, com base em análise do capital acumulado e previsto da instituição, garantia que a despesa poderia ser efetivada. De todo modo, em vista da necessária contenção de gastos, a diretoria suspendeu os trabalhos em Sapopemba, abrindo mão da doação feita pelo barão de Mauá.[52]

Burlamaqui defendia como prioridade a criação imediata da Escola Agrícola, mas alguns membros acreditavam que, uma vez implantada a Fazenda Normal, possivelmente o governo acudiria com mais verbas e a escola poderia ser fundada. Na polêmica, Burlamaqui saiu derrotado, inclusive com o aval do marquês de Abrantes, seu grande amigo e aliado, conforme transparece na leitura das atas.[53] Carlos Glasl e os outros membros foram autorizados a vir para o Brasil, com as despesas custeadas pelo IIFA, em 1863.[54]

Sobre a permanência do Jardim Botânico no IIFA, o debate prosseguia. A diretoria decidiu ouvir o parecer de Carlos Glasl, que, com menos de um mês de chegado ao Rio de Janeiro, manifestou-se favorável à instalação da Fazenda Normal na área do Jardim Botânico, argumentando que a água da região, fundamental para a agricultura e movimentação das máquinas, era abundante.[55] Contudo, o final da discussão ocorreu depois de mais três sessões e, em março de 1864, o impasse se resolvera a favor da implantação da Fazenda Normal e da Escola de Agricultura no terreno do Jardim Botânico e imediações.[56]

A posição da maioria dos membros do IIFA permite inferir que eles buscavam, naquele momento, viabilizar politicamente a instituição por meio da obtenção de mais verba do governo e do aumento do quadro de sócios. Nesse caso, a área do entorno do Jardim Botânico poderia funcionar como uma vitrine da instituição, visto que era dos mais importantes locais de visitação da Corte. As atividades técnico-científicas ali praticadas seriam mais vistas pela sociedade e, dessa forma, haveria condições para reivindicar auxílio do governo para o custeio dos projetos.

---

50 Adiante discorro sobre Carlos Glasl e sua atuação no IIFA.
51 A polêmica encontra-se registrada nas atas das 28ª e 29ª sessões, respectivamente de 25/5/1863 e 1/6/1863.
52 Ata da 28ª sessão de diretoria do IIFA, de 25/5/1863.
53 Ata da 29ª sessão de diretoria do IIFA, de 1/6/1863.
54 Ata da 32ª sessão de diretoria do IIFA, de 20/10/1863, informa sobre a chegada de Carlos Glasl.
55 Ata da 33ª sessão da diretoria do IIFA, de 9/11/1863.
56 Ata da 36ª sessão da diretoria do IIFA, de 29/3/1864.

Por sua vez, Burlamaqui preocupava-se em criar uma escola de agricultura e viabilizar as atividades da Fazenda Normal, com o objetivo de desenvolver pesquisas experimentais. Entretanto, considerava a área do Jardim Botânico imprópria para tais fins. Decerto sentiu-se desprestigiado ao ver seus argumentos rejeitados em favor da opinião de um estrangeiro que desconhecia a realidade da agricultura em um país tropical. Anos antes, Burlamaqui alertara que a lavoura não podia ser compreendida como uma ciência universal e passível de ser transposta de uma região a outra:

> Para mudar hábitos e fazer admirar novas crenças, são indispensáveis apóstolos animados de fé e de entusiasmo. Os apóstolos da nova religião agrícola serão os discípulos da nova escola. Os apóstolos europeus pregarão no deserto, pelo fatal prejuízo, mesmo de pessoas ilustres, de que a agricultura não é uma ciência universal, apenas modificável conforme os climas, no que ela tem de arte.[57]

Detentor de conhecimentos bem fundamentados e atualizados sobre agronomia, podia compreender que a agricultura, diferentemente de outros saberes, exigia um conhecimento específico de cada localidade.

Pode-se inferir também que, como diretor do Museu Nacional, secretário da Sain e redator do *O Auxiliador*, Burlamaqui conhecia a realidade das ciências no Brasil e sentia-se desconfortável com a vinda de um estrangeiro para ocupar um cargo que poderia ser de um brasileiro, além das despesas que o evento acarretava. Parece ter-se configurado, nesse episódio, uma tensão entre o representante das ciências – Burlamaqui –, de um lado, e proprietários rurais e agentes do Estado imperial, de outro. Fato é que a maioria dos membros do IIFA foi favorável à vinda do cientista austríaco, apesar das inúmeras queixas de falta de verbas para implantação de projetos, e Glasl permaneceu na instituição até sua morte, em 1883.

Cabe salientar a notória admiração, por parte dos homens das ciências no país, pela pesquisa que então ocorria na Europa, embora houvesse resistências à contratação de estrangeiros devido à disputa de cargos. Conforme o contexto, as posições em relação ao tema eram, às vezes, contraditórias. Um episódio exemplar foi protagonizado por Capanema, amigo e companheiro de trabalho e ideias de Burlamaqui. Em 1859 expressou-se em defesa da criação da Comissão Científica de Exploração, para que o Brasil fosse estudado por seus cientistas. Após apresentar diversos casos de estrangeiros que publicavam inverdades sobre o país, afirmou: "Numerosos exemplos poderíamos citar para provar

---

57 Aviso de 7 de maio de 1859, AAHC-MN, doc. 61, pasta 6 (apud Domingues, 1995:216).

que cientificamente o país deve ser estudado por gente própria, como o fizeram todas as nações cultas" (apud Porto Alegre, 2006:30). No entanto Capanema articulava, pelo menos desde 1855, a contratação do austríaco Carlos Glasl, conforme menciono adiante. Não se tem notícia da participação de Capanema nos debates travados no IIFA sobre a contratação de Carlos Glasl, o que indica que procurou deles se isentar.

O secretário do IIFA que substituiu Burlamaqui, Sebastião Ferreira Soares (1820-1887) era natural do Rio Grande do Sul, da cidade de Piratinim. Fez o curso de ciências físicas e matemáticas na antiga Academia Militar e serviu no corpo de engenheiros do Exército (Sacramento Blake, 1902:206, v. 7). Depois foi trabalhar no Serviço da Fazenda, onde foi diretor-geral da Repartição Especial de Estatística do Tesouro Nacional, que iniciava o trabalho de estatísticas oficiais acerca do comércio exterior no Brasil. Era especialista em economia e autor de diversas publicações, entre as quais uma pesquisa sobre o impacto da expansão da agricultura de exportação na escassez de alimentos na província do Rio de Janeiro, em virtude da redução da pequena agricultura (Soares, 1860a). Sua obra foi reeditada diversas vezes e segue sendo citada por pesquisadores como referência na história da estatística no Brasil, devido a seu aspecto inovador.[58] Baseado em seus estudos, defendia a tese de que a supressão do tráfico de escravos vindos da África não causara problemas na oferta de mão de obra nas lavouras do Sudeste e de que o encarecimento dos gêneros alimentícios era produto da especulação. Os dados compilados por Soares também

Portão principal do Jardim Botânico em 1862

Foto Rafael Castro y Ordoñez
Biblioteca Nacional

---

58 A exemplo da publicação de Artur R. Vitorino (2004).

deram origem a inúmeros trabalhos, como o do historiador Sergio Buarque de Holanda (2010:48): "Sejam quais forem as deficiências que se hão de imputar a Ferreira Soares, nada autoriza a prescindir de muitas de suas laboriosas pesquisas, num momento em que chegava a ser quase uma extravagância dedicar-se alguém a semelhantes estudos".

Decerto a publicação de uma série de 24 artigos no *Jornal do Commercio* sobre produção agrícola, em 1860, outorgou credibilidade suficiente a Ferreira Soares para credenciá-lo ao cargo de secretário do IIFA. Ademais, no mesmo ano, publicou *Histórico da fábrica de papel Orianda ou a defesa do Dr. Guilherme Schüch Capanema*,[59] a demonstrar laços de amizade ou profissionais entre ambos, o que pode ter contribuído para a indicação de Soares para o cargo de secretário do instituto.

Assim, o segundo cargo mais importante do IIFA foi exercido, durante anos, por um economista/estatístico.[60] Ferreira Soares nada deixou escrito sobre ciências agrícolas, porém era grande conhecedor de outro tema que preocupava o Império e que, de certa maneira, motivara a criação dos institutos agrícolas: o comércio agrícola.

Por fim, a Fazenda Normal foi implantada em 1864 nos terrenos adjacentes ao Jardim Botânico. Iniciou suas atividades com o ingresso, no IIFA, do austríaco Carlos Glasl, diretor científico de 1863 a 1883.[61] Os primeiros técnicos dela e do Laboratório Químico também eram oriundos da Áustria: o químico Alois Krauss, o marceneiro Ângelo Cichini e o maquinista Jorge Mayerhoffer.[62] Cerca de 30 empregados eram diretamente contratados pelo IIFA para trabalhar no Jardim Botânico e na Fazenda Normal.

Cabe salientar que, antes de ser cedido ao IIFA, o Jardim Botânico contava com 112 pessoas "entre escravos da nação e africanos livres". Em condições de trabalhar havia apenas 42; as demais estavam incapacitadas por moléstia e idade, ou encontravam-se em período de amamentação dos filhos etc.[63] No acordo de cessão firmado entre o governo e

---

59 Na capa desse livro, o autor se identifica de forma sugestiva: "Por seu amigo Sebastião Ferreira Soares". A obra trata de argumentos que justificavam a falência da Fábrica Orianda, em Petrópolis. Criado por Guilherme Schüch Capanema, em 1852, o empreendimento teve diversos contratempos, tomou empréstimos, não conseguiu saldar as dívidas e teve sua falência decretada em 1874. Soares sugere no livro, entre diversas medidas, que o governo subvencione a fábrica e destine sua produção para fornecimento de papel às repartições públicas.

60 Sebastião Ferreira Soares (1820-1883) permaneceu no cargo até, pelo menos, 17 de agosto de 1876, data da última ata de sessão (64ª) de que se tem conhecimento. Não consta seu obituário na *Revista Agrícola*.

61 Obituário de Carlos Glasl. *Revista Agrícola*, Rio de Janeiro, v. 14, p. 177, 1883.

62 Ata de sessão de diretoria do IIFA, de 18/12/1863. Quanto à grafia do nome Alois, ela varia nos documentos consultados (Alex, Alois ou Aloix). Também varia o nome Krauss, grafado também Kraus. Nos artigos que o químico publicou na *Revista Agrícola* consta A. Krauss, forma que adoto. O químico permaneceu no cargo até 1871. No ano seguinte, o laboratório foi reformado e Daniel Henninger assumiu os trabalhos.

63 Relatório do Macop, de 1860, anexo C, p. 1.

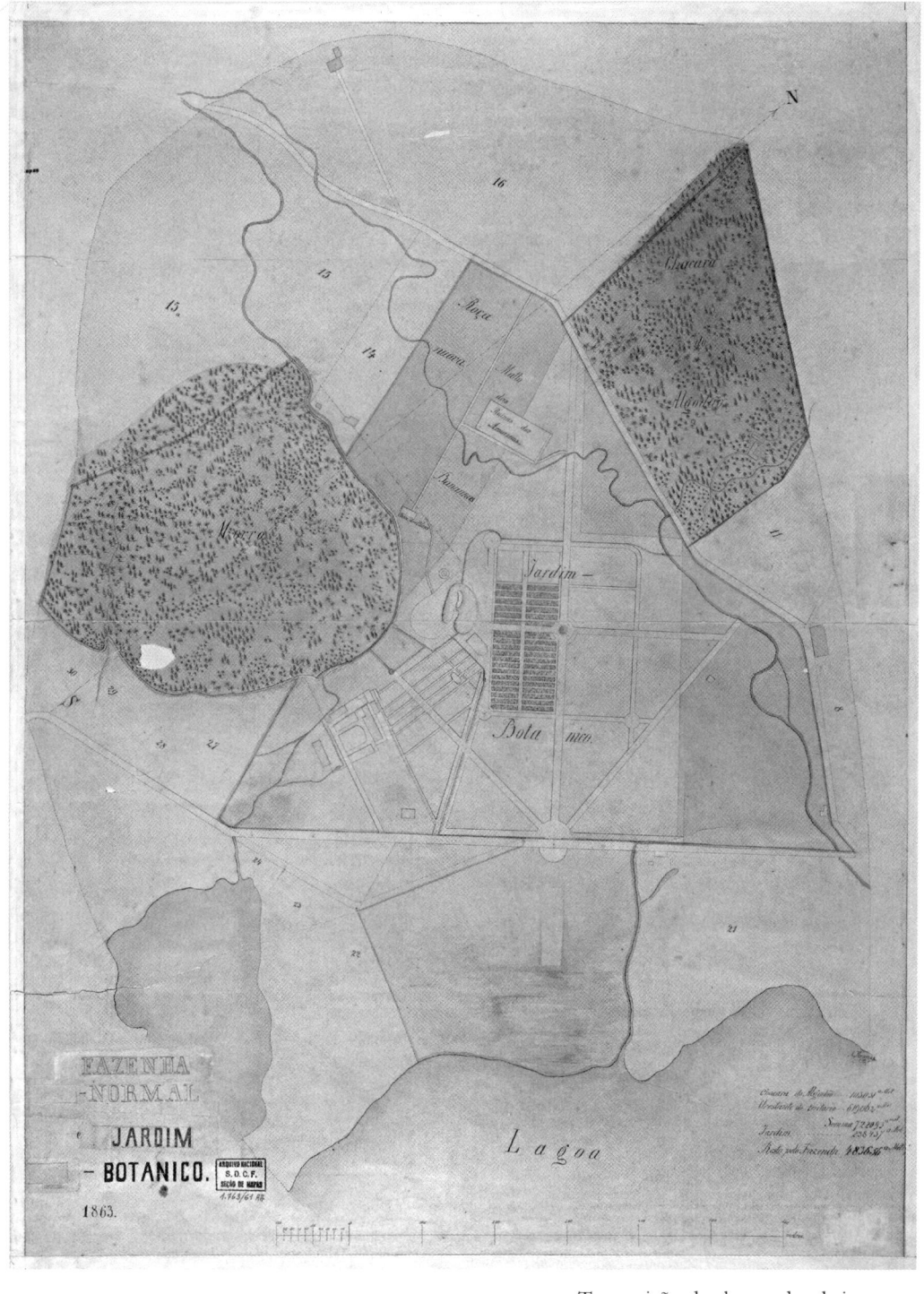

Transcrição das leegendas da imagem

Chácara do Algodão – 103.051 metros

O restante do território – 619.062 metros

Soma – 722.093 metros

Jardim – 298.437 metros

Resto pela fazenda – 483.656 metros

o instituto, os escravos da nação foram entregues ao Estado, e o Jardim Botânico passou a contar com mão de obra assalariada.[64] Afinal, se a intenção era configurá-lo como estabelecimento exemplar de uma agricultura moderna, além do recurso a equipamentos e do uso racional da terra era necessário que ele contasse com mão de obra livre e capacitada.

Na Fazenda Normal eram realizadas principalmente atividades técnico-científicas. Entre elas destacam-se plantações experimentais visando aprimorar variedades, para melhor adaptação ao solo e ao clima e obtenção de ganhos em produtividade e qualidade. Das lavouras retiravam-se mudas e sementes que eram enviadas aos viveiros, onde eram multiplicadas em larga escala e distribuídas ou comercializadas.

Durante o período em que esteve subordinado ao IIFA (1861-1890), além do trabalho executado em viveiros, o Jardim Botânico continuou desempenhando a função de área de lazer ou "recreio público", conforme referido nos relatórios ministeriais, ao passo que a área de plantio com fins técnico-científicos esteve restrita à Fazenda Normal.

É difícil distinguir com clareza as atividades que realizava cada um dos estabelecimentos do instituto, talvez porque os poucos funcionários tinham de se desdobrar nas inúmeras tarefas da Fazenda Normal, do Jardim Botânico e, posteriormente, do Asilo Agrícola. Ademais, os espaços eram contíguos e as atividades, muitas vezes, serviam a mais de um estabelecimento. Podemos observar, por exemplo, que apesar de os viveiros serem do Jardim Botânico, eles se destinavam à distribuição de mudas e sementes para o público, o arboreto (do próprio jardim), a Fazenda Normal e o Asilo Agrícola. Outro bom exemplo é o ensino agrícola, a cargo do asilo, mas com aulas práticas rea-

64 Ata da 3ª sessão de diretoria do IIFA, de 8/2/1861.

LAGO FREI LEANDRO
O JARDIM BOTÂNICO SERVIA, TAMBÉM, DE VITRINE PARA AS VIDADES DO IIFA

Foto Marc Ferrez / Coleção Gilberto Ferrez / IMS

lizadas na Fazenda Normal, que assim se beneficiava da mão de obra dos alunos, cuja alimentação (assim como a dos professores), por sua vez, era provida parcialmente pela produção da fazenda.

No entanto, do ponto de vista administrativo, o IIFA tratava de diferenciar bem seus estabelecimentos, fosse nos relatórios ao Macop, nas reuniões de diretoria ou na *Revista Agrícola*, com a publicação de notícias e relatórios da instituição. Possivelmente procurava reiterar, dessa forma, suas múltiplas atividades e justificar as distintas dotações orçamentárias do governo para a conservação do Jardim Botânico, o ensino agrícola, a publicação da *Revista Agrícola* etc.

A paisagem do Jardim Botânico, que parece ter sido erguida no período selecionando-se espécies marcadas pela beleza e pelo exotismo, tinha por finalidade principal adornar alamedas, lagos e cascatas do arboreto. Contudo, havia exceções, a exemplo do eucalipto (*Eucalyptus globulus*), trazido da Austrália com propósitos medicinais e depois utilizado como importante produto da silvicultura. Ao mesmo tempo que adornava o jardim, experimentavam-se novas variedades e propagavam-se as vantagens dessa nova espécie a ser cultivada no Brasil. Também a plantação de teca (*Tectona grandis*) no arboreto do Jardim Botânico foi uma tentativa de aclimatar a espécie e propagá-la no país por meio da distribuição de sementes e mudas, tendo em vista seu alto valor comercial. Ana Rosa Oliveira observa em sua análise sobre a paisagem do Jardim Botânico:

> O Instituto, neste período, concentrou-se na experimentação agrícola desenvolvida na Fazenda Normal. Paralelamente à sua face experimental, observa-se a preocupação com os aspectos plásticos e funcionais da paisagem. Entre eles destacam-se a drenagem e o aterro sistemático de várias áreas pantanosas, a implantação de lagos artificiais em diferentes pontos da propriedade, a abertura de dezenas de caminhos, a instalação de bancos e mesas, a canalização do curso do Rio dos Macacos, que dividia a propriedade, e a introdução de centenas de plantas, principalmente ornamentais [Oliveira, 2008:86].

De todo modo, parece ter predominado o uso das espécies para fins paisagísticos. O próprio imperador orgulhava-se em mencionar, no exterior, a beleza do Jardim Botânico. Se na Europa os reis tinham belos jardins botânicos, com representantes de espécies do mundo todo, o "monarca dos trópicos" não ficava atrás: além de favorecida por uma natureza enaltecida e cobiçada pelos europeus, a instituição brasileira cultivava plantas exóticas e criava belas paisagens. Em carta a Fernando II, rei consorte de Portugal, Pedro II destacava, a um só tempo, os bambus exóticos que ele trouxera do Egito e doara ao jardim, o viveiro e a atuação do amigo Luís Pedreira do Couto Ferraz à frente da instituição:

> Prefiro, como tu, voltar minha vista ao longo dos gigantes bambus. Há muitas variedades desse elegantíssimo vegetal no Jardim Botânico do Rio, tendo minha viagem ao Egito sido causa da introdução de algumas delas.
>
> O viveiro daquele Jardim é um dos melhores que eu conheço, devido isto, sobretudo, a meu, ou antes, a nosso amigo Bom Retiro [apud Queirós, 1985:230].

O Jardim Botânico recebia muitos visitantes, como informam os relatórios ministeriais. Desde 1865, era aberto à visitação em todos os dias úteis e santificados e, em noites de luar, seus portões só eram cerrados às 21 horas. Segundo o relatório do Macop de 1869, o Jardim Botânico recebia cerca de 100 mil visitantes por ano, um número bastante expressivo se considerarmos que a população da Corte era de aproximadamente 270 mil habitantes. O público aumentou ainda mais com a abertura da linha de carris de ferro da Cia. Botanical Gardens Rail Way, em 1870, que tornou o acesso ao jardim muito mais

rápido, barato e agradável. Na ocasião, chegava a receber mais de 3 mil visitas em dias de festas e feriados. No relatório do IIFA de 1871 ao Macop, percebe-se a preocupação da direção do jardim com o público do arboreto, expressa na proposta de confecção de chapas metálicas com os nomes científicos e populares das espécies de vegetais ali encontradas e na permanência dos cuidados para que as plantas estivessem identificadas, nos anos seguintes.

Em 1865, por ocasião da morte do presidente do IIFA, Miguel Calmon Du Pin e Almeida, o ministro do Macop, Antonio Francisco de Paula Souza,[65] registrou em rela-

---

65 Antonio Francisco de Paula Souza (1819-1866) nasceu em Itu. Descendente de ricos fazendeiros da região, graduou-se em medicina na Bélgica. Foi conselheiro do Império e ministro da Agricultura de 12/5/1864 a 3/8/1866, quando faleceu. Seu filho tinha o mesmo nome (1843-1917) e também foi político e ministro, além de primeiro diretor da Escola Politécnica de São Paulo.

Processo para seccar pantanos, empregado pelo Dr. C. Glasl, no Jardim Botanico.

Os pantanos são produzidos, como se sabe, pelo ajuntamento das aguas sobre as baixadas dos terrenos, onde ficão detidas pela falta de escoamento.

Um terreno pantanoso é completamente improprio para a lavoura, além dos graves inconvenientes que produz sobre a salubridade dos logares circumvizinhos, constituindo-se um fóco constante de exhalações miasmaticas.

D'ahi nasce a dupla necessidade de emprehender-se trabalhos com o fim de fazer seccar os terrenos encharcados d'agua, e pantanosos, procurando-se ao mesmo tempo obter esse resultado com a maxima economia possivel.

O Dr. Glasl, director do Jardim Botanico, alcançou esse bello resultado, imaginando um processo de seccamento e sancamento de terrenos paludosos, que elle applicou com satisfactorio resultado ao pantano denominado *Jacaré*, nos terrenos do dominio do Jardim Botanico.

O pantano do *Jacaré* cobria uma grande extensão de terreno, e em muitos pontos suas aguas estagnadas e infectas medião de 18 a 20 palmos de profundidade. O ponto mais septentrional deste charco distava 150 metros do rio Macaco, e o ponto mais meridional na extremidade do charco era distante cerca de 200 metros do desaguadeiro do Jardim ou a ponte sobre a rua geral.

Para arrastar essa massa immensa de aguas lodosas, praticou-se a abertura de um canal desde o leito do rio Macaco até o começo do pantano, e um outro da extremidade do pantano até a ponte mencionada.

Como o declive era pequeno, effectuou-se duas represas sobre as aguas do rio, uma para impedir o escoamento das aguas para baixo e a outra mais acima afim de, accumulando-as, fazel-as depois lançar dentro do pantano. A agua represada durante um dia e dirigida depois para o pantano medía um volume de 55,000 pés cubicos. Assim procedeu-se durante tres semanas e no fim desse prazo as aguas estagnadas tinhão sido completamente extrahidas, e o terreno por assim dizer lavado por aguas puras.

Os pontos mais rasos do antigo charco forão afundados, e a terra extrahida foi aproveitada para encher alguns logares pantanosos. Todas as elevações do terreno circumvizinho forão cortadas e as terras provenientes forão transportadas para os sitios mais baixos, afim de nivelar o terreno.

A porção mais funda do pantano, que não pódia ser atterrada sem grandes despezas, foi convertida em um lago e ribeiro.

Assim, pois, resulta desta ligeira noticia que este trabalho, que poderá servir de norma em muitos outros casos analogos, abrange as tres seguintes operações: 1.ª Extrahir a terra dos logares mencionados, entulhando com esta terra os terrenos baixos; 2.ª Aplanar todas as eminencias circumvizinhas do terreno a nivelar; 3.ª Dirigir a agua corrente do ribeiro para o pantano.

Por este meio conseguio-se seccar um terreno cuja superficie é superior á 60,000 metros quadrados e seccal-o a ponto tal, que depois de chuvas fortissimas podia-se marchar por todos os seus caminhos á pé enchuto. As despezas de todo o trabalho que fica mencionado não excederão a 2:000$000, ao passo que se fôra empregado o methodo geralmente seguido, o de atterrar esse terreno encharcado e pantanoso, custaria para cima de 20:000$000.

tório uma apreciação desfavorável ao instituto – a bem da verdade, desancadora. Abaixo reproduzo um trecho dela, que reputo importante tanto por ter sido a primeira crítica ao instituto originada do governo quanto por analisar os primeiros cinco anos da instituição sob um ponto de vista distinto daquele registrado em atas e relatórios:

> Salta aos olhos imediatamente, senhores, os germens de sua impotência: não é uma associação particular com o fim de frutificar seus capitais, cultivando um ramo de indústria, porque tudo depende, e está ao arbítrio da variável administração do país; não é uma instituição governamental, destinada a satisfazer certa ordem de interesses, porque seus fundos e haveres são propriedade de particulares coassociados: é um misto incongruente, que participa dos inconvenientes de sua origem dupla sem possuir nem uma de suas vantagens.
>
> Que muito é, pois, ser sua vida uma oscilação constante de hesitações, e tímido tateamento? Deseja sem querer, quer sem saber o quê; entrevê seu destino, duvida de suas forças; resolve, arrepende-se; retrai, anula-se com grave detrimento do prestígio do governo sobre o qual afinal recai a responsabilidade de tão deplorável resultado [...].
>
> Entretanto, esta sociedade que não dispõe de seu destino, que não tem liberdade de ação e depende exclusivamente do governo fez contrato bilateral com o mesmo governo aceitando favores e impondo ônus a pretexto do serviço público. Recebeu em virtude dele o jardim botânico da lagoa de Rodrigo de Freitas e a subvenção anual de 12:000$000 com obrigação de conservá-lo e melhorá-lo, e de estabelecer escola prática e teórica, onde seriam ensinados além das primeiras letras, os rudimentos agrários etc.
>
> Pouco tempo depois achou imprestável o local e foi estabelecer-se em Sapopemba, que só foi reputado em condições menos favoráveis quando havia despendido valiosa soma: porquanto além de inferior qualidade das terras havia falta d'água, não só para a força motora, mas ainda para os usos domésticos!
>
> A conselho do Sr. Glasl, contratado na Europa como agrônomo científico e prático, voltou de novo ao jardim para ali fundar, enfim, sob a direção daquele senhor, a escola tão ansiosamente esperada. Adjudicou-lhe mais o governo a quantia de 12:000$000 a pretexto do ensino da agricultura, quando no contrato de 17 de agosto de 1861 já estava declarado esse encargo.

Artigo do diretor do Jardim Botânico e da Fazenda Normal, Carlos Glasl.

Revista Agrícola
Biblioteca /JBRJ

Examinei aquele estabelecimento em fins de 1865 e não encontrei a escola teórica e muito menos a prática. Os instrumentos agrários que ali vi são comuns e medíocres, e seu manejo por certo não é dos mais hábeis e digno de imitação, porque o tamanho da terra, seu resultado nada tem de novo: as experiências de plantações são deploráveis e revelam ou ignorância dos rudimentos práticos da lavoura, ou ensaios, especulações científicas sem fundamento que as apoie. A única coisa aproveitável que ali existe é um laboratório químico de algum valor, e que tem dado algumas análises de terra. [...]

Nestes termos, não vendo cumpridas algumas das condições do contrato, suspendi a subvenção auxiliar de 12:000$, deixando a que primitivamente era abonada para manutenção do jardim botânico: e estou resolvido a não dá-la.

Mais uma vez direi que menosprezamos demais nossos homens e nossas coisas preferindo estrangeiros: parece-me que segue caminho errado o instituto, acreditando que estamos em muito atraso, não se aproveitando de nossos recursos, querendo modelar-se servilmente pelo que fazem outros países. [...][66]

Acrescentava que a intromissão do governo no IIFA "afastou a ação particular; a ação da administração anulou a iniciativa individual, e matou o espírito de associação". E advertia: "Julgo indispensável a reforma dos estatutos de modo a dar toda a ação e responsabilidade aos sócios na gerência de seus interesses, estimulando o espírito de associação. Como está não pode continuar, não convém que continue".[67]

Souza observava, por fim, que o IIFA não cumprira as condições do contrato firmado com o governo e que, por isso, a subvenção auxiliar fora suspensa, tendo sido autorizada apenas aquela destinada à manutenção do Jardim Botânico. Esclarecia, porém, que, tão logo a escola estivesse estabelecida, a verba voltaria a ser enviada; contudo, em sua opinião, na forma como o instituto estava constituído seria "impossível alcançar este intento".[68]

Vale salientar que o ministro, no mesmo relatório, não poupou elogios à Sain, inclusive quanto à distribuição de sementes de diversas espécies pelas províncias do país e quanto ao recebimento de auxílio do governo apenas para a publicação de sua revista mensal.

Possivelmente o fato de o IIFA encontrar-se, então, em mudança de direção favoreceu as críticas do ministro, visto que nos 23 anos seguintes os relatórios ministeriais não

---

66 Relatório do Macop, de 1865, p. 22-23.
67 Ibid., p. 24.
68 Ibid., p. 24.

registraram outro julgamento negativo sobre o instituto,[69] nem mesmo colocaram em dúvida sua serventia para o país. Ao contrário, constam elogios e indicações favoráveis ao aumento de verba para que os objetivos pudessem ser alcançados. Sem dúvida, a ausência de críticas à instituição não significa que seus resultados fossem satisfatórios, mas os elogios a ela dirigidos indicam convergência de interesses com relação ao ministério.

Ainda em 1865 foi nomeado presidente do IIFA Luís Pedreira do Couto Ferraz, barão e, mais tarde, visconde do Bom Retiro. Assumiu o cargo em meio a uma crise política, traduzida nas duras críticas do ministro à instituição e agravada por conta da suspensão de verba do governo para o ensino agrícola. O desenlace da questão não foi documentado, mas pode-se supor que o falecimento do ministro Paula Souza, poucos meses depois de Couto Ferraz assumir, facilitou ao IIFA a recuperação da verba perdida, já que o novo ministro, Manuel Pinto de Sousa Dantas, era francamente favorável ao trabalho do instituto.[70]

Sob dissimulada orientação do monarca: Luís Pedreira do Couto Ferraz, visconde do Bom Retiro

Luís Pedreira do Couto Ferraz dirigiu o IIFA de forma centralizada e personalista. Vale, então, desvelar esse político que compôs a alta governança do Segundo Império durante 40 anos e que, no entanto, parece se esconder da história.

Decerto sua pequena relevância na historiografia do Segundo Império se justifica por uma personalidade discreta, traduzida em uma vida social reclusa. Era tão profundamente tímido que pouco usava a tribuna para pronunciamentos. Mas o desaparecimento de seu arquivo pessoal muito contribui para essa lacuna da historiografia.[71] Neste item, longe de pretender elaborar uma biografia de Couto Ferraz, busco apenas traçar dele um perfil que ajude a compreender sua influência na trajetória do IIFA. É com tal propósito que destaco certos aspectos de sua personalidade e carreira pública, além de sua amizade com Pedro II, que levou a uma disfarçada intromissão do imperador no instituto.

Entendo que as conexões entre indivíduo e conjuntura histórica devem ser compreendidas como trajeto de mão dupla, no qual o personagem interfere na realidade a partir de suas opções pessoais; por sua vez, o contexto histórico intervém diretamente nas opções do indivíduo. Segundo Del Priore (2009:9):

---

69 Em 1886, quando Luís Pedreira do Couto Ferraz faleceu e o comando da instituição foi exercido pelo presidente interino, Pedro Dias Gordilho Paes Leme, o então ministro do Macop fez duras críticas ao IIFA, no relatório ministerial de 1887, como veremos adiante.

70 No capítulo 4 o ministro Sousa Dantas será objeto de análise.

71 Sobre os possíveis destinos do arquivo de Couto Ferraz, ver "Introdução".

Luís Pedreira do Couto Ferraz, visconde do Bom Retiro, presidente do IIFA entre 1865 a 1886

Museu do Meio Ambiente/JBRJ

A reabilitação da biografia histórica integrou as aquisições da história social e cultural, oferecendo aos diferentes atores históricos uma importância diferenciada, distinta, individual. Mas não se tratava mais de fazer, simplesmente, a história dos grandes nomes, em formato hagiográfico – quase uma vida de santo –, sem problemas, nem máculas. Mas de examinar os atores (ou o ator) célebres ou não, como testemunhas, como reflexos, como reveladores de uma época.

Assim, a trajetória de Couto Ferraz revela aspectos de uma época e um contexto. O propósito de escavar sua personalidade é explicar o universo em sua volta; seu caráter pode traduzir parte da cultura, ideias, aspirações e diversas outras expressões de seu grupo social, que assim também pode ser desvendado.

Tentemos, então, conhecer um pouco desse homem que durante 21 anos dirigiu o IIFA e interferiu, com suas escolhas, nos rumos da instituição. Pedreira – como era chamado pelos mais próximos – nasceu no Rio de Janeiro, em 1818. Filho de desembargador, em 1839, formou-se em direito pela Faculdade de São Paulo. Foi lente substituto daquela faculdade e, mais tarde, promovido a catedrático e desembargador honorário (Nogueira, 1907:61; Sacramento Blake, 1902:447, v. 5).

O círculo de relacionamentos do pai e o elogiado desempenho na Faculdade de Direito influíram na sua nomeação para o primeiro cargo político que ocupou, o de presidente da província do Espírito Santo (1846-1848). Durante seu governo naquela província, a instrução pública foi organizada por meio da aprovação do Regulamento das Escolas de Primeiras Letras da Província do Espírito Santo.[72] Destaca-se também, em sua gestão, a fundação de colônias de povoamento, inclusive com a vinda de imigrantes alemães. Construiu ainda uma estrada de acesso a Minas Gerais, reivindicação antiga da província, e para tanto empenhou-se na "pacificação" e "catequização" de índios da região. Ao que tudo indica, as obras tiveram o reconhecimento dos habitantes da província e colaboraram para que Couto Ferraz fosse eleito deputado geral, em 1848, pelo Espírito Santo.

Posteriormente, elegeu-se deputado pela província do Rio de Janeiro, em três legislaturas (1853-1856, 1857-1860, 1861-1862). Foi membro do Partido Conservador, porém com o passar dos anos sua crescente aproximação com o imperador o fez distanciar-se da vida partidária. Joaquim Nabuco afirma que Couto Ferraz passou a ser, antes de tudo, ligado "a um terceiro partido, neutro, eclético, que se poderia chamar de Moderador, em conformidade com os interesses, as tendências, as peculiaridades da posição do Monarca" (Nabuco, 1997:813).

Em 1848, foi nomeado presidente da província do Rio de Janeiro e durante sua gestão assinou contrato com o barão de Mauá para a construção da primeira estrada de ferro do país, a linha Raiz da Serra – Petrópolis. No ano seguinte, implantou o Regulamento da Instrução Primária na Província do Rio de Janeiro, que ordenava a execução de reformas no ensino fundamental, à semelhança daquelas anteriormente promulgadas no Espírito Santo (Gondra e Tavares, 2004).

Ao fim de seu mandato como presidente da província fluminense, em 1853, a reputação de Couto Ferraz na Corte era a "de um espírito renovador, ansioso por introduzir em nosso país os grandes melhoramentos modernos [...]" (Nabuco, 1997:166). No lastro dela foi convidado para assumir a pasta dos Negócios do Império, no gabinete do marquês de Paraná,[73] conhecido como Gabinete da Conciliação por ter promovido o

---

72 Sobre o tema, ver Gondra e Tavares (2004).
73 Honório Hermeto Carneiro Leão (1801-1856), marquês do Paraná, foi presidente do Conselho de Ministros e ministro da Fazenda de 1853 a 1856, quando faleceu.

pacto entre os partidos que inaugurou um novo tempo na história política do Segundo Império. De acordo com José Murilo de Carvalho:

> O marquês buscou passar uma esponja nas disputas regenciais, redefinir o sistema partidário, fundar um novo tempo. Atraiu para o ministério representantes de uma nova geração de políticos que se misturou às velhas guardas conservadoras e liberais, forjadas nos tempos difíceis da Regência. Ao fazê-lo, cindiu o Partido Conservador e se afastou dos antigos correligionários [Carvalho, 2009:35].

Couto Ferraz tinha apenas 35 anos quando assumiu esse cargo, um dos mais importantes do Império. Foi o ministro com maior tempo no posto (quatro anos), exercendo política em um dos governos mais relevantes do Segundo Império, fundamental para a consolidação do reinado de Pedro II. Ultrapassava assim as fronteiras das províncias do Espírito Santo e do Rio de Janeiro para influir em todo o país, pois a pasta que dirigia era responsável por todas as nomeações do governo central nas províncias e pela instrução pública, entre outras incumbências.

Segundo Ilmar Mattos (1994:240), a província fluminense desempenhou o "papel de um laboratório, no qual os Saquaremas tanto testavam medidas e avaliavam ações que buscavam estender à administração geral, quanto aplicavam decisões do Governo-Geral, sempre com a finalidade última de consolidar a ordem no Império". Possivelmente isso tenha contribuído para a nomeação de Couto Ferraz para o cargo de ministro, visto que seus principais feitos assemelharam-se às reformas antes implantadas na província fluminense, por exemplo, o Regulamento para a Reforma do Ensino Primário e Secundário do Município da Corte.[74] De acordo com Castanha, a chamada Reforma Couto Ferraz foi o principal projeto referente à instrução pública no Império:

> Pode-se afirmar, com segurança, que a reforma Couto Ferraz foi o marco divisor em relação à organização da instrução pública primária, no Brasil imperial, tanto na Corte, como nas províncias. As ideias apresentadas pelo Ministro foram sendo incorporadas nas reformas da instrução nas províncias. As reformas também ocorreram no ensino secundário e superior. É daquele período a fundação das primeiras instituições de atendimento às pessoas com necessidades especiais, especialmente os surdos-mudos e os cegos [Castanha, 2007:59].

---

74 Decreto nº 1.331-A, de 17/2/1854.

Outros pesquisadores da história da educação também reconhecem a importância da Reforma Couto Ferraz para a instrução pública:

> Vale dizer que uma das primeiras medidas relevantes no campo da instrução pública no Brasil ocorreu em 1854 no gabinete do Visconde de Paraná. O Ministro e Secretário dos Negócios do Império, Luiz Couto Ferraz, elaborou um regulamento para a reforma do ensino primário e secundário destinado ao município da Corte que previa mudanças desde os aspectos materiais, como a construção de escolas de primeiro grau, incluindo neste projeto a criação de um asilo para a infância desvalida, e a criação de escolas normais a fim de garantir a preparação do corpo docente [Martins, 1995:26].

Os três regulamentos de instrução pública que Couto Ferraz implantou no Espírito Santo, no Rio de Janeiro e na Corte tinham pontos em comum e influenciaram a normatização do ensino em outras províncias, com regras quanto a: o estabelecimento de uma estrutura administrativa; a admissão de alunos conforme a idade; a definição de conteúdo mínimo das disciplinas obrigatórias; a formação e recrutamento de professores; o regime de inspeção das escolas públicas e particulares; a gratuidade e obrigatoriedade escolar.[75]

Destacam-se também, na gestão ministerial de Couto Ferraz, a implantação dos novos estatutos para a Faculdade de Direito de São Paulo e para a de Olinda, para as faculdades de medicina do Rio de Janeiro e da Bahia e para a Academia de Belas-Artes; a criação do Imperial Instituto dos Meninos Cegos; o contrato para serviço de esgoto na Corte; a execução da Lei de Terras; o contrato para a construção das vias férreas de Pernambuco, Bahia e São Paulo, além de outras vias de comunicação, como a Companhia de Navegação e Comércio do Amazonas, vapor para o Norte; os contratos das linhas férreas para o Jardim Botânico e a Tijuca, na Corte; além da abertura da estrada União e Indústria.[76]

Quanto às reformas nas faculdades de medicina, para Flavio Edler, as principais motivações foram o projeto centralizador do Império e o propósito de controlar a vida acadêmica:

> Os Estatutos de 1854 opunham-se ao Regimento que criara as faculdades de Medicina em 1832, tal como a fase de consolidação do Segundo Reinado opunha-se àquela das Regências. Todas as teses autonomistas contidas na lei de 3 de outubro tinham seu contraponto no decreto de 28

---

75 Sobre o tema, ver Gondra e Tavares (2004).
76 Nabuco (1997:346, 1130); Sacramento Blake (1902:447, v. 5) e Sisson (1999:199).

de abril de 1854 de autoria do Ministro do Império, Barão do Bom Retiro. Embora alterando em alguns pontos, o projeto que tramitava no Parlamento mantinha no fundamental as mesmas inspirações políticas: a Faculdade perdia sua autonomia e ao longo de 30 anos esteve submetida a um regime de absoluta subordinação aos diferentes gabinetes do Segundo Reinado [Edler, 1992:40].

A atuação de Couto Ferraz à frente do Ministério dos Negócios do Império revela também sintonia com o grupo que reivindicava do governo a criação de expedições nacionais, cujo objetivo era obter um inventário do país elaborado por brasileiros. Ao indicar, em relatório ministerial, as "Instruções para a Comissão Científica encarregada de explorar o interior de algumas províncias do Brasil", afirmou: "[atribuo] a maior importância a essa comissão, convencido de que vai preencher uma lacuna que há muito sentíamos. Seus resultados compensarão largamente os sacrifícios que forem feitos".[77] Outra iniciativa sua relacionada às ciências foi assinalada por Lopes, que identificou, nos documentos do Museu Nacional, ordens do ministro do Império para que o material paleontológico encontrado no Crato (Ceará) fosse enviado ao Rio de Janeiro, e, "com disposição pouco usual ao longo da história do Museu Nacional, continuava autorizando as despesas necessárias para as buscas e transporte dos materiais".[78]

O envolvimento de Couto Ferraz na criação da Floresta da Tijuca, na cidade do Rio de Janeiro, também é apontado pela historiografia:

> Ao contrário do que muitos pensam, a iniciativa [de criação da Floresta da Tijuca] não foi decisão pessoal de Pedro II e, sim, de alguns intelectuais e políticos que faziam parte de seu círculo de amizades. É o caso de Luís Pedreira do Couto Ferraz, que, quando ocupava a posição de Ministro do Império, entre 1854 e 1856, deu início às desapropriações dos terrenos necessários ao reflorestamento. Mais tarde, na condição de presidente do Imperial Instituto Fluminense de Agricultura, Couto Ferraz acompanhou e apoiou as etapas iniciais do programa de reflorestamento, que foram dirigidas pelo Major Archer, entre 1862 e 1874.[79]

---

77 Luís Pedreira do Couto Ferraz. Relatórios apresentados à Assembleia Geral Legislativa pelo ministro e Secretário de Estado dos Negócios do Império, RJ, 1856 (Lopes, op. cit.:137).
78 Lopes (op. cit.:116). Tal recolhimento se deu com a colaboração dos magistrados locais, devido à ausência de naturalistas na região.
79 Pádua (2009a). O autor também discorre sobre o assunto em *Um sopro de destruição* (2002:221-225).

VISTA DO CORCOVADO NA
FLORESTA DA TIJUCA, C.1886

*Foto Marc Ferrez / Coleção
Gilberto Ferrez /IMS*

As matas nas encostas das montanhas que cercavam parte da Corte haviam sido destruídas para plantação de café e produção de carvão vegetal. A baixa produtividade do solo resultou em áreas abandonadas e paisagem esté-ril. A cidade sofria com a falta de água, causada pelo esgotamento dos mananciais e, segundo se dizia, a derrubada das matas nas encostas era a principal causa. Com o argumento da salubridade, Couto Ferraz justificou a urgência em reflorestar a área para garantir o abastecimento de água e conquistou o apoio político que resultou no dispêndio do governo para desapropriação das fazendas do maciço da Tijuca, primeira ação relevante para o reflorestamento das montanhas da cidade. Anos depois, Couto Ferraz, manifestava orgulho quanto ao plantio de cerca de 100 mil mudas na região, consequência daquela iniciativa. Em correspondência e relatórios, narrava as visitas que fazia à Floresta da Tijuca conduzindo "personalidades" da Corte e estrangeiros. Segundo ele, todos eram unânimes em elogiar a beleza das matas e "não faziam ideia de se achar a silvicultura já encetada entre nós e tão satisfatoriamente".[80]

Mas seu vínculo com assuntos concernentes à silvicultura foi além da Floresta da Tijuca. Durante o período em que presidiu o IIFA, trabalhou para implantar uma escola de silvicultura, além de ordenar a doação de mudas do viveiro do Jardim Botânico para o projeto, conforme justificou em relatório ministerial:

> Protegerão além disto as nascentes da ótima água derivada daquelas montanhas que é fornecida à população da Corte, e servirão de escola prática de silvicultura, como acontece em outras nações. [...]
>
> Parte do pessoal que se for habilitando nas matas da capital do Império com os conhecimentos teóricos e a experiência prática que exige a cultura especial de muitas de nossas madeiras de lei, poderá ser aproveitada nas florestas que se mandar criar nas províncias.[81]

Mesmo após se afastar do Ministério do Império, Couto Ferraz parece ter continuado um entusiasta do reflorestamento, como atesta uma carta sua a Pedro II, de 1874, em que se manifestava preocupado com a oferta de emprego de um fazendeiro ao major Archer, administrador e responsável pelo reflorestamento do maciço da Tijuca:

> Tudo provém da demora da reforma do serviço florestal, ou antes de uma verdadeira organização, que permitindo o desenvolvimento do mesmo serviço com vantagem real para o Brasil ministre ao empregado [major Archer] zeloso, inteligente, e hoje verdadeira e única especialidade deste gênero, entre nos meios de decente subsistência, e consideração correspondente ao muito que faz, e tem feito. Se se realizar a outra hipótese [a demissão de Archer] – veremos em poucos anos desaparecer a floresta nacional da Tijuca, como desapareceu a começada nas Paineiras.[...]
>
> A pronta reforma do estabelecimento, e a organização a que me refiro – talvez salvem ainda o desaparecimento do que tanto tem custado e que

---

80 Relatório do Macop, de 1872, anexo A, p. 10.
81 Relatório do Macop, de 1872, anexo A, p. 11.

está tão bonito e é tão apreciado dos nacionais que ali tem ido, e principalmente dos estrangeiros que frequentam o lugar.[82]

Apesar de seus esforços para melhorar as condições de trabalho de Archer, este acabou por se demitir do cargo naquele mesmo ano. Mas Couto Ferraz seguiu incentivando o trabalho do novo administrador.

Retornemos à vida partidária de Couto Ferraz. Diante de uma derrota previsível nas eleições de 1863, seu partido não participou das eleições no Município Neutro. Segundo Nabuco (1997:447), essas eleições "deram a vitória mais estrondosa ao novo partido [o Liberal]. Os conservadores nem ousaram apresentar candidatos pelo Município Neutro. Sua ruína era completa, como fora a dos liberais em 1848". Nesse cenário, Couto Ferraz prosseguiu sua trajetória pública distante da política partidária – ainda que em 1867 tenha concorrido a uma vaga no Senado e seu nome tenha sido escolhido pelo imperador para o cargo, entre aqueles da lista tríplice que lhe foi apresentada.

Couto Ferraz assumiu a presidência do IIFA em 1865, após o falecimento de Miguel Calmon Du Pin e Almeida, marquês de Abrantes, que estivera à frente da instituição desde 1860. No ano seguinte, recebeu o título de barão do Bom Retiro (1866) e, cinco anos depois, o de visconde do Bom Retiro. Ainda em 1866, foi nomeado membro do Conselho de Estado Extraordinário e, em 1871, foi ratificado como membro do Conselho de Estado Ordinário, um cargo de escolha quase particular do imperador. Uma vez nomeado para os cargos vitalícios de conselheiro de Estado e senador, Couto Ferraz pôde se dedicar a outras atividades não remuneradas, como a presidência do IIFA, a vice-presidência e presidência do IHGB (1865-1876, 1876-1886, respectivamente),[83] a fundação e a vice-presidência da Associação Protetora da Infância Desamparada (1883-1886), entre outras.

Como membro do Conselho de Estado, Couto Ferraz alcançou o mais alto cargo do governo no Brasil, almejado pelos políticos de carreira e restrito àqueles que se haviam destacado na vida pública. Segundo Martins, o Conselho de Estado reunia "os mais importantes representantes da política imperial, aqueles que possuíam o poder da tomada de decisões como membros do alto escalão da administração pública" (Martins, 2006:184).

As condições de senador, conselheiro de Estado e amigo íntimo de Pedro II – fato ressaltado na literatura e comprovado em fontes primárias – davam ao presidente do

---

82 Carta de Couto Ferraz a Pedro II, de 21/2/1874 (Museu Imperial, Arquivo Histórico, Arquivo POB, maço 169, doc. 774). A transcrição foi revista pela arquivista e especialista em diplomática Neibe Cristina Machado da Costa, funcionária do Arquivo Histórico do Museu Imperial, que gentilmente me auxiliou na tarefa.

83 Elogios históricos dos sócios pelo orador João Franklin da Silveira Távora. *Revista do IHGB*, Rio de Janeiro, v. 49, p. 517-534, 1886.

A INSTALAÇÃO DE TRILHOS DE BONDE
ATÉ A GÁVEA, EM 1871, PERMITIU
QUE OS PASSAGEIROS CHEGASSEM ATÉ
O PORTÃO DO JARDIM BOTÂNICO COM
MAIS RAPIDEZ E A PREÇOS ACESSÍVEIS

ALÉIA DAS MANGUEIRAS, 1880

Foto Marc Ferrez /
Coleção Gilberto Ferrez / IMS

Rua Jardim Botânico, c. 1880
Foto Marc Ferrez / Coleção Gilberto
Ferrez / IMS

85

IIFA a possibilidade de transitar entre as diferentes esferas do poder. Tal constatação propicia elementos imprescindíveis para a análise da trajetória do IIFA; afinal, nada mais facilitador para uma instituição que subsistia de verbas do Estado do que a aproximação com seu mais alto mandatário.

Segundo Lyra (1977), a proximidade de Couto Ferraz e Pedro II ocorreu ainda na meninice. Entretanto, a afeição entre ambos parece ter se fortalecido nos longos períodos de convivência das viagens do imperador, visto que Couto Ferraz foi membro oficial da comitiva imperial desde 1859. Os laços de estima que os uniram, contudo, devem ser entendidos principalmente pelas semelhanças de gostos e maneiras de ser e agir. Segundo Nabuco (1997:167):

> O Imperador e Pedreira eram feitos para se entenderem, tinham a mesma moderação, a mesma prudência, os mesmos processos de conservação e melhoramento, a mesma arte de deixar as dificuldades resolverem-se por si mesmas evitando somente agravá-las, o mesmo respeito à opinião, as mesmas simpatias e deferências, quase os mesmos gostos e apreço pelas mesmas pessoas.

Pedro II demonstrava não possuir amigos para não ser acusado de ter protegidos. Couto Ferraz foi uma das poucas exceções e decerto foi o mais próximo entre aqueles que gozavam da confiança do monarca. Segundo Lyra (1977:182, v. 1), o imperador "não tinha nem queria ter amigos em nenhum dos partidos. [...] O único homem público do Império a quem se ligará por uma amizade a toda prova, Pedreira, visconde do Bom Retiro, era o menos partidário dos políticos brasileiros". O próprio Pedro II declarou, em seu diário, o desejo de reinar sem favoritismos: "Não tenho tido, nem tenho validos, caprichando mesmo em evitar qualquer acusação a tal respeito, sobretudo quanto a validas. Dizem que por esse nímio escrúpulo não poderei criar amigos; melhor, não os terei falsos quando os haja granjeado".[84]

Apesar da retórica do monarca acerca da sua neutralidade e de não ter validos, sem dúvida Couto Ferraz obteve sua confiança e foi um amigo de longa data. É possível que ele tenha se tornado um dos raros confidentes (senão o único) de Pedro II porque mantinha sua vida pessoal na mais estrita discrição. E mostrou lealdade ao imperador sobretudo em sua trajetória pública, ao afastar-se de partidos e cargos no governo mesmo depois de ser nomeado senador e membro do Conselho de Estado. Nabuco (1997:167) observa que Couto Ferraz foi o "mais leal, verdadeiro e discreto amigo do Imperador", porém ressalta:

---

84 Bediaga (1999), pasta "Original 09", arquivo D09002.

A confiança, a confidência do Imperador era, para a luta política, quase inibitória. Era um privilégio, mas que participava da natureza do poder que refletia: da neutralidade própria da realeza. Ser palaciano era assim ao mesmo tempo uma força e uma fraqueza: força para a inspiração, a influência, as posições auxiliares, encobertas; fraqueza, incapacidade para a posição responsável, para o comando em chefe [Nabuco (1997:822].

Apesar da discrição de Couto Ferraz, a imprensa estava atenta aos favorecimentos e não poupava anedotas:

– Bom Retiro?
– Meu Senhor?
– Que horas são?
– As que V. M. quiser [Serrano, 1925:106].

Diversos jornais, ao publicarem o obituário de Couto Ferraz, em 1886, foram unânimes em salientar sua amizade com o imperador e a discrição de ambos. A *Gazeta da Tarde* divulgou curiosa análise em que afirmava que a história iria esclarecer como o visconde do Bom Retiro se aproveitara da proximidade com Pedro II:

Havia no visconde de Bom Retiro duas entidades bem diversas: uma tangível, brilhante de talento, de argúcia, de profunda abnegação aparente, ou real, e por isso mesmo estimável; outra impalpável, misteriosa, espécie de espírito puro de que o imperador era o médio e que só por este se manifestava. [...] Quanto a sua parte de sua individualidade resta a história dizer sobre ela, perguntando-lhe como se aproveitou da sua influência sobre o imperador para tirar proveito para o progresso moral da pátria [Serrano, 1925:106].[85]

Observe-se que o autor dessa nota, sem conseguir apontar as alegadas vantagens obtidas por Couto Ferraz na convivência íntima com o imperador, delegou à história o que não conseguia trazer ao conhecimento público, naquele momento.

Couto Ferraz e Pedro II não primavam pela clareza na linguagem da escrita, tampouco pela precisão. Curiosamente, a caligrafia de ambos era semelhante e em geral pouco compreensível. Percebe-se que "pioravam" a caligrafia conforme o teor do assunto tratado, de modo que quanto mais confidencial a mensagem, mais difícil se

---

85 Apud *Revista Agrícola*, Rio de Janeiro, v. 17, n. 3, p. 135,1886.

torna sua leitura. Em muitas cartas há trechos cifrados, e com frequência expressam preocupação sobre os riscos de elas caírem em mãos erradas, a exemplo da observação "o portador é de confiança".[86]

Nos últimos 10 anos de vida de Couto Ferraz, seu reumatismo se agravou e o forçou a longos períodos de repouso, afastando-o de seus afazeres. Nessas ocasiões escrevia cartas a Pedro II comentando diversos assuntos e desculpando-se por sua ausência em audiências no palácio ou em atividades no IIFA, Senado, IHGB e outros. Nas respostas, Pedro II o consolava e declarava sentir falta do convívio com o amigo: "Muito tenho que conversar com você, que tomara já ver restabelecido sobretudo pela afeição que sempre lhe tenho. Seu amigo P.".[87] Em um bilhete, Pedro II lamentou não poder visitá-lo com a frequência desejada, temeroso de que isso pudesse gerar intrigas: "Se não fossem os comentários já teria ido até a Solidão [Sítio da Solidão, residência de Couto Ferraz] de que tanto precisaria também [...]. Muito tenho que conversar com você [...]."[88]

A correspondência entre Couto Ferraz e Pedro II espelha a grande amizade que os unia.[89] Holanda afirmava que Bom Retiro era o *alter ego* do imperador (2010:151). Mas também se destaca outro aspecto da ligação entre ambos, igualmente expresso no diário de Pedro II: suas ingerências nos projetos do IIFA. Diretrizes no ensino agrícola, nomeações de membros da diretoria, lavouras que deveriam entrar em fase de experimentação, detalhes sobre orçamento e verbas do governo eram temas frequentes, a evidenciar que o imperador estava a par da instituição em detalhes e, ainda, que Couto Ferraz solicitava constantemente o parecer do monarca acerca das decisões sobre o IIFA.

À primeira vista, causa estranheza o fato de Pedro II ter-se envolvido pessoalmente com o IIFA, ao mesmo tempo que dissimulava sua intromissão a ponto de esse envolvimento ser constatado apenas em cartas privadas e em seu diário. Tentemos então, com o auxílio de fontes primárias e da literatura, conhecer alguns aspectos da personalidade e atuação de Pedro II – sobretudo a partir de 1860 – que nos possam auxiliar a compreender suas intervenções na trajetória daquela instituição.

Por volta de 1862, Pedro II manifestava, em carta a Guilherme Schüch Capanema, seus projetos para o IIFA e comentava que os estatutos dos institutos agrícolas haviam sido elaborados pelo amigo Couto Ferraz:

---

86 Bilhete de d. Pedro a Bom Retiro, de 18/5/1881 (Lacombe, 1963:77).
87 Bilhete de d. Pedro a Bom Retiro, de 20/5/1881 (Ibid., p. 78).
88 Bilhete de d. Pedro a Bom Retiro, de 15/5/1881 (Ibid., p. 79).
89 Lembremo-nos de que as cartas de Pedro II a Couto Ferraz não foram localizadas, à exceção de alguns bilhetes do imperador ao amigo, conforme observado na introdução.

Capanema,

Agradeço-lhe o que me escreve, mas eu insisto no meu pensamento que é o da criação por mim do Instituto Agrícola de uma fazenda-escola, onde pelo exemplo de cultura aperfeiçoada de nossos principais gêneros agrícolas fazendo-se para isso os precisos ensaios ela se generalize. Os bons resultados dessa criação dependem da escolha do diretor dos trabalhos da fazenda-escola.

Há tempos que não converso com o Pedreira [Luís Pedreira do Couto Ferraz] sobre tal assunto, mas posso dizer-lhe que foi ele que fez os estatutos dos Institutos-agrícolas, e seu parecer foi favorável à tentativa do Jardim Botânico [refere-se a incorporação do Jardim Botânico pelo IIFA].

Sei que nem todos têm sido justos para com minhas intenções, mas não será o receio de novas injustiças que me impeça de concorrer para o que julgar de utilidade para o país.

À vista do que lhe escrevo desejo saber se posso utilizar-me de suas ideias, segundo meu modo de pensar, porém não revelando sua origem.

Seu amigo
D. Pedro 2º [90]

Ressalte-se que, na ocasião, o IIFA já fora criado e Couto Ferraz não constava na lista dos fundadores, tampouco foi membro da diretoria nos primeiros cinco anos da instituição. Certamente seu envolvimento, no período, restringiu-se a auxiliar Pedro II na elaboração do projeto.

Em seu diário, o monarca ponderava sobre o desânimo que se abatia sobre os membros do IIFA, mas se mostrava otimista quanto aos desígnios da instituição – embora se subentenda também que ele era o único com tal estado de espírito. De todo modo, é evidente seu interesse e compromisso com o sucesso do projeto, a ponto de anunciar um possível aporte financeiro. E naturalmente, como chefe maior da nação, seu desejo era bastante estimulante para os demais:

---

90 Carta de Pedro II a Capanema, sem data (Museu Imperial, Arquivo Histórico, Arquivo DIF, I-DIF-1862/1864, PII.B.c 1-8). O ano provável da carta é 1862, porque o imperador responde à carta de Capanema datada de julho de 1862. Quanto às ideias de Capanema mencionadas por Pedro II, ver "Medidas para o desenvolvimento da lavoura no Brasil, julho de 1862" (Museu Imperial, Arquivo Histórico, Arquivo POB, maço 131, doc. 6.452).

> Fui à sessão do Instituto Agrícola [...]. Eu animei quanto pude os membros presentes que eram Abrantes, Burlamaqui, barão de São Gonçalo e de Mauá, e disse-lhes que brevemente teriam talvez um auxílio pecuniário de importância. O fim do Instituto é principalmente a fundação de uma escola prática de agricultura e para isso é preciso dinheiro para a compra de terreno em lugar azado, e renda do Instituto [...].
>
> Aconselhei aos membros presentes que por meio de suas relações promovessem o aumento do capital do Instituto e a concorrência às assembleias gerais dos sócios.
>
> Creio que minha visita aproveitou, e, em todo o caso, fico satisfeito por não deixar de fazer tudo o que posso a bem duma instituição que reputo de grande utilidade.[91]

Poucos meses depois, ainda em seu diário, referia-se ao Instituto Agrícola e às consultas ao amigo Capanema:

> 11 [de julho de 1862] – Conversei com o Capanema a respeito do Instituto agrícola. Ele entende que a fazenda que esse estabelecimento montar deve aproveitar os ensaios que previamente se tiverem feito por conta do Estado. Não me inclino a esta ideia cuja consequência seria nada [a] se fazer ao menos nesses anos mais próximos, sem, contudo ser improfícuo o que o Instituto pode ir fazendo desde já em ponto pequeno, no sentido da combinação das duas ideias, dele que é a minha, podendo-se facilmente obter auxílio do Estado, sem o inconveniente da influência política, que tanto tem estorvado os melhores pensamentos, desde que virem que o Instituto faz alguma coisa.[92]

Observa-se, no trecho, a interferência do monarca na concepção do IIFA e nas experiências que ali se realizariam. Ao mesmo tempo, chama a atenção a incongruência do imperador ao querer manter a instituição à parte de ingerências políticas, considerando-se não só a conjuntura de criação do instituto e os interesses nela envolvidos, como também o fato de essa intenção ser expressa pelo mais alto dirigente da nação, que ademais parecia disposto a intervir na conformação e nos meios de sobrevivência da instituição. A intenção de Pedro II em preservar a instituição de interesses político-partidários parece ingênua, sobretudo em uma instituição que subsistia com verbas do governo.

---

91 Anotação do dia 12 de maio de 1862 (Bediaga, 1999, pasta "Original", arquivos D09092.jpg, D09093.jpg).
92 Bediaga (1999), pasta "Original 09", arquivo D09164.

O monarca demonstrava conferir apoio ao IIFA. Sua presença era assídua nas sessões de diretoria.[93] Do fato de não ser registrada nenhuma fala sua nas atas dessas reuniões pode ser entendido que seu comparecimento tinha propósito de assinalar, tão somente, prestígio à instituição. Por outro lado, o comparecimento àquelas reuniões denota seu interesse, como monarca, em acompanhar pessoalmente o andamento dos projetos ali realizados, e sua frequência certamente constrangia manifestações discordantes.

O relatório do secretário do IIFA, Sebastião Ferreira Soares, ao Ministério da Agricultura, traduzia o significado da presença de Pedro II nessas reuniões:

> As sessões da Diretoria têm sido feitas com regularidade, sendo constantemente honradas com a Augusta Presença de Sua Majestade o Imperador, que jamais se esquiva de concorrer com a sua superior ilustração, e com os seus valiosos donativos, para o desenvolvimento e progresso do Império Americano, que tão sabiamente rege. Este importantíssimo fato, que a Diretoria se ufana de poder registrar, é sem a menor dúvida a maior garantia que tem o Imperial Instituto Fluminense de Agricultura de que há de atingir a meta a que se dirige – o melhoramento da cultura agrícola do país.[94]

A importância que o imperador outorgava à continuidade e ao sucesso do IIFA pode ser constatada nas reiteradas cartas a Couto Ferraz, em que cobrava a convocação de reuniões de diretoria. A correspondência entre ambos mostra, também, o nível de detalhamento das demandas de Pedro II ao presidente da instituição:

> Respondendo, como é do meu dever, às perguntas constantes da mesma carta, tenho a honra de informar.
>
> Quanto à primeira.
>
> Que os chapéus [fabricados na Fazenda Normal] não tardarão a ficar concluídos, V.M.I. sabe, que os chapéus do Chile quando são muito finos – exigem meses para a sua confecção. Hoje mesmo recomendarei de novo ao Dr. Glasl a maior pressa.

---

93 Para se ter uma ideia da importância que o imperador atribuía às reuniões do IIFA, das 64 reuniões de diretoria realizadas, ele compareceu a 43. Sua presença foi frequente a partir da 19ª sessão (1/7/1862). Daí em diante, deixou de comparecer em apenas quatro sessões, sendo que por ocasião de uma delas se encontrava no exterior e foi representado pelo conde d'Eu. Entretanto, deve-se levar em conta que as reuniões do IIFA diminuem com o passar dos anos, e a partir de 1876 não há registro de outra sessão.
94 Relatório do Macop, de 1864, anexo A-A6-1, p. 2.

Quanto à segunda. [Couto Ferraz explica em pormenores por que não foram enviadas certas fibras para Morin] [...]

Quanto à terceira.

Esperava que as informações relativas à enxertia da cana chegassem antes de julho – para tornar-se mais interessante a primeira sessão [do IIFA] depois de tanto tempo. Infelizmente não chegaram ainda. Vou instar por elas – para cumprir a promessa que fiz a V.M.I., de abrir as sessões logo depois do encerramento da Assembleia Geral. Além das informações a que aludo, outros trabalhos estou preparando para o Instituto, que tomam muito tempo. V.M.I. há de fazer-me justiça – tenho a certeza de que na demora de sessões não se pode ver falta de zelo meu pelos negócios do Instituto, porque me hei desvelado por eles – com esforço às vezes quase sobre-humano.

Pedindo perdão de tão longa carta concluo o que tinha de dizer, confessando-me como sempre, com o mais profundo acatamento.

D. Vossa Majestade Imperial

[Pós-escrito]

Daqui vou tratar de despachar uma grande remessa de plantas para o Instituto do Chile.

Muito reverente súdito e fiel criado

Luis Pedreira do Couto Ferraz
Senado, 20 de agosto de 1874.[95]

Outros documentos de caráter oficial evidenciam, igualmente, as contribuições de Pedro II ao IIFA. No ofício a seguir, de 1878, verifica-se o "bolsinho" do monarca a auxiliar o IIFA com um empréstimo em dinheiro para aquisição de objetos na Europa:

Ofício [do mordomo efetivo da Casa Imperial servindo de mordomo-mor] barão de Nogueira da Gama [Nicolau Antonio Nogueira Vale da Gama] ao Presidente do Imperial Instituto Fluminense de Agricultura, visconde do Bom Retiro informando que, estando a par do assunto constante de seu ofício de 7 do corrente, autorizou o Tesoureiro da Casa Imperial, Comendador João Batista da Fonseca, junto ao Tesoureiro do Imperial Instituto Fluminense de Agricultura, visconde de Itamarati [Francisco José da Rocha] a regular a conta entre ambas as repartições, recebendo deste a quantia de 5.000$000 por conta da soma que foi paga na Europa,

---

95 Carta de Couto Ferraz a Pedro II, de 20/8/1874 (Museu Imperial, Arquivo Histórico, Arquivo POB, maço 169, doc. 7.741).

DOCUMENTO DO VISCONDE DO BOM RETIRO SOBRE COMPRA, NA EUROPA, DE INSTRUMENTOS AGRÍCOLAS, LIVROS E OUTROS OBJETOS PARA O IIFA, POR ORDEM DO IMPERADOR D. PEDRO II

Museu Imperial/IBRAM

por S.M. o Imperador, de seu "bolsinho", a este Instituto, para compra de instrumentos de lavoura, livros e outros objetos, para o citado Instituto, Jardim Botânico e Museu Industrial. [Arquivo Nacional, 1977:112, aspas do original].

Couto Ferraz mantinha o monarca informado de tudo o que se passava na instituição. Na carta a seguir, reconhecia que Pedro II o "ajudava" e, portanto, "ajudava" também o IIFA, conforme carta assinalada anteriormente.[96]

Em outro episódio ocorrido em 1873, relativo a uma emenda apresentada no Senado que reduzia à metade a verba do governo ao Jardim Botânico, Couto Ferraz escreveu a Pedro II detalhando o ocorrido.

> Agora Digne-se V.M.I. Conceder por Sua Bondade, que informe do seguinte.
>
> Não tendo voltado ao Senado desde sábado – mal podia eu prever que sem me prevenir da menor coisa, e nem ao menos pedir-se-me qualquer informação, a comissão de orçamento, segundo li no jornal de hoje, apresentou quarta-feira uma emenda reduzindo à metade a consignação

---

96 Carta de Bom Retiro a Pedro II, de 21/8/1873 (Museu Imperial, Arquivo Histórico, Arquivo POB, maço 167, doc. 7.712).

de 24 contos, concedida ao Jardim Botânico; por iniciativa do ex-ministro Diogo Velho;[97] desde 1870, depois de ter por seus próprios olhos, mais de uma vez, se convencido de que com menos de 2 contos de réis mensais era impossível manter-se aquele estabelecimento no pé em que se acha, e melhorá-lo – satisfazendo a commodita [comodidade?] de mais de 150 mil pessoas, que anualmente visitam o único lugar de recreio público existente no Império, e digno desse nome.

A emenda apresentada, lida na minha ausência, não viu decerto além do dia com aquiescência do atual ministro;[98] e isto desgostou-me muito, porque ele devia lembrar-se do quanto me esforcei por convencer, como consegui, as comissões de orçamento da câmara dos deputados, que não podia se fazer tal redução. Nunca senti tanto achar-me absolutamente impedido de ir ao senado, pois diante do corte mostraria na discussão pública a evidência da injustiça, que só se explica por má vontade ao Instituto; e ao seu presidente – da parte de certas pessoas. Desculpe-me, V.M.I., por Quem És – dizer isto mas é a verdade.

Escrevi hoje ao Jaguari[99] e ao ministro – mas creio que tudo será baldado, desde que este, sem ouvir-me, tendo-me visto no senado no dia em que foi conferenciar com a comissão, acertou logo tal emenda.

Com 12 contos por ano, mais 2 contos apenas do que se concede ao passeio público, é indispensável fazer-se cessar desde já o andamento de certas obras e impedir o começo de outras, que na boa fé eu havia autorizado por indispensáveis à comodidade e recreio público. Teremos assim de retrogradar, e dar alvo a queixas pela imprensa, e com toda a razão. Deste modo nunca iremos para diante, e eu perderei, sem glória minha nem utilidade para o Estado, meu tempo e esforço que furto de outras coisas, que individualmente me deixam mais úteis. Torno, Senhor, a pedir desculpas.

Beijo as Augustas Mãos –

A D [Adeus].V.M.I.

muito reverente súdito e fiel criado

Luiz Pedreira do Couto Ferraz

Tijuca, perto da floresta – 13 de junho de 1873[100]

---

97 Diogo Velho Cavalcanti de Albuquerque (1829-1899), visconde de Cavalcanti, fora ministro da Agricultura de 10 de janeiro a 29 de setembro de 1870 (Lima, 1988).

98 Couto Ferraz pode estar se referindo ao então presidente do conselho e ministro da Fazenda José Maria da Silva Paranhos, visconde do Rio Branco, ou ao ministro do Macop José Fernando da Costa Pereira (Lima, 1988; Tapajós, 1984).

99 José Ildefonso de Souza Ramos (1812-1883), visconde de Jaguari, presidente do Senado nesse período.

100 Carta de Bom Retiro a Pedro II, de 13/6/1873, p. 2 (Museu Imperial, Museu Histórico, Arquivo POB, maço 167, doc. 7.712, grifo no original).

[Carta manuscrita]

Carta do visconde do Bom Retiro a d. Pedro II, sobre redução no valor da consignação do governo imperial ao IIFA, transcrita, em parte, na página anterior.

Museu Imperial/IBRAM

Na missiva, Couto Ferraz expressa com espontaneidade sua indignação, revelando confiança e intimidade com o destinatário, ao mesmo tempo que se desculpa por dirigir-se com tal estado de espírito ao imperador. É como se desabafasse com um amigo – porém ciente do poder que tal amigo detinha e certamente almejando dele alguma interferência.

Dias depois, em outra carta a Pedro II, Couto Ferraz voltava a abordar o assunto, dessa vez lamentando as resistências políticas com que se deparava para implantar seus planos de melhoramentos do IIFA:

Sabe-se, porém, qual a dificuldade que há entre nós em se obterem certas coisas. Não se crê, ou figura-se não acreditar em nada que tenha relação com certos melhoramentos. Haja visto o que acontece com o nosso Instituto – e quanta vigilância é preciso para evitar a tempo os golpes, que lhe atiram quando menos se pensa. O mesmo dá-se com o jardim zoológico, reorganizar o sistema florestal, escola de veterinária, fibras vegetais, e outras coisas, apesar de eu haver prometido ao Itaúna, o qual estava sinceramente desperto a promover esses melhoramentos, tomar a mim os respectivos projetos, e incumbir-me gratuitamente da superintendência dos novos estabelecimentos – ou diretamente, ou por meios de delegados meus, também gratuito.[101]

Nessa carta, chama a atenção o fato de Couto Ferraz, quase sempre muito cioso das formalidades exigidas na correspondência com o imperador, referir-se ao IIFA como "nosso Instituto", a evocar do monarca não esta condição, mas sim a de membro da instituição. Contudo, parece correto supor que Couto Ferraz alimentasse expectativas de intervenção daquele que encarnava o poder máximo do país, para ajudá-lo a superar os problemas de ordem política por que passava o instituto. O fato é que o corte no orçamento do IIFA foi suspenso, embora não se saiba se o imperador teve alguma influência nisso.

A espera de soluções procedentes do monarca pode ter sido em parte responsável pelo marasmo da instituição da década de 1870 em diante, se for levado em conta que Pedro II, buscando apresentar-se como um liberal, resistia a exercer ostensivamente seu poder. A esse respeito, Holanda (2010:110) observa: "entrava aqui todo um jogo de contradições, nem sempre muito sutil, mas que o imperador não desejava notar, sobretudo não gostava que outros o notassem e comentassem".

O escritor português Eça de Queiroz observou as contradições do imperador brasileiro e as desvelou com afinada ironia:

> Fevereiro de 1872.
>
> Um instante de atenção! O Imperador do Brasil, quando esteve entre nós (e mesmo fora de nós), era alternadamente e contraditoriamente – Pedro de Alcântara e D. Pedro II.
>
> Logo que as recepções, os hinos, os banquetes se produziam para glorificar D. Pedro II – ele apressava-se a declarar que era apenas Pedro de Alcântara. Quando os horários dos caminhos de ferro, os regulamentos de

---

101 Carta de Bom Retiro a Pedro II, de 26/6/1873, p. 2 (Museu Imperial, Museu Histórico, Arquivo POB, maço 167, doc. 7.712). O imperador refere-se, na carta, ao visconde de Itaúna, senador Cândido Borges Monteiro (1812-1872), que em 1872 exerceu o cargo de ministro do Macop durante seis meses.

bibliotecas, ou a familiaridade dos cidadãos o pretendiam tratar como Pedro de Alcântara – ele passava a mostrar que era D. Pedro II.

De tal sorte que se dizemos que se hospedou entre nós Pedro de Alcântara, erramos – porque ele asseverou que era D. Pedro II. Se nos lisonjeamos por ter hospedado D. Pedro II, desacertamos – porque ele afirmou ser Pedro de Alcântara.

Que farão os historiadores futuros? Dirão que viajou em Portugal D. Pedro II? Mas se ele o negou! Contarão que Portugal foi viajado por Pedro de Alcântara? Mas se ele o contradisse!

Qual é o nome desse homem venerável que passou? A história não tem nome a dar-lhe!

É por isso indispensável, para segurança das crônicas, que se lhe imponha um nome, que, não recordando especialmente Pedro de Alcântara nem d. Pedro II – seja bastante genérico para abranger ambos; e que ao mesmo tempo seja suficientemente sério para se poder dar a um príncipe, se ele o fosse; e suficientemente simples para se poder dar a um plebeu, se ele o era!

Proporemos portanto aos presentes e aos futuros que Ele – que não pode ser chamado de Pedro de Alcântara porque o recusou, nem D. Pedro II porque o vedou – seja simplesmente chamado PSIU![102]

A "dissimulação" era considerada, pelos cronistas da época, um traço da personalidade de Pedro II. Em seu diário, o imperador comentou as avaliações que dele faziam e replicou:

Não sou dissimulado e apenas esforço-me por não dizer senão o que é preciso e se se enganam comigo algumas vezes não é porque eu procure enganar; mas porque examinam mal minhas ações. [...] Creio que me defendo mal de algumas acusações que julgo injustas.[103]

A "dissimulação" era a faceta de que Pedro II fazia uso quando não queria que soubessem sua opinião e sentimentos, ou quando não queria que transparecesse a verdadeira dimensão de seu poder; era uma forma de encobrir (disfarçar ou fingir) seus pensamentos e projetos, com intenção de ser prudente e não se deixar revelar. Apesar dos amplos poderes que Pedro II detinha, ele os exercia de forma comedida, buscando imprimir a imagem de monarca que reinava sob a égide da liberdade de expressão e representação política.

---

102 Apud Bediaga (1999). A crônica integra uma série publicada no periódico *As Farpas*, em fevereiro de 1871, por ocasião da viagem de Pedro II à Europa, reeditada em "Uma campanha alegre", publicada entre 1890 e 1891.
103 Anotação de 16 de dezembro de 1862 (Bediaga, 1999, pasta "Original 09", arquivo D090340).

Joaquim Nabuco, contemporâneo do imperador e monarquista convicto, analisou o excesso de poder do monarca como fator inibitório para a emergência de lideranças no país:

> Todas essas aparências de um governo livre são preservadas por orgulho nacional, como foi a dignidade consular no Império Romano; mas, no fundo, o que temos é um governo de uma simplicidade primitiva, em que as responsabilidades se dividem ao infinito, e o poder está concentrado nas mãos de um só. Este é o Chefe do Estado. Quando alguém parece ter força própria, autoridade efetiva, prestígio individual, é porque lhe acontece, nesse momento, estar exposto à luz do trono: desde que der um passo, ou à direita ou à esquerda, e sair daquela réstia, ninguém mais o divisará no escuro. [...]
>
> Em vez de ser soberano absoluto, o imperador deve antes ser chamado de Primeiro-Ministro permanente do Brasil. Ele não comparece perante as Câmaras, deixa grande latitude, sobretudo em matéria de finanças e legislação, ao Gabinete; mas nem um só dia perde de vista a marcha da administração, nem deixa de ser o árbitro dos seus Ministros. [...]
>
> O imperador não tem culpa, exceto, talvez, por não ter reagido contra essa abdicação nacional, de ser tão poderoso como é, tão poderoso que nenhuma delegação da sua autoridade, atualmente, conseguiria criar no país uma força maior que a Coroa [Nabuco, 2002:23-167].

Nesse trecho, Nabuco ressalta também outra faceta do imperador e de seu *modus operandi*, pouco considerada na literatura: a meticulosidade, o apego e a atenção aos detalhes. A esse respeito, Buarque de Holanda (2004:25) também observa:

> A atenção miúda que dava aos homens e aos acontecimentos tinha lado negativo, tomando com frequência o lugar de um interesse mais direto e prático nos problemas do conjunto. Não lhe faltavam meios de vislumbrar algumas das grandes reformas de que o Império precisava, mas em geral tinha voo baixo. E querendo mostrar-se a par de tudo, querendo tudo prevenir, tudo saber ("já sei, já sei"), essa absorvente vigilância se desencontrava, não raro, com providências já tomadas ou antecipadas, acabando por entorpecê-las.

Essa interpretação acima explica, em parte, as consequências da intromissão de Pedro II na trajetória do IIFA. A correspondência dele com Couto Ferraz demonstra que o monarca monitorava orçamentos, projetos e ações, sobre os quais se mantinha informado em pormenores. Seu envolvimento era tal, que chegava a ser solicitado a opinar sobre relatório de atividades da instituição e nomeações de seus membros para cargos na diretoria e nos conselhos. Decerto as tentativas de tudo controlar foram restringindo a participação dos sócios do IIFA e resultaram em decisões cada vez mais centralizadas em Couto Ferraz, que, por sua vez, consultava o imperador para a tomada de decisões.

> Senhor
>
> Por inconvenientes mais fortes do que a vontade, só agora posso ter a honra de submeter à Alta e Justa Apreciação de V.M.I. o projeto de relatório do Imperial Instituto Fluminense de Agricultura.
>
> Digne-se V.M.I. examiná-lo e corrigi-lo antes da última impressão que se efetuará depois que V.M.I. houver por bem devolver o mesmo projeto – Um ou outro erro tipográfico será emendado na revisão final [...].[104]
>
> Enquanto descansar carregarei pedra, pois levo comigo a pasta do Instituto d'Agricultura, a fim de preparar trabalho – necessário para a primeira sessão – que se realizará logo que eu volte.
>
> Vou insistir pelo museu industrial, jardim zoológico, sistema florestal. Hoje tenho de propor ao ministro a reorganização do Conselho Fiscal do Instituto passando o 1º vice presidente Jaguary para presidente – lugar vago desde o falecimento do Itamby; o Baependy – atual secretário passa para vice presidente e o Dias Carvalho para 1º secretário. Proporei ao mesmo tempo para suspender duas vagas do conselho – os doutores Homem de Mello, e Ramiz Galvão – tudo isto no caso de V.M.I. não ordenar o contrário.
>
> Sou Senhor, com o mais profundo acatamento
>
> D. V.M.I.
>
> Muito reverente súdito e seu criado
>
> Luis Pedreira do Couto Ferraz
>
> Secretaria da Agricultura
>
> 17 – Setembro 1873 às 11 horas[105]

Também em carta a Capanema, Pedro II demonstrava acompanhar a pauta do instituto e indicava temas que deveriam constar nas reuniões:

---

104 Carta de Couto Ferraz a Pedro II, sem data (Museu Imperial, Arquivo Histórico, Arquivo POB, maço 167, doc. 7.712). Não consta o anexo do projeto de relatório. Ver também carta de Couto Ferraz a Pedro II, de 14/7/1875, maço 174, doc. 7.941.

105 Carta de Bom Retiro a Pedro II, de 17/9/1873, p. 1-2 (Museu Imperial, Arquivo Histórico, Arquivo POB, maço 167, doc. 7.712, grifos no original).

> Capanema,
>
> A sessão da diretoria do instituto de agricultura é depois de amanhã. Seria bom que o Glasl exponha por escrito à diretoria os trabalhos que tem já feito da lavoura, análise etc.
>
> Seu amigo,
>
> d. Pedro 2º
>
> 8 de maio 1864. [106]

A gestão Couto Ferraz à frente do IIFA parece não se coadunar com seu passado de realizações e reformas importantes em cargos da administração provincial e imperial. Embora tivesse revelado, em diversas ocasiões, seu propósito de ampliar a área de atuação do instituto, os resultados que obteve ficaram aquém do previsto, sobretudo a partir da segunda fase. Talvez os estreitos laços que mantinha com o imperador e a intromissão velada deste na administração do IIFA o tenham impedido de imprimir a ousadia necessária para a consecução de seus objetivos. Um episódio exemplar foi a não realização do projeto de construção do Museu Industrial, cujo prédio não foi finalizado, conforme analisado anteriormente. Ele demonstra as dificuldades de Couto Ferraz, a despeito de seu empenho em dar ao IIFA maior dimensão e prestígio, e permite inferir que o bom andamento da instituição dependia, em parte, das relações dos ministros do Macop com Couto Ferraz e – subentenda-se – com o imperador.

À frente do IIFA, Couto Ferraz parece ter-se espelhado no monarca perante os problemas que encontrou, preferindo também aguardar os acontecimentos, a ponto de não convocar reuniões de diretoria, tampouco assembleias de sócios. A instituição parece ter-se tornado um bem pessoal – e poucos membros iriam se opor aos desejos do monarca e de seu *alter ego*.

O IIFA teve sua trajetória alavancada pelas mãos de Pedro II com importantes doações de seu bolso[107] e incentivos pessoais. Contudo foi dominado, principalmente a partir de 1874, por uma paralisia institucional que, conforme afirmei, pode ser atribuída, em parte, exatamente a essa proximidade do imperador, de quem se esperavam intervenções "salvadoras", desde o aumento de verbas do governo a uma maior participação dos sócios. Entretanto, em seu envolvimento com o IIFA, o monarca restringiu-se a acompanhar de perto suas atividades e sua administração, além de participar de reuniões e doar dinheiro e bens – o que, de resto, parece coadunar com sua maneira de governar:

---

106 Lacombe: 1944:201.

107 Para se ter uma ideia do montante dessas doações de Pedro II: o Relatório de 1863 do Macop informa que o governo imperial concedera ao IIFA 12:000$000 anuais para conservação do Jardim Botânico, ao passo que a subscrição feita pelo imperador, na primeira reunião do IFFA, foi de 8:000$000; pouco tempo depois, doaria 100:000$000, repassados em valores mensais de 8:000$000.

Se de um lado era incansável no trabalho e no movimento, de outro dominava-o a ideia meio fatalista de que tudo haveria de vir naturalmente a seu tempo, convindo fugir sempre de precipitações perigosas. [...] Ora, a meticulosa prudência deixa de ser virtude no momento em que passa a ser um estorvo: lastro demais para pouca vela [Holanda, 2010:142].

Criação do Asilo Agrícola: instrução e proteção aos desvalidos

O Asilo Agrícola, criado em 1869, respondia de certa forma a um projeto do Império que datava pelo menos da década de 1830, segundo artigos, projetos de lei, manuscritos e debates sobre a necessidade de se criar uma escola prática de agricultura. Não cabe, aqui, analisar em detalhes as diferentes tendências que se formaram acerca do assunto, mas apresento, em linhas gerais, os principais eventos sobre o tema.

Em 1837, foram cedidos à Sain, pelo regente Feijó,[108] terrenos adjacentes ao Jardim Botânico, incluídas as edificações que haviam servido para a refinação do salitre na antiga Fábrica de Pólvora e o Engenho de Pulverização. O objetivo era criar um estabelecimento de ensino agrícola – "aproveitando-se para isso a mocidade pobre e desvalida" –, que deveria formar "agricultores hábeis, como aparecem em alguns países da Europa". Entretanto, a Sain renunciou à concessão, segundo o relatório ministerial de 1837, "julgando [...] que algumas das condições eram demasiadamente onerosas, e que o tempo do usufruto era também por extremo limitado [...]".[109]

O governo, porém, regulamentou uma Escola de Agricultura Teórica e Prática, na Lagoa Rodrigo de Freitas.[110] Encarregava-se a direção dessa escola, além das aulas, da criação de um jornal, um museu e um catálogo de plantas exóticas e indígenas a serem plantadas e aclimatadas. Contudo esse estabelecimento não saiu do papel, e o projeto de criar uma escola de agricultura foi adiado.

O debate sobre a necessidade de implantar o ensino agrícola no país mobilizava os personagens de relevância na sociedade da época, como Carlos Augusto Taunay.[111] Em seu manual agrícola, criticava o excessivo número de brasileiros formados em cursos jurídicos e propunha a criação de cursos agronômicos, em fazendas-modelo, a serem frequentados por filhos dos habitantes mais abastados, destinados a serem um algum dia senhores de grande número de escravos em engenhos e fazendas, que se formassem

---

108 Decreto sem nº, de 2/8/1837.
109 Relatório do Ministério do Império, 1837, p. 33.
110 Regulamento nº 15, de 1/4/1838 (Arquivo Nacional, fundo Diversos GIFI, caixa 6D-55).
111 Carlos Augusto Taunay nasceu na França em 1791 e faleceu no Rio de Janeiro em 1867. Era filho do pintor Nicolas Antoine Taunay, membro da missão francesa. Além de militar e jornalista, dedicava-se à plantação de café na propriedade da família, no maciço da Tijuca.

na nobre e benfazeja ciência da agricultura, base de toda a civilização, fonte de toda a riqueza, com especialidade da brasileira, entrando também certo número de jovens de boa índole e aptidão antecipada, mas pouco favorecidos dos bens da fortuna, os quais seriam habilitados para serem excelentes administradores ou para servirem as cadeiras dos mesmos cursos, ou outras idênticas que as províncias, comarcas ou vilas quisessem instituir (Taunay, 2001:282).[112]

Sobre o tema também merece destaque o manuscrito de Luís Riedel, elaborado na época das negociações da Sain com o governo central e publicado no *Auxiliador* em 1840 (Riedel, 1840:100-107).[113] Segundo o redator desse periódico, o original havia sido extraviado, mas, afirmava ele: "ainda nos parece a propósito dar a conhecer aos nossos leitores, agora que a Sociedade Auxiliadora da Indústria Nacional, constante em seu patriótico intento, pediu à Assembleia Provincial auxílio para o levar a efeito". Ou seja, persistia na Sain o intento de viabilizar o projeto de uma escola agrícola.

O trabalho de Riedel, intitulado "Ideias sobre a criação de uma escola normal", analisava o estado geral da agricultura e apresentava propostas. Mostrava-se favorável à ideia de o governo assumir a tarefa de implementar o projeto e destacava o alunato que a escola deveria receber:

> Pertence, portanto, ao Governo, que tanto se desvela em prol das ciências e das artes, o promover a agricultura, base fundamental da riqueza de um estado e de sua verdadeira independência, estabelecendo uma Escola Normal de Agricultura teórica e prática [...].
>
> Serão admitidos à custa do estabelecimento alunos de 14 anos para cima, que saibam ler e escrever, que tenham inteligência, boa índole e boa moral, sendo preferidos os órfãos, e os filhos de pais pobres sobrecarregados de numerosa família [Riedel, 1840: 101-102,105].

Após elencar detalhadas instruções acerca de terreno, culturas, publicações, catálogos, contratação de funcionários e direção, competências etc., Riedel manifestava-se contrário à criação de tal estabelecimento no Jardim Botânico:

> Se o Governo a fim de estabelecer, como tentou, uma Escola Normal de Agricultura, continuando na escolha já feita do lugar denominado – Lagoa de Rodrigo de Freitas – onde hoje existe o Jardim vulgar

---

112 O livro foi escrito em 1829, mas só foi publicado em 1839.

113 Riedel (1791-1861), naturalista alemão, veio ao Brasil como membro da expedição Langsdorff. Antes, trabalhara em diversos jardins botânicos europeus. Foi sócio e membro da Comissão de Agricultura da Sain (Lopes, 2009).

e impropriamente chamado – Jardim Botânico –, ou nas imediações, convém declarar que não é possível a existência simultânea destes dois estabelecimentos contíguos, que por sua natureza não podem nem devem formar senão um, e só um [Riedel, 1840: 106].

Em 1836, o governo incumbira Felisberto Caldeira Brant Pontes de Oliveira Horta, o marquês de Barbacena, de encontrar casais suíços com conhecimento dos métodos agrícolas de Fellenberg e dispostos a trabalhar, no Brasil, com ensino e prática agrícolas. Uma carta do marquês a Candido Batista de Oliveira[114] nos informa sobre essa intenção:

> O regente em nome do imperador, quando estabeleceu uma escola normal de agricultura nos terrenos vizinhos ao Jardim Botânico, me encarregou de mandar para o Rio de Janeiro dois casais de suíços hábeis para o ensino e prática no Brasil de todos os métodos agrícolas, empregados nas fazendas normais de Mr. Fellenberg, comprando-se por conta do governo os instrumentos de que necessitarem e que exigirem [apud Aguiar, 1896:925-926].

Batista de Oliveira não seguiu as instruções e tentou engajar, no lugar dos casais suíços, o professor de agricultura Alexandre Maritri. O marquês e o governo imperial não o aceitaram, sob o argumento que o Brasil "já dispunha de um sábio". Possivelmente o objetivo era trazer para o Brasil indivíduos com experiência na implantação de um projeto daquela natureza.

Cabe, a esta altura, esclarecer sobre a Fazenda Normal de Fellenberg, na Suíça, que tanto interesse despertava no governo, a ponto de querer reproduzi-la no país.

Philipp Emanuel von Fellenberg (1771-1844) fora responsável por implantar um sistema educacional em sua propriedade, nas proximidades de Berna. Inicialmente o estabelecimento abrigara órfãos e crianças pobres, com o ensino voltado para a agricultura, juntamente com uma fazenda-modelo destinada a testar e desenvolver práticas de manejo adequadas e novas tecnologias. Unindo o estudo da agricultura a um forte apelo moral, ampliou a instituição e agregou estudantes de classe média, além de criar uma escola de formação de professores. Essas e outras iniciativas resultaram em sete escolas que funcionavam no mesmo campus. A escola de Mr. Fellenberg tornou-se um modelo de sistema educacional, frequentada por crianças de vários países europeus. Com a morte

---

114 Candido Batista de Oliveira (1801-1865), deputado, ministro, senador e diretor do Jardim Botânico de 1851 a 1859.

de seu fundador, em 1844, a instituição foi decaindo até seu total desaparecimento, mas escolas semelhantes foram criadas, e a Suíça acabou por se tornar uma referência no ensino – para além daquele voltado aos conhecimentos agrícolas (Jones e Garforth, 1997).

O propósito de fundar uma escola de agricultura à semelhança da que fora criada na Suíça era mencionado reiteradamente. Por ocasião da criação do Asilo Agrícola do IIFA, Couto Ferraz a isso se referiu:

> O novo estabelecimento deverá, segundo penso, ser fundado em geral à imitação dos asilos agrícolas da Suíça, que tão proveitosos têm sido, e com a especialidade do de La Schartanne, da cidade de Trogen, cantão de Appenzell, cujo regime, no tocante à parte do asilo dos meninos pobres, parece-me o mais adequado, tanto no que concerne ao ensino teórico, com a escola de aplicação.[115]

Chama atenção o consenso, entre as elites da época, acerca da necessidade de fundar escolas teóricas e práticas de agricultura, manifestada desde as primeiras discussões acerca da agronomia no Brasil. Concordavam que era imperioso investir na melhoria da agricultura no país. "Vícios da rotina" e "ignorância" do homem do campo deviam ser eliminados; para tanto era imprescindível capacitá-lo com conhecimentos de técnicas "modernas" e habilitá-lo ao uso de equipamentos e instrumentos agrícolas. Contudo, esse consenso não parece ter sido suficiente para mobilizar recursos financeiros e materiais na implantação de tal projeto.

De tempos em tempos o assunto voltava à tona. Por fim, em 1869, cerca de 40 anos após as primeiras iniciativas, o IIFA implantou, embora diferentemente do almejado na década de 1830, a instrução agrícola pública.[116] As dificuldades para implantar o tão propalado ensino foram tão grandes que, apesar de o instituto ter sido criado com o intuito de instalar uma escola agrícola e de a principal justificativa para a vinda de Glasl ter sido a necessidade de professor "habilitado para montar e dirigir a Fazenda Normal e a Escola de Agricultura",[117] o Asilo Agrícola tardou nove anos para ser fundado pela instituição, seis anos após a chegada de Glasl.

---

115 Relatório do Macop, de 1869, apenso B, p. 22.

116 A experiência anterior de escola agrícola era da iniciativa privada. No Decreto nº 3.325, de 29/10/1864, o governo ordenou à Companhia União e Indústria "fundar e manter uma escola prática de agricultura onde se ensinem gratuitamente os métodos aperfeiçoados de lavoura e de criação de animais domésticos". A Escola Prática da Agricultura da Fazenda União e Indústria não obteve sucesso e suas atividades encerraram-se em 1874 (Lima, 1988:121).

117 Ata da 28ª reunião de diretoria do IIFA, de 25/5/1863.

Frederico Burlamaqui nos apresenta, em documento de 1862, a síntese do pensamento daqueles que consideravam o ensino agrícola baseado em princípios científicos a principal ação a implementar com vistas à melhoria da agricultura. Ele critica duramente o governo por relegar o ensino agronômico e valorizar as outras ciências:

> A primeira, a mais essencial de todas as medidas, é aquela que tem por fim vulgarizar o ensino agrícola. A diretoria lhe deu tanta importância que seu primeiro ato foi de remeter à Secretaria do Império um Catecismo agrícola para uso das Escolas rurais [...] mas até hoje não se tomou nem uma deliberação sobre a sua adoção.
>
> Entretanto, parece que nenhuma disposição segura e eficaz se pode tomar em favor dos progressos da agricultura que não tenha seu assento nos bancos escolares.
>
> É pelas gerações nascentes, e somente por elas, que se pode determinar em proveito da nossa agricultura, uma transformação vigorosa, radical, e cheia de esperançoso futuro.
>
> Eu falo perante uma reunião de homens ilustrados, profundamente convencidos que a ignorância é a mais deplorável das misérias humanas. Se a ignorância é a principal, senão a única causa do atraso, a mãe dos preguiçosos, o sustentáculo da rotina, todos os esforços devem convergir para dissipar, começando pela difusão dos conhecimentos que mais importam à vida material [...].
>
> Durante séculos a agricultura foi considerada como uma arte puramente mecânica, sem relações com os outros conhecimentos humanos, indigna a todo o ensino científico.
>
> A agricultura é uma arte essencialmente prática, dizem aqueles que nunca consideram as coisas senão pela superfície. Mas o que é a prática? É a tradição cega, a imitação servil do que se tem feito, é a imobilidade, a negação de todo o progresso? Se a prática não é aplicação do raciocínio, então ela é um instinto animal. Os que sustentam esse absurdo não sabem o que dizem, assim como os puros práticos não sabem o que fazem.
>
> O que estou dizendo pode passar por puras banalidades para os que pensam que sem instrução não é possível ser bom lavrador, e que a agricultura é uma arte suscetível de grandes progressos quando é esclarecida pelo facho da ciência.
>
> É, portanto indispensável e urgente a vulgarização da ciência, se sinceramente desejamos a prosperidade da agricultura.

A época da dúvida e da hesitação sobre o ensino agrícola já passou para as nações cultas, não imitemos dessas nações somente o que tem de aparência do luxo da civilização.

Se o Estado se encarregou do ensino público, desde as ciências especulativas até as das artes de puro passatempo; se ele mantém a grande custo Academias Jurídicas, Médicas, Matemáticas, de Belas-Artes, Conservatório de Música e Dramáticos, é de toda a conveniência que igualmente se encarregue de derramar os conhecimentos da arte que faz viver a todos, e de cujos progressos dependem a prosperidade pública [Burlamaqui, 1862a:110-112].

Os argumentos do secretário do IIFA são favoráveis ao ensino agrícola nas escolas rurais. Em seguida, esclarece que uma boa agricultura deve ser aliada à ciência. Finaliza com crítica ao Estado por não equiparar a agricultura às outras artes subsidiadas pelo governo e defende que o *status* do saber agronômico seja "elevado" ao de outros saberes. Burlamaqui procurava legitimar o saber agronômico, porém, ciente das dificuldades em implantar uma escola de agricultura no país, defendia, naquele momento, o ensino nas escolas rurais e a criação de uma escola normal por uma instituição privada, o IIFA.

Quando o Asilo Agrícola do IIFA foi inaugurado nas dependências da Casa do Salitre, no Jardim Botânico, em 1869, "à semelhança dos estabelecimentos deste gênero na Suíça",[118] tinha como compromisso proporcionar instrução primária aos órfãos encaminhados pela Santa Casa, que recebiam no asilo "ensino elementar a educação moral e religiosa, noções e práticas de agricultura, preparando-se para administradores e regentes de estabelecimentos rurais".[119] No entanto, Couto Ferraz advertia: "instituições dessa natureza, inteiramente novas no Brasil, convém começar por ensaio".[120] Preocupava-se o presidente do IIFA em advertir sobre as diferenças de "escala" entre o estabelecimento que então se criava e o antigo projeto de uma escola de agricultura:

Releva ter sempre em lembrança que não é um curso normal e completo de agricultura teórica e prática, que o Instituto se propôs fundar.

Para tanto não chegavam suas forças, nem por muitos anos poderão chegar.

Um estabelecimento desse gênero exigiria número muito considerável

---

118 Relatório do Macop, de 1869, apenso B, p. 19. O texto especifica que o estabelecimento suíço era o La Schartane, no cantão de Appenzell.

119 Imperial Instituto Fluminense de Agricultura (parte do Relatório do Macop). *Revista Agrícola*, Rio de Janeiro, v. 10, n. 1, p. 36, 1879.

120 Relatório do Macop, de 1869, apenso B, p. 36.

de aulas, grande pessoal habilitado, e avultada despesa para sua criação e custeamento.[121]

A equipe do asilo foi constituída inicialmente por um diretor, um pedagogo que servia de mestre de primeiras letras, um amanuense e dois serventes. Segundo Couto Ferraz, o objetivo do IIFA, ao criar o asilo era aproveitar meninos pobres, educando-os nos misteres da lavoura aperfeiçoada, moralizando-os pelo trabalho e religião, e ministrando-lhes ao mesmo tempo a instrução necessária para torná-los, no fim de alguns anos, bons administradores, ou pelo menos excelentes feitores, de que tanto carecem os estabelecimentos rurais no Brasil.[122]

Ainda como parte do projeto de ensino das primeiras letras e ofícios a crianças desvalidas, o IIFA fundou a Fábrica de Chapéus do Chile,[123] vinculada de certa maneira ao Asilo Agrícola. Couto Ferraz retomava um antigo projeto que tentara implantar no Jardim Botânico ainda na década de 1850, quando era ministro do Império e o jardim subordinava-se a

121 Relatório do Macop, de 1869, apenso B, p. 21.
122 Ibid., p. 21.
123 Esses chapéus foram chamados posteriormente de chapéus panamá. O adereço, na época muito usado, era importado e buscava-se confeccionar similares nacionais.

seu ministério. Os aprendizes que trabalhavam na fábrica eram meninos desvalidos da Santa Casa da Misericórdia; eram remunerados pelo IIFA e recebiam, também, instrução primária: "Na fábrica aprendem a leitura, escrita, doutrina cristã, aritmética elementar e música. O sustento e o vestuário são-lhes fornecidos segundo o sistema adotado no asilo".[124]

O IIFA trouxe um especialista peruano para trabalhar na plantação e colheita da bombonaça e, sobretudo, ensinar os meninos aprendizes na arte de beneficiar e trançar a palha do chapéu. A produção iniciava-se com a plantação da matéria-prima, a bombonaça (*Carludovica palmata*, da família *Cyclantaceae*), vegetal natural de outras regiões da América do Sul que se adaptara com sucesso na Amazônia. Após a retirada das folhas da palmeira, passava-se para a etapa de beneficiamento da palha e confecção manual dos chapéus. Couto Ferraz alegava que a fábrica poderia aumentar a produção e obter rentabilidade, de modo a amenizar a constante falta de recursos do IIFA. O objetivo educativo do projeto era introduzir mulheres e crianças no ofício de trançar a palha, o que lhes garantiria uma ocupação que não exigia força física. Nas propriedades rurais, isso poderia ser uma alternativa de trabalho, servindo também de exemplo para um novo ramo da indústria no país.[125]

A fábrica de chapéus não conseguiu produzir em escala suficiente para aumentar os recursos financeiros da instituição, porém se persistiu no projeto e várias foram as tentativas de aumentar a produção, sempre muito pequena – em 1868, por exemplo, fabricaram-se quatro chapéus; dois deles foram para Europa.[126] Os motivos alegados eram as dificuldades de beneficiar e trançar a palha de modo a resultar em artigo fino, digno de ser exibido em exposições nacionais e internacionais. De fato, os chapéus foram premiados em diversas ocasiões, com medalhas de ouro e prata. O número de aprendizes também era reduzido e não ultrapassou 20 meninos. Com o passar dos anos, alguns deles, já rapazes, foram contratados pela Fazenda Normal para desempenhar funções na lavoura e nas oficinas de construção de instrumentos agrícolas, ou se tornaram mestres e contramestres na arte de trançar a palha.

Objetivos semelhantes nortearam a criação do bicho-da-seda (sericultura), com grande plantação de amoreiras (*Morus nigra*), que serviam de alimento para os insetos. Iniciaram-se também experiências de alimentação desses insetos com mamona (*Ricinus communis*) e, assim como nas outras atividades, distribuíam-se mudas e sementes com o objetivo de incentivar sua produção nas fazendas.

ESPÉCIE UTILIZADA NA CONFECÇÃO DO CHAPÉU DO CHILE, POSTERIORMENTE CONHECIDO COMO CHAPÉU DO PANAMÁ

---

124 Relatório do Macop, de 1878, anexo, p. 15.
125 Relatório do Macop, de 1869.
126 Relatório do Macop, de 1869.

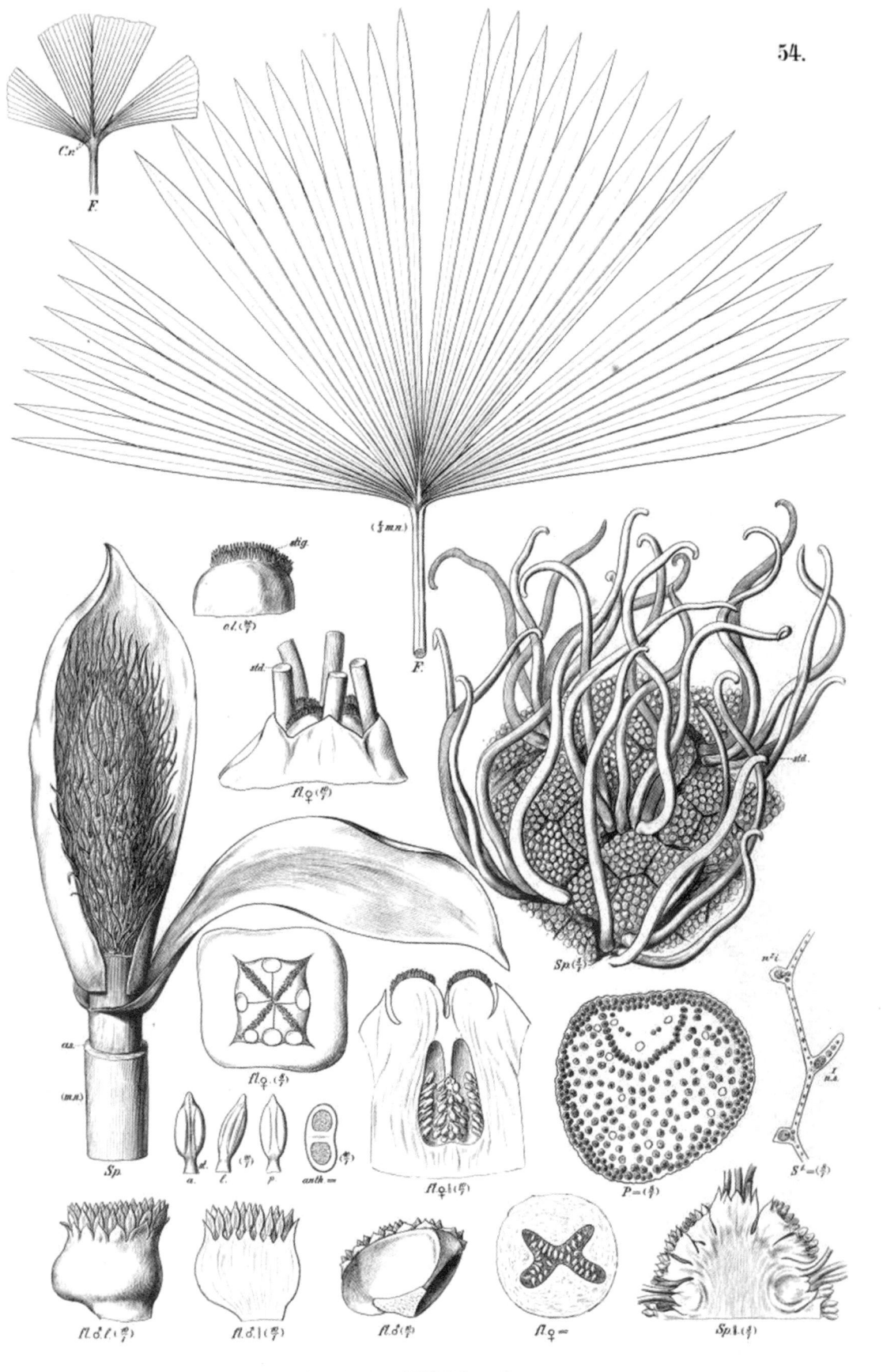

CARLUDOVICA palmata.

Submetido ao poder quase exclusivo de Couto Ferraz (1871-1886)

Disputas pelo Jardim Botânico e projetos para ampliar as atividades do Imperial Instituto Fluminense de Agricultura

A segunda fase do IIFA se caracteriza por um processo de centralização decisória por parte de Couto Ferraz e pelo consequente afastamento dos sócios nas tomadas de decisão. Duas causas podem ser apontadas como principais desencadeadoras de tal processo: o debate acerca da moléstia da cana-de-açúcar na instituição em 1870[127] e pressões de diversas naturezas originadas no governo e na diretoria do instituto. Couto Ferraz, com o intuito de afastar ou neutralizar aqueles que, em sua opinião, buscavam boicotá-lo ou queriam disputar a administração do Jardim Botânico com o IIFA, passou a concentrar cada vez mais as decisões, e as reuniões de diretoria foram rareando até não ocorrerem mais.[128]

O ano de 1874 parece ter sido decisivo para que Couto Ferraz optasse por centralizar sua gestão. Apesar de não ter sido explicitado, possivelmente a publicação do *Relatório acerca dos jardins botânicos*, de Joaquim Monteiro Caminhoá, causou grande mal-estar. O livro era deveras depreciativo ao discorrer sobre o Jardim Botânico da Corte. Seu autor, um professor de botânica da Faculdade de Medicina do Rio de Janeiro, gozava de credibilidade junto aos meios intelectuais e possivelmente também junto ao governo, visto que a viagem à Europa que resultou no relatório foi financiada pelo Macop. Vejamos partes do opúsculo:

> Basta que citemos todos os jardins botânicos do globo e suas administrações, para chegarmos à demonstração evidente de que o Brasil, neste ponto, está muito longe do verdadeiro caminho do progresso científico; porque não possui um jardim botânico sequer! O que assim se apelida não o é [...].
>
> Um herbário modelo se encontra em todos os jardins botânicos, *exceto no do Brasil* (!) onde é impossível fazer qualquer estudo, ou verificar a classificação de qualquer herbário particular, ou de algum naturalista que nos honre com seus estudos ou com sua visita [Caminhoá, 1874:6, 22, grifos no original].

Na publicação, Caminhoá elogiava Glaziou[129] e seus trabalhos executados na Corte e questionava o fato de a administração do Jardim Botânico não estar nas mãos desse conhecido "jardineiro": "Por toda a parte onde visitei jardins botânicos, ou assisti cursos e a

127 Sobre esse debate, ver capítulo 4.
128 Conforme vimos na Introdução, de 1870 a 1876, realizaram-se apenas cinco sessões, sendo que em 1871 e 1876 Couto Ferraz não esteve presente porque se encontrava em viagem.
129 Auguste François Marie Glaziou (1833-1906), engenheiro e paisagista francês que veio ao Brasil a convite de Pedro II. Foi responsável por diversas obras de paisagismo da cidade e de palacetes (sítio da Casa Rui Barbosa/IPHAN). Disponível em: <www.casaruibarbosa.gov.br/glaziou>. Acesso em: 29 out. 2010.

sessões de botânica, ouvi falar no nome deste senhor [Glaziou], que era tido como diretor do Jardim Botânico do Rio de Janeiro: ninguém conhecia o Sr. Glasl!". Dirigindo-se ao governo central, manifestava-se insatisfeito com a administração do Jardim Botânico levada a efeito pelo IIFA. A seu ver, os experimentos agrícolas ali realizados não coadunavam com aqueles que vira nas instituições congêneres da Europa. Seu discurso baseava-se na utilidade dos jardins botânicos, sobretudo para a ciência, e enfatizava: "[os jardins botânicos] servem para avaliar-se da civilização de um povo" (Caminhoá, 1874:34-35).

Recuemos alguns anos então, até 1872, quando se criou a Associação Brasileira de Aclimação (ABA), da qual Caminhoá foi um dos membros fundadores, juntamente com personagens de relevância na sociedade, como José Maria da Silva Paranhos, o visconde do Rio Branco,[130] Auguste Glaziou, Guilherme Schüch Capanema, João Barbosa Rodrigues, Joaquim Antonio de Azevedo, entre outros. Os membros da ABA pretendiam fundar um jardim botânico, mas não conseguiram encontrar um terreno em condições adequadas para esse fim. Pedro II ofereceu uma área na Quinta da Boa Vista, que Glaziou não aprovou.[131] Em relatório ao Macop, em 1874, a ABA reproduziu o ofício que enviara ao inspetor das obras públicas do Macop, encarregado de localizar com ela um terreno propício, do governo, para o fim que se pretendia. No documento, fica claro que a área pretendida pela Associação era o Jardim Botânico da Lagoa Rodrigo de Freitas, na época sob a direção do IIFA:

> Parece-nos que seria mais conveniente ceder-nos o governo imperial o Jardim Botânico, dando ao Imperial Instituto Fluminense de Agricultura outro terreno mais apropriado aos seus fins: a Associação de Aclimação, com o que recebe dos cofres públicos o Imperial Instituto, dentro de pouco tempo transformaria completamente o jardim; faria um verdadeiro jardim experimental com todas as condições exigidas.
>
> Não entendendo assim o governo imperial, a Associação Brasileira de Aclimação pode estabelecer o seu jardim em um terreno anexo ao Jardim Botânico da parte leste, para o lado da cidade, compreendido entre as estradas do Macaco e o rio Cabeça, subindo até a Chácara do algodão e descendo até a Lagoa Rodrigo de Freitas [...].[132]

---

130 Entre 1871 e 1875, o visconde do Rio Branco foi presidente do Conselho de Ministros e, simultaneamente, ministro da Fazenda, e certamente seu apoio foi decisivo para que Caminhoá fosse enviado à Europa para produzir o relatório em questão, à expensas do governo.

131 Relatório da Associação Brasileira de Aclimação apresentado ao ministro do Macop. *Revista Agrícola*, Rio de Janeiro, v. 5, n. 2, p. 107, 1874.

132 Relatório do Macop, de 1874, anexo 2, p. 11.

No mesmo relatório, o ministro observou: "O Governo Imperial, animado por este pensamento, trata de ceder-lhe a título precário, para fundação de um jardim experimental, uma das chácaras da fazenda da Lagoa de Rodrigo de Freitas".[133] Dois anos depois, registrava-se no relatório ministerial:

> Acedendo à proposta da diretoria, e no intuito de a auxiliar [a ABA] na fundação de um jardim experimental, entrei em acordo com o Imperial Instituto Fluminense de Agricultura e obtive que, concedidos a esta associação os terrenos da Fazenda do Macaco, fossem entregues àquela os da situação conhecida pelo nome de Chácara do Algodão.
>
> Reconhecendo-se não reunir este terreno as condições necessárias à fundação do estabelecimento, o que só me foi declarado pela diretoria há cerca de três meses, aguardo me seja indicada a situação preferível, a fim de providenciar como for conveniente e permitirem os meios que em vossa sabedoria julgardes oportuno decretar.[134]

Em 1876 o governo havia mudado, e o Gabinete Ministerial era chefiado por Luís Alves de Lima e Silva (1803-1880), o duque de Caxias, personagem bastante próximo de Couto Ferraz. Tudo indica que a ABA perdera o apoio governamental e, ao recusar a Chácara do Algodão porque também não reunia as condições necessárias, não logrou êxito em obter, até sua extinção, um espaço adequado a um jardim botânico. Anualmente, até 1881, os ministros do Macop referiam-se à falta de terreno para a ABA:

> Luta essa associação com dificuldade da escolha e aquisição de terreno adaptado a jardim experimental: principal objeto de seus esforços. Aguardando a realização deste intento, com o que se lhe abrirá vasto campo de proveitosa atividade, ela busca entretanto, nos limites dos seus escassos recursos, promover a aclimação de plantas úteis.[135]

Lembremo-nos que a consignação do governo destinada ao Jardim Botânico havia dobrado de valor em 1872. Diante disso, decerto a ABA vislumbrou a possibilidade de obter esse jardim juntamente com a verba governamental que o acompanhava, o que viabilizaria a instituição como um todo. Assim, as críticas do relatório de Caminhoá

---

133 Relatório do Macop, de 1874, anexo 2, p. 11.
134 Relatório do Macop, de 1876, p. 36.
135 Relatório do Macop, de 1881, p. 70.

AUGUSTE FRANÇOIS MARIE GLAZIOU

Biblioteca Nacional

à administração do Jardim Botânico pelo IIFA, bem como a indicação de Glaziou em lugar de Glasl para a direção do estabelecimento podem ser entendidas por outro ângulo que não o estritamente técnico e científico.

De fato, foi grande a pressão política sofrida pelo IIFA nos primeiros anos da década de 1870, tendo o Jardim Botânico sido o assunto recorrente – inclusive com a participação do presidente do Gabinete Ministerial. Ela pode ter sido uma forte motivação para Couto Ferraz fazer, na última reunião de diretoria do instituto de que participou, uma longa explanação sobre os trabalhos ali realizados e um balanço de sua gestão, que completava então nove anos. Na ocasião, em 1874, o presidente do IIFA expôs em detalhes os melhoramentos executados no Jardim Botânico, diferentemente dos anos anteriores, em que se apresentavam resumidamente os trabalhos e as atividades do IIFA nas reuniões de diretoria, enquanto o relatório enviado ao Macop abordava em pormenores as atividades de cada estabelecimento da instituição.

O relatório de Caminhoá também parece ter ocasionado um retraimento ainda maior, por parte de Couto Ferraz. As constantes desculpas para adiar as reuniões de diretoria, conforme mostram suas cartas a Pedro II, indicam uma posição defensiva quanto à administração do Jardim Botânico e da instituição em geral. Ao evitar se expor, julgava afastar ou neutralizar as tentativas de retirar o Jardim Botânico da alçada do IIFA. Afinal, isso poderia detonar uma reação em cadeia e afetar a Fazenda Normal, o Asilo Agrícola e os demais estabelecimentos que funcionavam no mesmo espaço. Couto Ferraz foi um eterno defensor da permanência do IIFA no Jardim Botânico – e, por consequência, do Jardim Botânico no IIFA.

A Fazenda Normal, em 1874, segundo Couto Ferraz, possuía uma área cultivada de 565 mil metros quadrados, bem maior, portanto, daquela de 90 mil metros quadrados existente em 1865, ano em que assumiu a presidência do IIFA. Contudo, a extensão estava aquém da desejada, e sua expansão era impossibilitada pelas diversas chácaras instaladas nos terrenos do Jardim Botânico. As ações de despejo contra os moradores encontravam-se por conta do Estado – proprietário do terreno – e o IIFA nada podia fazer, além de incorporar os terrenos quando a Justiça assim o determinava. Porém, salientava Couto Ferraz, o cumprimento das leis era lento, e a Fazenda Normal não conseguia se expandir conforme o planejado.

Ainda em 1874, por coincidência ou não, a *Revista Agrícola* divulgou uma "propaganda" da Fazenda Normal. Trata-se de uma das raras ocasiões em que o IIFA se dirigiu diretamente à sociedade e a ela apresentou as atividades e os serviços oferecidos por aquele estabelecimento.

AOS SRS. FAZENDEIROS

O Imperial Instituto Fluminense de Agricultura tendo, como dependência da Fazenda Normal um laboratório para análises químicas agrícolas, viveiros de plantas, criação de bichos-da-seda, oficinas de serralheria, carpintaria e de chapéus de palha da planta Bombanaje-Carludovica palmata, Rui e Pavon – (vulgarmente chamados do Chile), julga-se por isso habilitado a proceder a quaisquer análises de adubos, terras ou de qualquer produto agrícola que desejarem os Srs. Fazendeiros, na certeza de que seus pedidos serão satisfeitos com prontidão; assim também que se acha o estabelecimento preparado para ministrar as informações que forem exigidas concernentes às questões práticas da lavoura, inclusive a notícia sobre as máquinas e instrumentos mais aperfeiçoados.

Nas suas oficinas preparam-se arados, grades, etc., que são cedidos a preços razoáveis.

Toda a correspondência será dirigida ao Sr. Dr. Carlos Glasl, diretor da Fazenda Normal, do Jardim Botânico.[136]

Ainda na *Revista Agrícola*, também em 1874, outro anúncio informava sobre o Asilo Agrícola e os procedimentos para acolhimento de órfãos, pois além dos meninos provenientes da Santa Casa de Misericórdia, o estabelecimento de ensino passara a admitir filhos de agregados das fazendas, desde que encaminhados pelos proprietários rurais:

136 *Revista Agrícola*, v. 5, n. 1, p. 49-50, 1874.

ASYLO AGRICOLA

ESCHOLA PRATICA DE AGRICULTURA

Situada na estrada do Jardim Botanico

(Antiga fabrica de salitre)

Esta eschola, creada para meninos orphãos, tendo ainda alguns logares vagos, que deverão ser preenchidos por filhos dos aggregados das fazendas desta provincia : os fazendeiros que os quizerem enviar entender-se-hão previamente por escripto com o Delegado morador nesta cidade á Ladeira do Faria n. 6.

As vantagens que o Asylo Agricola offerece são as seguintes : Os meninos desde o momento da sua entrada ficão considerados filhos do estabelecimento, e collocados sob a sua immediata protecção e direcção e com direito, sem despeza alguma, a sustento, vestuario, enfermaria e instrucção primaria, religiosa, gymnastica, domestica e agricola, elementos preciso para preparar bons cidadãos e intelligentes operarios ruraes.

Para ser admittido é necessario :

Ser orphão e ter de 8 a 10 annos de idade.

Que o tutor ou pessoa que estiver encarregado do menino assigne termo pelo qual se obrigue a deixal-o no Asylo até a idade da emancipação legal.

Attestado de medico sobre o seu bom estado de saude e sua certidão de idade.

Não serão admittidos os que não forem vaccinados com bom exito e os que não tiverem robustez necessaria para os trabolhos ruraes.

Por que apenas em 1874 o órgão oficial do IIFA dirigiu-se diretamente ao público para divulgar as atividades do Asilo Agrícola e da Fazenda Normal? Note-se que, nesse ano, era redator interino da *Revista Agrícola* Joaquim Antonio de Azevedo,[137] que pode ter procurado estabelecer uma maior conexão entre a publicação e o instituto. De todo modo, o episódio único indica que o presidente do IIFA, de certa maneira, evitava colocar a instituição em evidência fora do círculo do governo, e Miguel Antonio da Silva concordava com ele, ou ao menos não o contrariava. Assim, posteriormente, as notícias sobre as atividades do IIFA foram publicadas apenas formalmente nas atas das sessões de diretoria até 1876 e, durante os 31 anos da instituição, nos relatórios ministeriais.

Um episódio ocorrido em 1871 ilustra as dificuldades da diretoria do IIFA em se opor às ordens de Couto Ferraz. Em reunião presidida pelo barão de Três Barras[138] em lugar do presidente do instituto, que se encontrava na Europa, e na presença do conde d'Eu, tratou-se de um abono pecuniário ao agente e ao porteiro da instituição, devido ao aumento de trabalho de ambos.[139] Couto Ferraz deixara uma carta comunicando sua promessa aos funcionários e o barão de Três Barras submeteu a decisão à aprovação da diretoria, sugerindo que o acordo fosse honrado. Todos os 10 membros presentes se calaram. No momento da votação, o secretário Sebastião Ferreira Soares pediu a palavra e advertiu que acatava contrariado a orientação de Couto Ferraz. Argumentou que, ao contrário, o trabalho de um dos agentes fora reduzido, já que a compra de víveres e outros itens haviam sido delegados ao diretor da Fazenda Nacional e Asilo Agrícola. Ademais, não havia verba destinada para os abonos em questão e seria preciso recorrer à votação da assembleia. Joaquim Antonio de Azevedo, então delegado de Couto Ferraz no Asilo Agrícola, tomou a palavra "somente para fazer um protesto contra as ideias de censura que o Sr. secretário parecia dirigir ao Sr. barão do Bom Retiro em sua ausência, nunca se animando a fazê-lo em sua presença".[140] Azevedo defendeu o presidente do IIFA, no que foi seguido por Ladislau, que afirmou ser testemunha do grande volume de trabalho dos tais funcionários e saber que haveria uma sobra de dinheiro do Asilo Agrícola que permitiria pagar a gratificação sem que fosse necessário convocar uma assembleia. Soares reagiu raivosamente à acusação insinuada de deslealdade e, depois de diversos apartes, o barão de Três Barras colocou em votação a questão dividindo-a em duas. A primeira concernia ao pagamento da gratificação conforme a promessa de Couto Ferraz, para o qual sete votos foram favoráveis. A segunda votou se

---

137 Joaquim Antonio de Azevedo (1819-1878) não possuía formação superior, mas atuou de diversas formas em prol dos conhecimentos científicos e também publicou artigos em periódicos. Além de membro do IIFA, era sócio da Sain e secretário-geral da Sociedade Brasileira de Aclimação. Em 1871, durante a viagem de Couto Ferraz à Europa, Azevedo foi seu delegado no Asilo Agrícola, ficando responsável pela administração do estabelecimento. Três anos depois, assumiu interinamente a redação da *Revista Agrícola* durante a viagem do redator.

138 José Ildefonso de Sousa Ramos (1812-1883).

139 Ata da 61ª sessão de reunião de diretoria, de 28/7/1871.

140 Ibid., p. CLXXIII.

seria necessário submeter a decisão à aprovação do Conselho Fiscal, da assembleia e, por fim, do governo imperial; a proposta foi rejeitada, embora tenham sido a ela favoráveis José Pedro Dias de Carvalho, José Duarte Galvão Júnior e Sebastião Ferreira Soares.

O episódio mostra como Couto Ferraz agia de forma isolada nas decisões do IIFA: prometeu gratificar os funcionários sem consultar a diretoria e tampouco o secretário-geral. Ausente, após ter empenhado sua palavra aos funcionários, teve sua decisão submetida à aprovação da diretoria. Constata-se também que as ações de Couto Ferraz não gozavam de unanimidade na direção do IIFA. Decerto, ao ser inteirado das divergências, o presidente optou por evitar expor suas decisões e projetos à diretoria, assembleia e governo, para não correr o risco de vê-los reprovados. O fato é que ele participou de apenas mais uma reunião, em 1874, e não compareceu à última sessão, de 1876, pois se encontrava em viagem ao exterior com o imperador.

Lembremo-nos de que Couto Ferraz havia passado 10 meses na Europa, entre maio de 1871 e março de 1872, onde vira muitas novidades nos jardins botânicos, sobretudo em Kew Gardens. Seu entusiasmo pode ser verificado no relatório ao Macop, de 1872, no qual iniciou uma "campanha" para convencer o governo da necessidade de agregar novos projetos ao IIFA, como a criação do Museu Industrial, do Jardim Zoológico e da Escola de Veterinária e Silvicultura. A tarefa não lhe parecia ser fácil, conforme desabafou em cartas a Pedro II:

> Sabe-se, porém, qual a dificuldade que há entre nós em se obterem certas coisas. Não se crê, ou figura-se não acreditar em nada que tenha relação com certos melhoramentos. Haja visto o que acontece com o nosso Instituto – e quanta vigilância é preciso para evitar a tempo os golpes, que lhe atiram quando menos se pensa. O mesmo dá-se com o jardim zoológico, reorganizar o sistema florestal, escola de veterinária, fibras vegetais, e outras coisas, apesar de eu haver prometido ao Itaúna, o qual estava sinceramente desperto a promover esses melhoramentos, tomar a mim os respectivos projetos, e incumbir-me gratuitamente da superintendência dos novos estabelecimentos – ou diretamente, ou por meio de delegados meus, também gratuito [...].[141]

É difícil saber se o objetivo de Couto Ferraz, com os novos estabelecimentos que propôs para o IIFA, era apenas ampliar a atuação institucional ou se tentava também amenizar os "golpes" – conforme denominava – contra si e o instituto que presidia. De todo modo, percebem-se semelhanças entre esses projetos e a proposta da ABA, de im-

---

141 Carta de Couto Ferraz a Pedro II, em 26/6/1873 (Museu Imperial, Arquivo Histórico, Arquivo POB, maço 167, doc. 7.712). Quanto ao mencionado Itaúna, possivelmente o presidente do IIFA refira-se ao senador Cândido Borges Monteiro, visconde de Itaúna, que em 1872 fora ministro do Macop durante seis meses.

plantar no Jardim Botânico e, em terrenos a ele adjacentes, atividades como aclimatação de plantas e animais. Couto Ferraz registrou, no relatório de 1873, a intenção de criar um zoológico, mas ressaltou: "não é um estabelecimento de aclimação de animais exóticos, e por isso nada implica, nem importa duplicata com o que patrioticamente pretende fundar a Sociedade de Aclimação, da qual me prezo de ser membro".[142]

Enfim, no que parece ter sido uma disputa entre ABA e IIFA, Couto Ferraz conseguiu que a instituição que presidia permanecesse com o Jardim Botânico e seus terrenos. Teve o cuidado de agir de forma discreta e sem confrontos, mas pesaram a seu favor o apoio "dissimulado" do imperador e seu prestígio junto a membros destacados do governo e da política, conforme nos indica sua carta a Pedro II:

> Apesar de muita chuva que hoje houve durante todo o dia no Jardim, acompanhado de grande umidade, que fez agravar-se a minha bronquite – lá estiveram os meus três colegas Sinimbu, Pompeu e Saraiva. Vimos e observamos tudo minuciosamente. Mostraram-se satisfeitos e admirados. Não faziam ideia do estado de adiantamento dos diversos estabelecimentos; e por muitas vezes repetiram que *uma coisa é ver e outra ouvir dizer*. Gostaram muito da ideia do Jardim Zoológico, e não menos de saberem que estou disposto (se V.M.I. como sempre Tem Feito me Ajudar) a por todo mês de setembro fazer começar a construção do edifício para o Museu Industrial e Agrícola que desejo fundar na Fazenda Normal. E quando ouviram-me dar ordem a Glasl para organizar o orçamento da importância de 4 salas para aquele fim – prometeram ajudar-me.[143]

Entretanto, após 1874, a vida societária do IIFA praticamente finalizou. Estranhamente, personagens que antes eram participativos nas reuniões e comissões se "ocultaram" ou foram "ocultados", a exemplo de Joaquim Antônio de Azevedo, de quem a *Revista Agrícola* nem sequer publicou um obituário por ocasião de seu falecimento (1878), embora tivesse sido membro assíduo nas reuniões de diretoria, delegado de Couto Ferraz no Asilo Agrícola (1871) e redator interino do periódico (1874). Já em *O Auxiliador*, Nicolau Joaquim Moreira publicou um "elogio" de oito páginas a Joaquim Antônio Azevedo (Moreira, 1880a:5-13).

---

142 Relatório do Macop, de 1873, anexo B, p. 6.
143 Carta de Bom Retiro a Pedro II, de 21/8/1873, p. 1. (Museu Imperial, Arquivo Histórico, Arquivo POB, maço 167, doc. 7.712, grifos e maiúsculas do original). Pela ordem de citação, Bom Retiro refere-se a João Lins Vieira Cansanção de Sinimbu (1810-1906), visconde de Sinimbu, senador do Império, que fora ministro da Agricultura em 1862; Tomás Pompeu de Sousa Brasil (1818-1877), senador; e José Antônio Saraiva (1823-1895), também senador, além de ministro em várias pastas de diferentes gabinetes.

Voltemos às atividades do IIFA. Apesar de o café ter sido, na segunda metade do século XIX, principal produto da economia agroexportadora do país, na Fazenda Normal a cana-de-açúcar teve o maior investimento em experimentações de espécies e variedades.[144] Essas experiências foram relatadas na *Revista Agrícola* e resultaram em ampla distribuição de mudas para as fazendas, sobretudo nas províncias fluminense e baiana. Porém inúmeras outras culturas foram experimentadas na fazenda, como informava, em 1886, o diretor Nicolau Joaquim Moreira, em relatório ao Macop:

> Continua a Fazenda Normal a entregar-se à cultura das diversas espécies de plantas econômicas, dando preferência às que são mais procuradas pelos lavradores como sejam — cana-de-açúcar, o algodão, o fumo, a mandioca, o aipim, a araruta, o cacau, o café, a baunilha etc...
>
> Não se limita, porém, a Fazenda Normal à cultura única dos vegetais que constituem a base da lavoura nacional, aclima e propaga também o teosinto, a juta, a rami, a vinha, a amoreira, o sorgo, o painço, o cautchu, o chá, o mate e muitas outras plantas de valor industrial, quer exóticas, quer indígenas.[145]

O IIFA também participou da rede de intercâmbios internacionais de sementes e mudas de plantas, principalmente com os jardins botânicos de Paris, ilhas Maurício e da Reunião, Java, Melbourne, Londres (Kew Gardens), Pisa e Hamburgo. É interessante observar que, enquanto no Brasil o IIFA era pouco conhecido e pouco ou quase nada se fazia para reverter tal situação, em relação ao exterior havia uma preocupação constante em divulgar as atividades da instituição, a exemplo da participação em exposições internacionais e nacionais, nas quais os produtos expostos receberam diversas medalhas.

Não constam informações, na documentação administrativa do IIFA, sobre as espécies de plantas priorizadas nos intercâmbios com instituições estrangeiras, tampouco sobre as plantações que se intentava implementar a curto, médio e longo prazos na Fazenda Normal. A ausência de tais dados permite inferir que as decisões eram tomadas conforme demandas, ou seja, à medida que chegavam doações de fazendeiros interessados em experiências de determinadas culturas, por motivos próprios. Constata-se, nos relatórios ministeriais, que a instituição buscava atender às conveniências do doador, muitas vezes um destacado personagem do Império. No entanto, também foi possível perceber certa margem de negociação que permitia responder às solicitações políticas ao

---

144 Uso o termo "variedade" como conceito botânico de *plantas* modificadas. Na hierarquia taxonômica, a variedade situa-se entre a espécie (ou a subespécie) e a forma (Font Quer, 1975). No caso, a busca por variedades de plantas de uma espécie tinha por fim propiciar o aumento da produtividade ou a melhoria de sabor, aspecto, validade do vegetal para consumo e outros.
145 Relatório do Macop, de 1886, anexo D, p. 16.

mesmo tempo que se atendia aos objetivos institucionais de levar a efeito uma lavoura experimental de base científica. Assim, verifica-se, na Fazenda Normal, a implantação de critérios técnico-científicos na seleção das culturas, traduzidos em escolha da semente e/ ou muda, terreno apropriado para o cultivo, preparação do solo com adubos indicados, transplantação do vegetal, época correta da colheita e, por fim, melhores formas de armazenagem e transporte dos produtos. Essas eram etapas importantes a serem observadas e analisadas, conforme afirmou o diretor da Fazenda Normal, Nicolau J. Moreira, em 1885:

> Na Fazenda Normal não se procede a cultura alguma sem medir-se a área a cultivar, examinando-se ao mesmo tempo a natureza física e química do solo, sistema de cultura a seguir, a qualidade e a proporção da semente, época da plantação, desenvolvimento da planta, florescência, frutificação e produção, terminando pela análise do produto, tanto da quantidade como na qualidade de seus elementos constitutivos.[146]

O IIFA construiu três viveiros de grande porte no terreno do Jardim Botânico. Segundo os relatórios anuais enviados ao Ministério da Agricultura, poucas nações possuíam extensão e diversidade de vegetais comparáveis ao exemplar brasileiro. Em 100 mil metros quadrados, produziam-se anualmente cerca de 350 mil plantas,[147] que não só abasteciam grandes lavouras como também eram usadas na ornamentação de praças e ruas públicas e em reflorestamentos, como o da Floresta da Tijuca. De fato, pode-se confirmar a grande quantidade de mudas quando a comparamos com as 95 mil mudas plantadas para formar a Floresta da Tijuca, em 25 anos (Pádua, 2002:220).

Os viveiros produziam, em quantidade e diversidade, espécies de cana-de-açúcar, café, fumo, mandioca, quina, milho, melão, lúpulo, batatas, feijão, algodão, inúmeras forrageiras, bombonaça e muitas outras. Nos viveiros também se reproduziam árvores de madeira de lei e outras, com intuito de incentivar a formação de florestas para exploração de madeira. As sementes e mudas produzidas eram, em grande parte, distribuídas gratuitamente, e isso era divulgado nos periódicos de maior circulação. Por essa razão, Couto Ferraz argumentava que o instituto gerava uma economia ao Estado, o que justificava a subvenção que recebia do governo.[148]

O Laboratório Químico, criado juntamente com a Fazenda Normal, foi equipado inicialmente com instrumentos e materiais trazidos da Europa por Glasl, destinados sobretudo à análise de solos, plantas e raízes. Também buscava "através de experiências, os

---

146 Relatório do Macop, de 1885, apenso, p. 7.
147 Relatório do Macop, de 1877, p. 7.
148 Ibid., p. 7.

preservativos mais eficazes para a conservação do milho, feijão, arroz e outros produtos mais suscetíveis de se deterioração em curto espaço de tempo".[149] Com o passar dos anos, o laboratório assumiu outras tarefas, como as observações meteorológicas, publicadas diariamente no jornal *O Globo*, do Rio de Janeiro, juntamente com as do Observatório Astronômico. A esse respeito, ressalte-se a então crescente utilização da meteorologia agrícola como ciência auxiliar para a compreensão dos fenômenos da atmosfera terrestre e sua influência nos vegetais – tanto em tempo real quanto em tempo futuro –, no sentido de orientar os produtores rurais no planejamento das atividades agrícolas.

O primeiro químico do IIFA, A. Krauss, permaneceu cerca de seis anos no Brasil e, findo o contrato de trabalho, retornou à Áustria.[150] Optou-se então por contratar outro estrangeiro para o cargo, o alemão Daniel Henninger (1851-1928). Natural de Frankfurt, esse químico formara-se na França e era ainda um jovem de 20 anos quando veio trabalhar no instituto, em 1872.[151] Cinco anos depois se demitiria, devido a uma oferta de emprego no Nordeste. Tempos depois ingressou por concurso na Escola Politécnica e ali dedicou-se ao magistério e à pesquisa até sua morte. Ao que tudo indica, tornou-se um químico reconhecido no país, tendo participado da criação da Academia Brasileira de Ciências, da qual foi vice-presidente no segundo mandato de Juliano Moreira.[152]

Em 1880, Otto Linger assumiu o Laboratório de Química do IIFA e ali permaneceu até o fim da instituição. Não me foi possível obter dados biográficos dele, mas documentos indicam que Linger era amigo de Guilherme Capanema e que ambos tentaram dar uma escala comercial à indústria serícola, inclusive com experimentações com a seda indígena (Capanema, 1870a:58). A *Revista Agrícola* noticiou apresentação de Capanema acerca dessa seda "produzida pelo Dr. Otto Linger em seu estabelecimento na colônia do Rio Novo". Nela, Capanema mostrava as vantagens do bicho-da-seda importado sobre o existente no Brasil,[153] porque o primeiro se alimentava de diversas plantas que aqui cresciam espontaneamente, como a mamona, o rícino e o cedro.

Possivelmente a contratação de Linger foi intermediada e facilitada por Capanema. O imperador conhecia o químico e sabia dos seus trabalhos, como o demonstra a carta que Pedro II recebeu de Capanema, em 1871, em que Linger é mencionado sem apresentações:

---

149 Relatório do Macop, de 1874, p. 5.
150 Acerca do trabalho de A. Krauss sobre a moléstia da cana-de-açúcar, ver capítulo 4.
151 Agradeço a Cristiana Maria Vasconcellos Goulart do Amarante pelo empenho em coletar informações e fotocopiar os documentos sob a guarda da família de Daniel Henninger, com objetivo único de me auxiliar.
152 Sítio da Academia Brasileira de Ciências. Disponível em: <www.abc.org.br>. Acesso em 21 set. 2009.
153 O *Saturnia aurota* era considerado o bicho-da-seda brasileiro; mais tarde, verificou-se ser o *Attacus aurota* ou *Attacus saturnia aurota* (Capillé, 2010:58).

Senhor,

Venho implorar a proteção de V.M.I. a favor do dr. Linger. [No trecho seguinte, Capanema argumenta que o governo não estava cumprindo a sua parte no contrato com o químico.]

Se o governo continuar com esse sistema, Linger não irá avante, perdendo não só o dinheiro do governo como o próprio e ainda mais o precioso tempo com que foi atrasado pelas chicanas filhas da ignorância.

Se se tratasse de algum especulador como Tavares, centenas de contos se gastariam, porém o modesto sábio que deu provas de as atividades e de suas habilitações, só encontra obstáculos.[154]

Na Fazenda Normal havia oficinas de construção de máquinas e instrumentos agrícolas. Seus objetivos eram difundir as vantagens da mecânica agrícola em relação ao trabalho braçal; promover a "modernidade" na lavoura e, ao mesmo tempo, prover o país de autonomia diante do alto custo das importações. A construção de equipamentos agrícolas visava colocar à disposição dos fazendeiros produtos a preço acessível e com manutenção garantida, e também gerar renda para o IIFA.

As queixas de falta de verba para fomentar os projetos eram constantes nos documentos oficiais. Ao solicitar ao governo um aumento da dotação orçamentária para o IIFA, argumentava-se que, no futuro, a instituição alcançaria independência econômica com a venda dos equipamentos agrícolas, mudas de plantas, chapéus confeccionados na fábrica e outros produtos. Contudo, com o passar dos anos, a independência econômica não se tornou realidade, mas não escassearam os pedidos por mais verba.

Voltemos ao Jardim Botânico. Apesar de ali não terem se instalado um herbário, uma biblioteca e tampouco um museu, constata-se, por artigo da *Revista Agrícola* sobre a utilidade dos jardins botânicos, que o autor (possivelmente o editor, Miguel Antonio da Silva) tinha conhecimento da concepção de um jardim botânico "completo", o qual, em suas palavras, deveria ser um "laboratório de ciência dos vegetais" (Silva, 1879:55). Discorre, com domínio do assunto:

[...] um herbário, várias coleções e uma biblioteca especial formam o complemento obrigatório de um jardim botânico.

O herbário recebe as amostras à proporção que florescem e frutificam os vegetais do jardim. Se por acaso desaparece a planta, fica a amostra, e o botânico pode ainda analisar a maior parte dos órgãos essenciais que servem para caracterizar e classificar a espécie.

---

154 Carta de Capanema a Pedro II em 29/04/1871 (Museu Imperial, Arquivo Histórico, Arquivo POB, maço 160, documento 7.411).

Sem a biblioteca, tão completa quanto possível, prestaria o herbário pouco serviço: para determinar uma planta, isto é, achar o nome que lhe pertence ou convém e assinar-lhe lugar na série vegetal, é preciso compará-la diretamente com as figuras e as descrições da mesma planta ou das análogas; por isso o número de obras que se torna necessário consultar é, às vezes, considerável.

A ciência botânica reclama também de coleções de madeiras, de frutas, sementes, fibras, gomas, resinas e outros produtos vegetais [Da utilidade dos jardins botânicos, 1879:55-56].

Depois de descrever o "complemento obrigatório" de um jardim botânico, o autor aborda o Jardim Botânico da Corte. Além de ressaltar o trabalho dos viveiros e sua utilidade, informa que o herbário, que estava sendo organizado com "amostras de todas as plantas que florescem e frutificam no Jardim Botânico e seus anexos" (Da utilidade dos jardins botânicos, 1879:57), deveria entrar em atividade quando o prédio do Museu Industrial estivesse concluído. Segundo o autor, a biblioteca contava com 188 volumes e futuramente funcionaria juntamente com o herbário. Pelo artigo, percebe-se que o projeto de construção do Museu Industrial abarcava também a instalação de herbário e biblioteca, o que equipararia o Jardim Botânico aos seus análogos europeus, referidos por Caminhoá em seu relatório de 1874.

Nicolau Joaquim Moreira corroborava Miguel Antônio da Silva e, em seu primeiro relatório ao presidente do IIFA como diretor do Jardim Botânico, do Asilo Agrícola e da Fazenda Normal, em 1884, mostrava-se orgulhoso da importância do jardim e da sua valorização pela sociedade:

> O Jardim Botânico continua a ser o local preferido por nacionais e estrangeiros que desejam fruir, por algumas horas, prazeres campestres, respirar ar puro e vivificador, e admirar, em extenso panorama, a pujança da vegetação brasileira. [...]
>
> Não são unicamente indivíduos isolados e famílias que frequentam o jardim botânico: associações importantes prestam-lhe também a honra de suas visitas. Assim foi que, em homenagem à chegada de sua alteza o príncipe da Prússia, a colônia alemã deu no jardim, a 19 de agosto, um lauto banquete, seguido de música, canto, ginástica e dança, reinando a melhor ordem possível na reunião, que contava com mais de 2.000 pessoas, entre convidados e curiosos.[155]

---

155   Relatório ao ministro do Macop. *Revista Agrícola*, Rio de Janeiro, v. 15, n. 1, p. 123, 1884.

Entretanto, no mesmo relatório, Moreira ponderava sobre o que deveria ser implementado no Jardim Botânico, "para justificar o valor do adjetivo que o qualifica, como ainda nivelar-se com os seus congêneres europeus e americanos". Reivindicava a conclusão do Museu Industrial e do catálogo científico da flora do jardim e finalizava:

> Deste modo, Exmo. Sr., desvaneceremos a triste ideia que muitos dos nossos patrícios, aliás ilustrados, fazem do Jardim Botânico, acreditando-o apenas constituído pelo grande salão de bambus, onde fazem os piqueniques e pela extensa rua de palmeiras. As quais pela sua altura afrontam o olhar dos visitantes.[156]

Miguel Antonio da Silva e Nicolau J. Moreira estavam cientes de que o Jardim Botânico deveria ir além da visitação pública. Ambos pertenciam ao grupo de homens das ciências da Corte, por certo insatisfeitos com o modelo que priorizava o lazer. Vislumbravam a potencialidade científica do estabelecimento quando herbário, biblioteca e museu estivessem funcionando a contento.

Ao assumir a redação da *Revista Agrícola* e, mais tarde, a direção do Jardim Botânico, da Fazenda Normal e do Asilo Agrícola, pode-se supor que Moreira quisesse implantar mudanças. Seus propósitos, porém, não lograram êxito, e a intenção de tornar a instituição semelhante às dos países "civilizados" esbarrou em escassos recursos, que restringiram os projetos e provocaram insatisfações e críticas.

Em relatório de 1885 ao presidente do IIFA, Moreira propôs mudanças no Jardim Botânico, novamente sob o argumento de que elas seriam necessárias para que se alcançasse o "desenvolvimento compatível com os progressos do país e os reclamos da civilização". Reclamava para a instituição a função de uma "escola prática de História Natural e um quadro científico de nossa opulenta vegetação". Lembrava que os estrangeiros que chegavam à Corte, para visitar ou fixar residência, teciam numerosos elogios ao Jardim Botânico. Como exemplo, transcrevia as impressões de um deles: "É impossível imitar em parte alguma este Jardim, porque não é possível reproduzir o luxo da vegetação tropical, verdadeiro transbordamento de uma vida vegetal que se nota na natureza deste país".[157] Comentava que tais palavras deixavam os brasileiros orgulhosos, porém gostaria que os estrangeiros, além de tecer louvores ao Jardim Botânico,

> [...] acrescentassem as seguintes frases: "E de par com a exuberante flora do Jardim Botânico se achavam o herbário, suas coleções carpológicas,

---

156 Relatório ao ministro do Macop. *Revista Agrícola*, Rio de Janeiro, v. 15, n. 1, p. 124, 1884.
157 Relatório do IIFA ao Macop, 1885, anexo, p. 3-4.

seu Museu, sua Biblioteca e o catálogo científico das preciosidades vegetais daquela circunscrição".

Não o fizeram nem o podiam fazer, Exm. Sr., porque não encontraram esse tesouro, filho unicamente do esforço, do trabalho e da inteligência humana.[158]

Para o cientista, a admiração daquilo que a natureza proporcionava deveria ser motivo de grande satisfação, porém não dignificava os técnicos e os cientistas brasileiros, nem a ciência que aqui se fazia.

Nicolau J. Moreira acompanhava com entusiasmo a ciência na Europa e nos EUA. Seu discurso permite inferir que ele entendia que a construção de laboratórios e similares mostraria de forma mais contundente que no Jardim Botânico se fazia ciência. Seu propósito era conferir autoridade, *status* e credibilidade científica ao estabelecimento, como aponta Robert Kohler:

> O que mudou a lógica do local foi o laboratório moderno: uma característica modesta do cenário da ciência nos idos de 1840 era, em 1900 ,a única dominante. Os laboratórios modernos não são locais emprestados mas seu próprio local criado especialmente para seus habitantes [...] É essa qualidade espacial singular que dá ao conhecimento produzido em laboratório sua credibilidade. A simplicidade e uniformidade dos laboratórios ajudam a garantir que as experiências acabem sendo as mesmas, não importa onde tenham sido feitas, que é um dos principais motivos porque nós acreditamos mais na experiência do que em outras formas de conhecimento [...] [Kohler, 2002b:191, tradução livre].

A relevância que Moreira atribui aos novos estabelecimentos no Jardim Botânico – escola de história natural, herbário, biblioteca, entre outros – parece corroborar a afirmação de Kohler quanto ao movimento dos cientistas de campo em adequar seus locais de pesquisa a espaços "semelhantes" a um laboratório, de modo que a objetividade se fizesse presente pelas mesmas regras de procedimentos e comprovação.

Segundo Kohler, para o senso comum a presença de um ator social vestindo jaleco branco e manuseando instrumentos de precisão em locais assépticos e apenas acessíveis a credenciados é "garantia simbólica de credibilidade" (Kohler, 2002b:193). Considerando isso, pode-se constatar ter sido acertada a decisão de Moreira em transferir o Laboratório

---

158   Relatório do IIFA ao Macop, 1885, anexo.

Químico do IIFA para a área de visitação do Jardim Botânico, pois propiciou visibilidade às "reconhecidas" atividades técnico-científicas. O diretor defendeu a transferência do laboratório "não só para poder ser facilmente visitado como também para que os trabalhos se verifiquem sob a inspeção do diretor".[159]

Também ajuda a esclarecer as posições de Moreira o artigo de Rosenberg sobre a formação da pesquisa agrícola americana. O autor sustenta que, na segunda metade do século XIX, gozando a "ciência pura" de mais *status* que a "ciência prática", os cientistas agrícolas defenderam a interdependência entre ambas para justificar a construção de estações experimentais em lugar de fazendas-modelo. Indica também que, nessas estações, a "ciência pura" seria "orientada de maneira laboratorial". Rosenberg destaca a situação contraditória em que se encontravam os cientistas agrícolas: por um lado, deviam apresentar, a governo e fazendeiros, resultados provenientes da "ciência aplicada"; por outro, vivenciavam o universo científico, onde a "ciência pura" era mais valorizada (Rosenberg, 1977:402-403).

Por outro lado, para legitimar junto à comunidade científica internacional os trabalhos que realizava no IIFA, Nicolau Joaquim Moreira reivindicava a criação de espaços que demonstrassem que ali se podia fazer "ciência pura". Em relatório de 1885, apresentava o Jardim Botânico como lócus de ciência e não apenas como um parque ornado por espécies de belas e exóticas plantas brasileiras. As plantações experimentais da Fazenda Normal, apesar de situadas em terrenos adjacentes ao Jardim, não suscitavam o apreço da população urbana nem permitiam a percepção das suas diferenças em relação às lavouras das áreas rurais. Já o Laboratório Químico, com seus instrumentos e reagentes manipulados por homens da ciência, imprimia uma imagem "verdadeiramente" científica à instituição.

Passemos agora para a atuação de outro estabelecimento do IIFA nessa segunda fase da instituição: o Asilo Agrícola. Desde sua criação em 1869, afirmava-se que suas instalações eram provisórias devido à insalubridade e à impropriedade. Sua transferência para a Fazenda do Macaco,[160] em área contígua ao Jardim Botânico, começou a ser negociada com o governo na década de 1870, mas só se efetivou em 1884, tendo sido Couto Ferraz o principal responsável por isso. Para minorar os problemas causados pela distância entre aquela fazenda e o Jardim Botânico, foram construídos dois quilômetros de linha férrea de bitola estreita, que os interligava.

A inauguração da nova sede do Asilo Agrícola se deu com a presença do imperador, membros do governo, intelectuais e imprensa. O discurso principal foi pronunciado por Nicolau Joaquim Moreira, que qualificou a trajetória do Asilo Agrícola como

---

159 Relatório do Macop, de 1885, anexo, p. 8.
160 A Fazenda do Macaco situava-se em área incorporada ao Jardim Botânico e nela passou a funcionar o Asilo Agrícola em 1883. Atualmente funciona, no local, a Escola Nacional de Botânica Tropical do Jardim Botânico do Rio de Janeiro, e seu prédio é conhecido como Solar da Imperatriz, no bairro do Horto.

"tíbia e lenta", porém sem que os "desamparados" deixassem de ser atendidos. Ao referir-se ao ensino, enfatizou ser este "essencialmente prático e elementarmente teórico", e esclareceu não se tratar de uma escola de agricultura, uma vez que não formava agrônomos, mas sim de um estabelecimento que buscava "amparar o órfão desvalido e esforçar-se por todos os modos para que nos estabelecimentos rurais do país o homem-máquina seja substituído pelo operário inteligente, e o administrador boçal pelo verdadeiro regente de fazenda" (Moreira, 1884:182).

O discurso de Moreira seguiu com críticas à escravidão, coivara, derrubada de florestas, uso do machado e enxada, empobrecimento do solo, "extravagante ideia do cansaço das terras" e, por fim, monocultura. Expressava ali as ideias de intelectuais que condenavam a falta de conhecimentos e de informações "corretas" sobre a lavoura, a serem fornecidos pelas ciências: "Compreenderemos não ser a agricultura uma indústria puramente manual, pois que, além da arte, pelas regras que prescreve, assume ainda os foros de ciência, pelos princípios gerais que deduz do exame comparativo dos fatos" (Moreira, 1884:183).

Lembremo-nos de que Nicolau Joaquim Moreira assumira, no ano anterior, a direção da Fazenda Normal, do Jardim Botânico e do Asilo Agrícola, após o falecimento de Carlos Glasl, além de prosseguir no cargo de editor da *Revista Agrícola*, que ocupava desde 1879. O IIFA encontrava-se, naquele momento, sob sua responsabilidade, e seu discurso indicava novos rumos não apenas para o Asilo Agrícola, mas para todo o instituto.

As instalações recém-inauguradas do asilo se resumiam a uma casa principal, com 15 janelas e duas portas largas, capela, biblioteca com cerca de 400 livros de instrução primária e conhecimentos agrícolas e dormitório para 40 alunos, entre outras. Anexas ao prédio ficavam as estrebarias, a manjedoura, o estábulo e um espaço para atividades físicas dos meninos.[161] O Asilo Agrícola funcionou com uma média de 20 alunos e, com sua mudança para a Fazenda do Macaco, chegou a ter 50 deles. Na nova área ampliaram-se suas atividades, entre elas a criação de porcos, bois, bicho-da-seda e diversas aves.

O Asilo Agrícola buscou atingir três objetivos: abrigar órfãos da Santa Casa; proporcionar educação formal de português, matemática e ciências a meninos com idades distintas (de 10 a 18 anos) e diferentes níveis de conhecimento; e ensinar tarefas relativas à vida no campo. Quanto a este último, é preciso considerar sua difícil execução numa localidade situada em centro urbano, com hábitos e estilos de vida muito diversos daqueles que se buscavam implantar no estabelecimento. Havia uma preocupação de oferecer aulas lúdicas, como as de música e ginástica, além do ensino de religião. Os meninos

---

161 Descrição do Asilo Agrícola na Fazenda do Macaco. *Revista Agrícola*, Rio de Janeiro, v. 15, n. 2, p. 185-190, 1884.

aprendiam o uso de máquinas e instrumentos agrícolas, lidavam com criação de animais de utilidade alimentar e também frequentavam as oficinas de marcenaria e de ferraria da Fazenda Normal. Nesta se realizava a instrução prática; em suas lavouras os meninos do Asilo Agrícola aprendiam os misteres da agronomia.

Do ponto de vista de serventia à agricultura, ou seja, de qualidade de solo, clima e altitude, a escolha da área para a implantação do Asilo Agrícola parece ter sido equivocada. Nicolau Joaquim Moreira, que dirigiu o estabelecimento entre 1883 e 1887, atribuía à inadequação do local as dificuldades no desenvolvimento de determinadas lavouras, argumentando que o solo era desfavorável e as chuvas que escoavam das montanhas prejudicavam as plantações. Mais uma vez, percebe-se que a decisão de implantar os estabelecimentos do IIFA nas imediações do Jardim Botânico foi um ponto controverso e de tempos em tempos relembrado, mas nada se fez para mudar isso. No caso do Asilo Agrícola, sua transferência para a Fazenda do Macaco tardou anos, e as fontes não acusam qualquer intenção de mudá-lo para um local mais apropriado do ponto de vista agrícola. Tampouco críticas sobre aquele espaço são registradas, ao menos até o falecimento de Couto Ferraz.

Quais teriam sido os motivos que levaram o IIFA a escolher os órfãos como público-alvo para implementar a tão almejada educação agrícola, acrescentando ao seu objetivo inicial – formar indivíduos para o trabalho da agricultura –, a missão de prestar assistência aos "desamparados"?

Estudos sobre a história da proteção aos desvalidos apontam que, a partir de 1870, teve início o processo de intervenção do Estado em atividades e setores até então ocupados, sobretudo, por instituições religiosas (Schueler, 2000; Martins, 2004), a exemplo da fundação da Associação Protetora da Infância Desvalida, em 1872, e da Associação Protetora da Infância Desamparada, em 1883 (Martins, 2004:40). No entanto, o atrelamento do ensino primário à assistência aos desvalidos iniciou-se em 1854, com um projeto do próprio Couto Ferraz – então ministro do Império –, embora só tenha sido efetivamente aprovado em 1874. A esse respeito, Martins (2004:26) observa:

> Vale dizer que uma das primeiras medidas relevantes no campo da instrução pública no Brasil ocorreu em 1854 no gabinete do Visconde de Paraná. O Ministro e Secretário dos Negócios do Império, Luís Couto Ferraz, elaborou um regulamento para a reforma do ensino primário e secundário destinado ao município da Corte que previa mudanças desde os aspectos materiais, como a construção de escolas de primeiro grau, incluindo neste projeto a criação de um asilo para a infância desvalida, e a criação de escolas normais a fim de garantir a preparação do corpo docente.

Com efeito, observando-se a trajetória de Couto Ferraz compreende-se seu propó-sito de implantar no IIFA o Asilo Agrícola, voltado para abrigar órfãos da Santa Casa de Misericórdia. Como presidente da província do Rio de Janeiro e como ministro, ele realizara importantes intervenções na área educacional: reformas de ensino da instrução primária e secundária no município da Corte, assim como nas faculdades de direito de São Paulo e Olinda, das escolas de medicina do Rio e da Bahia, do Conservatório de Mú-sica e a da Academia das Belas-Artes.[162] Sua atuação, sobretudo no Ministério do Império, lhe outorgava créditos sobre a questão, à qual continuou a se dedicar por toda a vida, a exemplo de sua participação na Associação Protetora da Infância Desvalida, que chegou a presidir, e na Associação Brasileira Protetora da Infância Desamparada, criada em 1883, de cuja diretoria fundadora foi membro (Schueler, 2000:121).

Por outro lado, a criação do Asilo Agrícola se deu num contexto em que o Estado buscava assumir a assistência aos pobres, que até então era prestada por irmandades. Além disso, no debate acerca da Lei do Ventre Livre que tomava conta da sociedade, destacava-se o destino daqueles que seriam libertos com a aprovação da referida lei. Ini-ciativas como o Asilo Agrícola poderiam servir, portanto, para responder às críticas da-queles que apregoavam que os nascidos de mães escravas não teriam outro destino além do abandono.

No *Jornal do Agricultor: princípios práticos de economia rural*,[163] que circulou no Rio de Janeiro entre 1879 e 1893, constam comentários sobre o ensino agrícola do IIFA. As críticas centravam-se na perda de seus objetivos iniciais, como explicou o proprietário e redator do periódico:

> Figura, é verdade, nos relatórios do Ministério da Agricultura, a Fa-zenda Normal do Imperial Instituto Fluminense de Agricultura, porém os resultados que ela tem produzido são negativos, porque não é essa a criação completa e perfeita como deverá ser, visto não se lhe ter dado o desen-volvimento e o pessoal técnico que sua fundação requeria [Silva Junior, 1880:257].

O fazendeiro e político de Quissamã (região de Campos, na província do Rio de Janeiro) João José Carneiro da Silva, em sua coluna "Ecos da roça", comentou a falta de conhecimentos agronômicos no país e chegou a afirmar: "E como não temos ensino agrícola no país, nem se lê jornais de agricultura, nem há associações

---

162 O assunto foi abordado anteriormente no esboço biográfico de Couto Ferraz, item "Sob dissimulada orientação do monarca: Luís Pedreira do Couto Ferraz, visconde do Bom Retiro".
163 O proprietário e editor desse periódico era Dias da Silva Junior.

agrícolas disseminadas pelos centros, o capital – inteligência – é muito escasso" (Silva, 1880). Certamente Carneiro da Silva conhecia o IIFA, pois, além de ter publicado na *Revista Agrícola*,[164] seu pai fora sócio fundador da instituição. Ao ignorar o trabalho do instituto com o ensino agrícola, parece considerar irrelevantes seus resultados ou demonstrar insatisfação com sua atuação, ou ainda desconhecimento dessa atividade, o que não é menos grave. Seus artigos, assim como os do redator do periódico, demonstravam profundo conhecimento acerca das instituições voltadas para a agricultura na Europa e nos EUA e preconizavam a adoção de ações semelhantes no Brasil.

Apesar do pequeno número de alunos do Asilo Agrícola na maior parte da sua trajetória, a experiência poderia ter servido de ensaio a projetos de maior alcance. As críticas a ele dirigidas demonstram anseio por projetos mais grandiosos, porém inexequíveis diante da pouca verba disponível, o que se devia ao pouco peso político do tema. Ressalte-se que tampouco se citava a Escola de Agronomia do Imperial Instituto Bahiano de Agricultura em São Bento de Lages, um projeto exitoso de ensino agronômico.[165]

Quanto ao museu que Couto Ferraz queria instalar na área do Jardim Botânico, seu principal objetivo seria organizar uma coleção com objetos derivados da indústria manufatureira e agrícola, para expor permanentemente as potencialidades da natureza do país. A intenção de criar um museu industrial e agrícola remonta às primeiras participações do Brasil nas grandes exposições nacionais e internacionais, como a Exposição Universal de Londres, em 1862. A respeito da Segunda Exposição Nacional, em 1866, e daquela realizada em Paris no ano seguinte, Lopes afirma: "os prêmios recebidos por Hermann Blumenau e pelo Ministério da Agricultura foram depositados no Museu [Nacional] enquanto não existisse um Museu Agrícola e Industrial para conservá-los" (Lopes, 2009:127).

No IIFA, o Museu Industrial começou a ser aventado após a participação de Couto Ferraz na comitiva de Pedro II em viagem à Europa, em 1871. Ambos se encontraram com cientistas e visitaram instituições culturais e científicas, entre as quais alguns museus industriais. Ao voltar à Corte, o presidente do Instituto iniciou uma campanha para angariar verba e construir, no Jardim Botânico, um museu à semelhança daqueles que vira na Europa. Em 1873, o Macop consignou dez contos de réis para dar início à construção de um prédio para abrigar o referido museu, porém com a pequena verba pouco se fez.

Em outra viagem ao exterior, novamente com o imperador, em 1876, Couto Ferraz teve aulas com o dr. Joseph Dalton Hooker (1817-1911), sucessor e filho de William Hooker na direção do Jardim Botânico de Kew, na Inglaterra. Após visitar também outros museus, retornou ao Brasil ainda mais empenhado em obter um aumento na dotação orçamentária para criação do Museu Industrial. Sustentava a necessidade premente do

---

164 Estudos agrícolas. *Revista Agrícola*, Rio de Janeiro, v. 4, n. 15, p. 17-43, mar. 1873.
165 Sobre o assunto, ver Araújo (2006a).

estabelecimento argumentando: "[o] Brasil talvez seja a única das nações adiantadas em civilização que ainda não possui uma instituição deste gênero, que, aliás, se encontra até em algumas pequenas cidades da Europa e Estados Unidos".[166]

Por ocasião de sua visita aos museus estrangeiros, Couto Ferraz comentou, em cartas a Pedro II, seu deslumbramento com eles, em especial com o de Kew e com o Museu Industrial da Índia, em South Kensington, também na Inglaterra. Não escondia a "inveja" e o desejo de implantar no Brasil algo semelhante, "porém mais modesto". Afirmava ao imperador que, após essas viagens, conseguiria instalar sem grande dispêndio um bom museu industrial no Rio de Janeiro, ponderando, entretanto: "se não me contrariarem [...] os que me atacam pelo lado do ridículo, lamentando o tempo que perco em coisas, não tanto no modo de pensar mas no dizer maligno deles, inteiramente inúteis".[167]

Deve ter sido difícil convencer o governo e a Câmara de Deputados a incluírem no orçamento do IIFA uma verba para a implantação e manutenção do Museu Industrial. O projeto do prédio não era modesto: uma área de 1.200 metros quadrados, com seis salas de 12 metros de largura por 18 metros de comprimento, vestíbulos etc. Quanto ao acervo, seria composto por doações provenientes de diversas províncias e reuniria uma grande amostra de madeiras brasileiras e outros objetos.

Pelos relatórios ministeriais é possível acompanhar o andamento da construção do museu. Já com acervo significativo e em número suficiente para a montagem de uma exposição, não havia verbas para finalizar o prédio que o abrigaria, segundo o presidente do IIFA. A primeira dotação do governo destinada para esse fim ocorreu em 1872, mas apenas cinco anos depois a construção foi iniciada. A consignação nunca era suficiente para terminar a obra. Em 1884, Nicolau Joaquim Moreira, então diretor da Fazenda Normal, do Asilo Agrícola e do Jardim Botânico, lamentava que o prédio do museu estivesse fechado e que, por falta de verba, um edifício construído pelo governo estivesse se deteriorando juntamente com o acervo.[168] Nos relatórios seguintes, Moreira alertava enfaticamente sobre os estragos que sofrera o acervo, constituído de doações iniciadas havia mais de 10 anos. Após três anos, Moreira afirmava em relatório que não valia a pena reformar o prédio, porque seria mais custoso do que construir um novo. O prédio do museu nunca foi concluído, e seria demolido anos depois sem nunca ter sido aberto ao público.

No final da década de 1870, em correspondência com o imperador, Couto Ferraz queixava-se das constantes enfermidades que o acometiam e dos problemas causados por sua dificuldade de locomover-se. Sua ausência involuntária no Senado – agravada pela doença e pelo afastamento de Glasl – tornava ainda mais árdua a tarefa de obter

---

166 Relatório do Macop, de 1877, p. 16.
167 Carta de Couto Ferraz a Pedro II, de 5/5/ 1877 (Museu Imperial, Arquivo Histórico, Arquivo POB, maço 178, doc. 8.138).
168 Relatório do Macop, de 1884, p. 128.

CARLOS GLASL, DIRETOR DO
JARDIM BOTÂNICO E FAZENDA
NORMAL ENTRE 1863 A 1883

Museu do Meio Ambiente/JBRJ

verba para prosseguir com os projetos do IIFA, inclusive o término das obras do museu.

A despeito da pertinaz e dolorosa enfermidade de Glasl – vai-se dar (e já recomeçaram os primeiros trabalhos) maior impulso à conclusão do Museu Industrial – objeto de tantos esforços e tão *impertinente insistência* da minha parte – e as obras para a mudança – que cada vez se tornam mais urgentes, do Asilo Agrícola.[169]

Saliente-se que o contexto político de 1880 a 1886 desfavoreceu as negociações de Couto Ferraz com o Macop, visto que, no período, a pasta foi ocupada por 12 ministros. É possível supor as dificuldades que Couto Ferraz enfrentou ao negociar, com cada equipe que assumia o ministério, o aumento da dotação orçamentária para finalizar o museu e providenciar sua manutenção. A dificuldade maior residia no fato de que, como projeto, as verbas para ele eram negociadas junto ao Macop como dotações extras e disputadas com outros projetos, cujos pesos políticos parece que falavam mais alto.

Carlos Glasl: exclusividade do Imperial Instituto Fluminense de Agricultura

Com intuito de melhor compreender a Fazenda Normal, detenho-me agora naquele que esteve no comando dela por 19 anos (1864-1883), além de ter atuado em outros estabelecimentos do IIFA, como diretor do Jardim Botânico e do Asilo Agrícola (1875-1883) e de ter sido responsável, conforme os relatórios encaminhados ao Macop, pela fábrica de chapéus. Refiro-me ao austríaco Carlos Glasl (1821-1883), anteriormente mencionado.

São poucas as informações a seu respeito nas fontes. Ora é apresentado como "professor agrônomo",[170] ora como "professor da cadeira de matemáticas, de história

---

169 Carta de Bom Retiro a d. Pedro II, de 19/7/1881, p. 2 (Museu Imperial, Arquivo Histórico, Arquivo POB, maço 186, doc. 8.453, grifos no original).
170 Relatório do Macop, de 1863, anexo, p. 5.

natural e de construção de máquinas da Escola Superior de Ciências Positivas de Viena",[171] ou ainda como "lente da I.R. Escola Politécnica de Viena, professando também na de Oler Realschule de Schottenfield e na de Wuedner Bürgenchule, em Viena".[172] De fato, Glasl era professor naquela cidade, como indica a correspondência de 18 de setembro de 1872, da delegação do Brasil em Viena ao presidente do IIFA (Arquivo Nacional, 1961; Varnhagen, 1961:383). A carta comunicava que Glasl havia sido "reintegrado no professorado da Real Schülen de Viena, com a propriedade da cadeira no bairro de Leopoldstadt" e informava que o interessado deveria apresentar-se àquela Corte. Mas uma negociação entre os governos permitiu que Glasl obtivesse prorrogação da licença e permanecesse no IIFA até seu falecimento.

Carlos Glasl e Guilherme Capanema haviam sido colegas de estudos na Bergakademie Freiberg, na Saxônia, instituição que era referência em mineralogia na época. Segundo Pinheiro (2002:169), o brasileiro consultava com frequência o professor austríaco em assuntos de história natural. Uma carta de Antonio Gonçalves Dias a Pedro II confirma a relação entre ambos:

> Nos últimos caixotes, contendo objetos para uso da Comissão de Exploração, remetidos de Viena, vão alguns instrumentos de que o Instituto Geológico da Áustria faz presente à Comissão Brasileira [...]. Não sei quem os manda, só que a remessa é feita pelo Dr. Glasl, condiscípulo do Dr. Capanema [apud Pinheiro, 2002:139].

Capanema, em artigo publicado na *Revista Brazileira*, depois de discorrer sobre a necessidade de fundar um estabelecimento agrícola, indica um profissional para estar à frente dele. Embora não seja explícito, a descrição encaixa-se muito no perfil de Carlos Glasl:

> Conhecemos um professor distinto de uma escola da Alemanha, cuja capacidade e caráter podemos abonar, por ter sido companheiro de estudos, e que há onze anos se ocupa de mecânica agrícola, trabalhos e experiência rurais: ele também não se negaria a vir para cá por três ou quatro anos, contanto que se alcance licença de seu governo, e lhe seja conservado o lugar que hoje ocupa [Capanema, 1857:234].

---

171 Relatório do Macop, de 1868, p. 4.
172 Obituário publicado na *Revista Agrícola*, v. 14, n. 2, p. 177, 1883.

Sabe-se, portanto, que Glasl estabelecera relações com brasileiros antes de sua vinda ao país. Ao que tudo indica, atuou como "consultor" em assuntos de maquinário e instrumentos para a Comissão Científica do Império. Na década de 1850, as encomendas de Guilherme Capanema a Glasl eram principalmente de instrumentos científicos e ferramentas de trabalho, como microscópios, planímetros, vidrarias e martelos.

Ao assumir o cargo no IIFA, em 1863, Glasl tinha como uma das funções ministrar aulas semanais sobre arado e uso de máquinas e instrumentos agrícolas, na denominada Escola Prática da Fazenda Normal, ou Escola de Arar do IIFA.[173] As aulas de arado, realizadas às quintas-feiras, ao ar livre, eram anunciadas nos jornais de grande circulação e destinavam-se a empregados das fazendas e pequenos proprietários rurais. O número de alunos girava em torno de 30 a cada aula.[174] Havia a intenção de ampliar as atividades do curso e construir instalações onde os alunos pudessem dormir e alimentar-se, permanecendo no estabelecimento por mais tempo e adquirindo conhecimentos de vários temas relacionados à agricultura. A avaliação das aulas, por parte do IIFA, era bastante positiva, e elas continuaram sendo oferecidas durante anos. A oficina de ferreiro e a marcenaria serviam de complementos a essas aulas, tanto nos consertos dos equipamentos, quanto na fabricação de instrumentos e máquinas agrícolas como arados, grades, semeadores e debulhadores de milho.

Parte dos instrumentos e das máquinas agrícolas projetados e fabricados por Glasl eram adaptações de equipamentos europeus ao solo e ao clima tropical. Elogiados nos relatórios ministeriais, foram apresentados 23 exemplares e preparados outros 12 para figurar na Exposição Universal de Paris, de 1867.[175]

Segundo relatório do próprio Glasl ao presidente do IIFA, suas máquinas eram conhecidas por muitos fazendeiros – "são elas mais procuradas, à vista das encomendas que recebo, do que as inglesas e americanas, porque são construídas de madeira de lei (do Brasil) e de ferro batido, e as outras têm muitas peças de ferro fundido".[176]

A experiência profissional do austríaco, antes de sua vinda ao Brasil, era de ensino secundário, possivelmente associado à mecânica. À primeira vista, isso foi fundamental, juntamente com a indicação e o aval de Capanema, para sua contratação pelo IIFA.

Carlos Glasl chegou ao país com 42 anos trazendo uma família numerosa – 13 membros – e foi residir no próprio Jardim Botânico. Seu trabalho no Brasil deve ter-lhe

---

173 Atas de sessões de diretoria do IIFA, de 25/4/1866 e 17/12/1868.
174 Relatório do Macop, de 1867.
175 Relatório do Macop, de 1866, p. 42. Para as exposições eram enviados também outros produtos, como plantas de diferentes espécies, aguardentes e massas alimentares feitas de fruta-pão, jaca e outros frutos. Na Exposição Nacional de 1866, foram expostos mais de 100 produtos (cf. Ata de sessão de diretoria do IIFA, 1867). O IIFA também marcou presença na Exposição Universal de Viena, em 1873: aparelhos para arrancar árvores ou troncos por meio de alavanca, plantadores de cana-de-açúcar, milho, feijão e algodão, máquinas para capinar algodoeiros e carroça para limpar jardim foram alguns dos materiais apresentados.
176 Relatório do Macop, de 1872, anexo, p. 5.

trazido vantagens, pois renovou contrato com o IIFA nos anos consecutivos e não quis reassumir o cargo de professor em Viena, conforme já assinalado.

Glasl publicou oito artigos nos dois primeiros anos da *Revista Agrícola*. Não localizei nenhum outro trabalho seu publicado em outras fontes, o que indica que o austríaco dedicou-se exclusivamente aos estabelecimentos do IIFA. Nada indica também que Glasl tenha se integrado à rede brasileira de homens das ciências da época, apesar de sua ligação inicial com Capanema, que lhe poderia ter dado acesso a personagens e instituições da área científica no país. O bom conceito que Capanema tinha de Glasl parece ter permanecido, como sugere o comentário a Pedro II, de 1871, quando indicou o austríaco para trabalhar com o genro do imperador na fundação de uma colônia de povoamento: "Bons auxílios ele encontra em Glasl, que já tem dado provas que sabe manter-se dentro dos seus orçamentos no que executa".[177]

O provável "isolamento" de Carlos Glasl e sua dedicação exclusiva aos afazeres do IIFA devem ser analisados, também, no contexto da direção da instituição por Couto Ferraz, principalmente após 1870, com a centralização da administração. Glasl devia prestar contas de suas atividades sobretudo, ou exclusivamente, a Couto Ferraz, e por certo se manteve discreto, talvez também para afastar as disputas de cargos e preservar seu emprego.

Nicolau Joaquim Moreira: um representante dos homens das ciências no Imperial Instituto Fluminense de Agricultura

Outro personagem importante na segunda fase do IIFA foi Nicolau Joaquim Moreira. Ele esteve ao lado de Couto Ferraz durante a segunda fase do IIFA e, de certa forma, foi o representante das ciências no instituto, o qual, por sua vez, ganhava autoridade científica por ter em seu quadro um personagem com *status* científico e credibilidade perante os pares.

Com a morte do redator da *Revista Agrícola,* Miguel Antonio da Silva,[178] em 1879, Nicolau J. Moreira assumiu a redação do periódico. Quatro anos depois, Carlos Glasl faleceu, e Moreira foi nomeado diretor do Jardim Botânico, do Asilo Agrícola e da Fazenda Normal. Com isso, a partir de 1883 tornou-se personagem fundamental na instituição, juntamente com Couto Ferraz. Com a morte deste, em 1886, e a nova conjuntura interna, os projetos de Moreira ficaram desfavorecidos, e, no ano seguinte, ele solicitou sua saída dos cargos que ocupava no instituto. Conheçamos brevemente, então, a biografia de

---

177 Carta de Capanema a Pedro II, de 23/5/1871 (Museu Imperial. Arquivo Histórico, Arquivo POB, maço 160, doc. 7.411).

178 Sobre Miguel Antonio da Silva, ver capítulo 3.

Nicolau Joaquim Moreira, médico que dedicou a vida às ciências e que, de certo modo, exerceu influência na história do IIFA.

Nicolau Joaquim Moreira nasceu no Rio de Janeiro, em 1824, e veio a falecer em 1894. Doutor em medicina, dedicou-se com especial afinco à "vulgarização" científica. Ao assumir o cargo de redator da *Revista Agrícola*, já publicara mais de 20 títulos especialmente direcionados ao grande público, a maioria sobre química agrícola, zootecnia, botânica, agricultura e imigração.

A atuação de Moreira em instituições privadas e governamentais foi intensa, com cargos relevantes, como os de redator de *O Auxiliador* de 1866 a 1892, presidente da Comissão de Agricultura da Sain de 1866 a 1874, 2º vice-presidente dessa sociedade de 1874 a 1881 e seu presidente de 1881 até 1894, ano em que faleceu. Foi professor de agricultura no Museu Nacional, em curso criado por Ladislau Netto em 1876, além de diretor da Seção de Botânica e subdiretor do mesmo museu até 1883, ocasião em que assumiu a direção do Jardim Botânico, Asilo Agrícola e Fazenda Normal, entre outros cargos e representações (Lopes, 2009:186). Foi também membro da Comissão Brasileira da Exposição Internacional de Filadélfia, em 1876 (Sacramento Blake, 1902:309-312, v. 6; Lacerda, 1905).

O diretor dos estabelecimentos do IIFA possuía extenso currículo, com incisivas atuações a favor da abolição da escravidão e da vinda de imigrantes europeus, bem como na propagação de métodos inovadores na agricultura e na divulgação da química agrícola. Assim como Burlamaqui, amigo e companheiro de ideias, Moreira era um cientista eclético e buscava aliar seus conhecimentos à missão de divulgar a ciência como o caminho para redimir o Brasil do atraso e equipará-lo aos países "civilizados". Heloísa Domingues afirma que Moreira, desde 1863, "passou a publicar constantemente sobre as questões de agricultura", acrescentando que talvez tenha sido ele "um dos que melhor expressaram a ideia da importância do conhecimento da relação entre a planta e o solo, que daria a chave do desenvolvimento da agricultura na década seguinte" (Domingues, 1995:220).

Em sua dissertação de mestrado, Silvio Cezar de Souza Lima percorre as ideias de Moreira, principalmente sobre a imigração chinesa, e assim resume seu perfil:

> Nicolau Joaquim Moreira participou ativamente dos mais importantes processos sociais das últimas décadas do século XIX. Foi neste contexto que formou suas bases teóricas e iniciou sua vida social, intelectual e política. Lutou pela abolição da escravidão ao lado de José do Patrocínio, Joaquim Nabuco e André Rebouças, tendo participado das mais importantes instituições intelectuais do Império. Foi também um dos mais combativos

defensores da imigração europeia e, ainda, administrador da capital federal no alvorecer da República no Brasil [Lima, 2005:42].

Já Pádua, analisou Nicolau Moreira integrando-o ao grupo de intelectuais que "representaram uma espécie de continuidade da herança teórica do Iluminismo luso-brasileiro da virada do século XVIII para o XIX. Apesar de eventuais influências românticas, sua postura era essencialmente racionalista, cientificista e antropocêntrica" (Pádua, 2009b:344). Sintonizado com sua época, Moreira vislumbrava no conhecimento científico uma forma de alcançar a "civilização" e desfrutar do potencial econômico da natureza brasileira. Em sua retórica percebe-se preocupação com a preservação da natureza, defendida sobretudo em nome das futuras gerações.

Nicolau Joaquim Moreira tinha importante experiência societária, em grande parte adquirida no longo tempo em que atuou na Sain. Também foi membro de outras sociedades do Segundo Império, como a Academia Imperial de Medicina, o Instituto Politécnico, a Imperial Sociedade Amante da Instrução e a Sociedade Farmacêutica Brasileira. Foi sócio do IHGB, do Conservatório Dramático Brasileiro, do Liceu de Artes e Ofícios, da Sociedade de Aclimatação e da Sociedade Vellosiana. Vê-se, portanto, que foi um importante homem da ciência na época, o que é ratificado pelo número e pela qualidade de suas publicações.[179]

Crise interna (1886-1891)

A morte de Couto Ferraz, em 1886, marca o início da terceira fase da instituição. A partir dela, o IIFA viveu uma nova realidade, sobretudo perante o governo. Divergências internas acerca dos rumos da instituição, somadas ao enfraquecimento da monarquia, resultaram no declínio irreversível do IIFA, até que, por fim, encerrasse suas atividades em 1891, com a publicação do último número da *Revista Agrícola*.

Braz Carneiro Nogueira da Costa Gama (1812-1887), o conde de Baependi, embora nomeado presidente do IIFA após a morte de Couto Ferraz, não assumiu o cargo (por motivos não explicitados). Ocupou-o, então, Pedro Dias Gordilho Paes Leme,[180] que permaneceu como presidente interino da instituição entre 1886 e 1891.

Em sua correspondência, em especial com Pedro II, Couto Ferraz queixava-se reiteradamente daqueles que tentavam impedi-lo de executar seus projetos e pretendiam

---

179 No capítulo 3 abordo outros aspectos de Nicolau Joaquim Moreira.
180 Pedro Dias Gordilho Paes Leme (1839-1915) nasceu no município de Vassouras, Rio de Janeiro, de família aristocrática e proprietária rural. Formado em ciências físicas e matemáticas pela Escola Central, dedicou-se, contudo, às suas fazendas, onde experimentava novas culturas e formas de produção "modernas". Participava ativamente dos debates sobre os assuntos concernentes à agricultura, o que deixou registrado em artigos, relatórios e opúsculos.

boicotar o IIFA. Ao que tudo indica, sua avaliação estava correta, já que após seu falecimento iniciou-se uma exposição das mazelas da instituição, a exemplo da empreendida pelo ministro do Macop, Rodrigo Augusto da Silva.[181] Em relatório ministerial, o titular da pasta[182] acusava a situação desfavorável da Fazenda Normal, afirmava que a área de cultivo era muito pequena – cerca de quatro hectares – e que sua proximidade com o Jardim Botânico era um grande mal, "pela invasão dos grupos que se dirigem a este estabelecimento em excursões de recreio".[183] E assinalava que o resultado final era oneroso e aquém das necessidades e que, na sua visita ao local, nada encontrara que pudesse "servir de norma àqueles que se dedicam à vida na lavoura".[184]

Nos relatórios ministeriais publicados de 1888 a 1889 acirraram-se as críticas, e o IIFA foi mencionado mais ou menos nos seguintes termos: a Fazenda Normal não prestava os serviços que justificaram sua criação; o Asilo Agrícola era prejudicado por sua má localização – próxima à cidade, que tanto seduzia a juventude – e, embora funcionasse havia 18 anos, não conseguira formar nenhum regente agrícola, tampouco qualquer asilado se dedicara ao trabalho de campo após completar a idade adulta; a Fábrica de Chapéus do Chile empregava apenas três alunos, que não dispunham de força para trabalhar no campo; e quanto ao Museu Industrial, grande parte dele havia sido demolido, portanto o projeto permanecia inconcluso.

No Macop, sob a gestão sucessiva de dois ministros – Antônio da Silva Prado[185] e Rodrigo Augusto da Silva –, traçavam-se novos rumos para a política agrícola. A criação da Imperial Estação Agronômica de Campinas, em 1887, primeira instituição governamental voltada para as pesquisas agronômicas, pode ter influído na avaliação negativa do IIFA por parte do ministro, que assim justificava a fundação de um estabelecimento em outra província. A escolha de Campinas, segundo Meloni (2004:46), deveu-se "à necessidade de desenvolvimento das forças produtivas de uma região economicamente mais dinâmica". A agricultura na província fluminense encontrava-se em dificuldades, e a opção era incrementar, no oeste paulista, a cultura do café, principal produto de

---

181 Rodrigo Augusto da Silva (1833-1889) era descendente de aristocrática e abastada família paulista. Foi político em diversas legislaturas e senador, além de ministro em outras pastas. Faleceu um mês antes da proclamação da República (Sítio do Senado Federal). Disponível em: <www.senado.gov.br/senadores/peri­odos/Imperio.shtm>. Acesso em: 4 nov. 2010.

182 A alternância na pasta da Agricultura entre os ministros Rodrigo Augusto da Silva e Antônio da Silva Prado (1840-1889) dificulta a leitura dos relatórios. Os relatórios publicados correspondiam ao trabalho do Macop no ano anterior, contudo eram assinados pelo ministro que ora se encontrava à frente da pasta. Assim, deve-se levar em conta que Antônio da Silva Prado foi ministro de 20 de agosto de 1885 a 10 de maio de 1887 e também de 27 de junho de 1888 a 5 de janeiro de 1889. Já Rodrigo Augusto da Silva exerceu o cargo de 10 de maio de 1887 a 27 de junho de 1888 e de 5 de janeiro de 1889 a 7 de junho de 1889.

183 Relatório Macop, 1886, p. 20.

184 Ibid., p. 20.

185 Antônio da Silva Prado (1840-1889), membro da aristocracia cafeeira paulista. Político em diversas legislaturas, ocupou vários cargos públicos, inclusive em diferentes ministérios, e foi senador em 1887.

exportação. E, certamente, o fato de o ministério ter estado sob o comando de dois políticos e fazendeiros paulistas durante quatro anos acentuou as dificuldades do IIFA.

Em relatório ao Macop, o diretor interino do IIFA, Pedro Dias Gordilho Paes Leme, parecia concordar com a avaliação e os argumentos do ministro quanto à Fazenda Normal e ao Asilo Agrícola. Quanto ao Jardim Botânico, considerava que a instituição carecia de museu, herbário, biblioteca, gabinete de fisiologia, além de catálogos científicos das plantas existentes no arboreto. O único ponto de concordância do diretor com aqueles que o antecederam referia-se ao viveiro da instituição, segundo ele dotado de excelente modelo de administração e por ele considerado de grande serventia para a melhoria da agricultura no país. Havia ao menos algo a dar continuidade, ao passo que as demais atividades do instituto eram, em sua opinião, inoperantes e malconduzidas.[186]

No relatório da instituição relativo ao ano de 1886, Paes Leme propunha um conjunto de operações para solucionar os problemas que identificara. Primeiramente, indicava a substituição da Fazenda Normal por uma Fazenda Experimental, de concepção distinta por englobar os ensaios e as observações com um laboratório de análise química, para "acompanhar todos os progressos agronômicos e traduzi-los em fatos, ao alcance dos lavradores da localidade". A Fazenda Normal ou Fazenda-Modelo, conforme argumentava, tinha caráter mercantil, porquanto não se buscava investir em experiências ou na educação de jovens, preocupando-se, antes, em "dizer qual o melhor sistema de cultura, as práticas mais consentâneas com o clima, a natureza do solo, as exigências dos mercados e diversas considerações econômicas [...]".[187] Entre outras considerações, o diretor mencionava as vantagens econômicas das aplicações dos princípios científicos e, ao propor a mudança de gênero desse estabelecimento, sugeria mais investimento na produção científica, em lugar do mero recurso aos princípios da ciência. Os argumentos de Paes Leme não conferem com a trajetória da Fazenda Normal do IIFA, visto que não houve um caráter mercantil e sim um campo de experimentação técnico-científica inclusive com Laboratório Químico.

Paes Leme defendia a compra de uma propriedade de 300 hectares ao lado da via férrea D. Pedro II, para ali instalar a Fazenda Normal. No mesmo terreno seriam construídos edifícios com capacidade para abrigar 150 ou 160 meninos pobres do Asilo Agrícola. Previa, também, a compra de animais e instrumentos agrícolas e meteorológicos e a instalação de um laboratório químico e de outros, que viabilizassem os trabalhos de pesquisas técnico-científicas.

---

186 Relatório do Macop, de 1887.
187 Ibid., p. 6.

Lembremo-nos de que até a morte de Couto Ferraz não há registro, nas atas das sessões do IIFA,[188] de manifestações contrárias à maneira como eram conduzidos os estabelecimentos que compunham a instituição, o que parece indicar a grande autoridade ou respeitabilidade do presidente sobre os membros e sócios. Externar opiniões desfavoráveis à administração do instituto devia criar, no mínimo, embaraços junto a seu dirigente e, indiretamente, ao imperador. Paes Leme não foi exceção, pois não se encontra nas atas qualquer crítica sua ao andamento e à gestão do instituto e seus estabelecimentos. Assim é que, em seu relatório, o novo presidente teve o cuidado de tecer elogios a Couto Ferraz antes de iniciar suas críticas e propostas:

> [...] graças aos perseverantes esforços do benemérito e nunca assaz pranteado conselheiro de Estado visconde do Bom Retiro, infatigável criador de todos os estabelecimentos sob a imediata direção do Imperial Instituto Fluminense de Agricultura [...]. Apesar da enérgica influência e altas qualidades de tão eminente cidadão [...].[189]

Afinal, Couto Ferraz havia falecido, mas o imperador ainda reinava e certamente não lhe agradaria ver o trabalho do amigo e confidente ser alvo de críticas.

Como a maioria das fontes sobre o IIFA é composta por documentos e publicações oficiais, apenas podemos entrever, em suas entrelinhas, as tensões internas na instituição. Mas as revelações que ocorreram com a vacância de poder, após os 21 anos da gestão de Couto Ferraz, parecem confirmar o fato de que, até então, a condução do instituto, pelo menos de 1876 em diante, foi ação quase exclusiva do visconde de Bom Retiro.

No momento em que se questionavam o funcionamento e a administração do IIFA, voltava à tona, após 25 anos, o debate sobre a incorporação do Jardim Botânico à instituição. O novo grupo de dirigentes condenava a escolha daquela área para instalação dos demais estabelecimentos do instituto e acusava a inoperância e a manutenção onerosa do jardim, que acabava desviando a instituição de seus objetivos maiores. Causa estranheza que, durante os anos anteriores, não tenha havido manifestações explícitas sobre tal assunto, ao menos nas fontes por mim pesquisadas.

A polêmica sobre a situação do IIFA e as novas estratégias que deveriam nortear a instituição envolveu, em 1887, o ministro do Macop, o presidente interino do IIFA, Paes Leme, e o diretor da Fazenda Normal, do Jardim Botânico e do Asilo Agrícola e editor da *Revista Agrícola*, Nicolau Joaquim Moreira. A crise evoluiu para uma cisão, que teve como consequência a demissão de Moreira. O instituto perdeu, então, um importante defensor

---

188 Importante salientar, novamente, que as atas de reuniões do IIFA vão até 1876.
189 Relatório do Macop, de 1887, anexo D, p. 1.

da pesquisa técnico-científica, com larga experiência em divulgação da ciência.

Com a demissão de Moreira, em fins de 1887, Paes Leme assumiu a direção da Fazenda Normal, do Jardim Botânico e do Asilo Agrícola. A redação da *Revista Agrícola* ficou a cargo de Ladislau de Souza Melo Netto (1838-1894). O novo redator do órgão oficial do IIFA era diretor do Museu Nacional e tinha em seu currículo uma experiência de sucesso na direção do Museu Nacional desde 1875, tendo ali criado a revista *Arquivos do Museu Nacional*, em 1876, da qual foi editor.[190] No entanto, pouco pôde acrescentar ao IIFA, que prosseguia com graves dificuldades políticas, a ponto de os cargos estarem ocupados apenas interinamente e assim permanecerem até o fim da instituição.[191]

Se o IIFA atuou com grandes dificuldades nos últimos anos da monarquia, a República jogaria uma pá de cal na instituição, que ainda buscou sobreviver aos novos tempos retirando de seu nome o epíteto "imperial", porém sem lograr êxito. Mas certamente os conflitos internos e as dificuldades em encontrar saídas para sua crise política e administrativa contribuíram mais para seu fim do que a instauração do novo regime no país.

Por fim, o governo republicano desanexou do IIFA o Jardim Botânico. Em 1890, sob a direção de João Barbosa Rodrigues, o jardim passou por uma reorganização, na tentativa de imprimir-lhe um novo rumo.

> Art. 1º. O Jardim Botânico é destinado não só a diversões do público, em geral, mas especialmente ao estudo da botânica, e em particular ao da flora brasileira.
>
> Parágrafo único. Para esse fim cultivará em jardim, viveiros, estufas, todas as plantas, mesmo as da flora exótica, sempre que tiverem ou puderem ter emprego ou aplicação na ciência, na agricultura, nas artes, na indústria, conservando-as devidamente classificadas.
>
> [...]
>
> Art. 17. O jardim terá um museu, no qual as plantas cultivadas no parque sejam representadas, em herbário, por folhas, flores, frutos secos e em álcool e seus produtos. As madeiras de lei e todos os produtos vegetais serão representados por amostras. Além desse primeiro herbário, haverá um outro de flora geral [...].
>
> Art. 18. O museu, além do herbário, terá, como anexos, uma biblioteca própria e especial, um laboratório para análises orgânicas e um observatório meteorológico.[192]

---

190 Segundo seu sucessor no Museu Nacional, João Batista de Lacerda, a gestão de Melo Neto propiciou à instituição sua "idade de ouro". Pesquisas recentes corroboram a relevância dessa administração para o museu e destacam Melo Neto como o grande "organizador do Museu Nacional segundo os padrões científicos vigentes nas décadas de sessenta e setenta" (Lopes, 2009:95, 101).
191 Conforme será analisado no capítulo 3.
192 Decreto nº 518, de 23/6/1890.

Congresso Agrícola: a ausência do Imperial Instituto Fluminense de Agricultura

Em 1878, o governo organizou o primeiro congresso para debater a lavoura no país. Os agricultores fizeram-se representar individualmente ou por meio de delegações, eleitas nos municípios, associações de classe e câmaras municipais. O evento realizou-se na Corte, com cerca de 400 representantes das províncias de São Paulo, Minas Gerais, Espírito Santo e Rio de Janeiro. Segundo Carvalho, "mais de mil fazendeiros se envolveram de uma maneira ou de outra no Congresso. Dadas as dificuldades de comunicação da época e dada a falta de tradição de tais consultas, o número é sem dúvida respeitável e surpreendente" (1988:VI).

O programa do Congresso Agrícola foi elaborado pelo presidente do Conselho de Ministros e também ministro do Macop, João Lins Vieira Cansanção Sinimbu, visconde de Sinimbu. O momento era especial para o Partido Liberal, que presidia seu primeiro Gabinete desde 1868. Com a organização e realização do evento, buscava-se ilustrar uma forma de governar distinta da dos conservadores, e a consulta aos proprietários rurais para a definição dos temas a serem debatidos foi recebida com entusiasmo e obteve grande adesão. Sinimbu era presidente do Partido Liberal e mostrava-se sensível às reivindicações dos proprietários da grande lavoura, além de ser um defensor da ciência e da técnica como mola propulsora da agricultura no país.

Na consulta aos grandes agricultores para estabelecer o programa do congresso, o visconde enviou-lhes um questionário acerca dos principais problemas dessa área – que giravam em torno de "braços" e capital. No entanto, outros assuntos afloraram e suscitaram debates em segundo plano, como a construção de vias de escoamento de produtos agrícolas e a criação de escolas agrícolas.

No discurso de abertura do Congresso Agrícola, o ministro evidenciou a necessidade de organizar a lavoura com base na mão de obra livre. Os congressistas, em suas falas, também manifestaram estar cientes de que a escravidão não se sustentaria por muito tempo. Assim, questões relacionadas à mão de obra foram a tônica do evento e geraram muita polêmica, sem que os participantes chegassem a um consenso. As soluções apresentadas oscilavam, principalmente, entre a substituição do escravo pelo trabalhador livre nacional, a vinda de imigrantes e a importação de asiáticos para trabalhos temporários. Já os temas em concordância concerniam à introdução de máquinas e instrumentos agrícolas na lavoura, ao ensino agrícola e à abertura de crédito rural.

O escopo do congresso mostra que os agricultores se empenharam em responder às questões do questionário elaborado pelo governo, e poucas tergiversações eram permitidas. Temas como uso do arado, adubação de solo, aumento da produtividade, melhoria da qualidade dos produtos agrícolas pouco foram referidos; quando muito, incorporavam-se aos discursos como soluções de longo prazo e sobretudo como alternativas à mão de obra escrava.

A representação do IIFA no congresso não foi notificada, apesar de Carlos Glasl – então diretor do Jardim Botânico, da Fazenda Normal e do Asilo Agrícola – constar na lista de presença do evento. Possivelmente compareceu por conta própria, porque ao lado de seu nome lê-se apenas "Município Neutro", diferentemente do que ocorre com os representantes de associações, assim identificados na lista de presença.[193] Nicolau Joaquim Moreira, por exemplo, foi registrado como "representante da Sociedade Auxiliadora da Indústria Nacional, no impedimento do respectivo presidente – Município Neutro". Porém participaram do Congresso membros atuantes do IIFA, como Felisberto Caldeira Brant Pontes, visconde de Barbacena; Diogo Teixeira de Macedo, barão de São Diogo; Antonio Clemente Pinto, barão de Nova Friburgo; José Ildefonso de Sousa Ramos, visconde de Jaguari; e Pedro Dias Gordilho Paes Leme. Talvez a instituição não tenha participado formalmente do evento porque não se considerava – e de fato não o era – representante dos produtores rurais, e a convocação do ministro fora dirigida a eles e seus representantes para o "Congresso de Agricultores". Entretanto a Sain participou formalmente, e ela também não era uma instituição representativa dos agricultores; portanto, resta a dúvida acerca dos motivos da ausência do IIFA.

Nicolau Joaquim Moreira não participou dos debates nem apresentou trabalhos, apesar de sua conhecida posição contrária à vinda de asiáticos, a ponto de ter sido citado diversas vezes quando o assunto esteve em pauta. O fato corrobora que o evento buscou conceder a palavra quase exclusivamente aos proprietários rurais.

José Augusto Pádua interpreta a participação "bastante marginal" do IIFA e a ausência de Couto Ferraz e Miguel Antonio da Silva (redator da *Revista Agrícola*) no evento como uma expressão das sérias dificuldades do instituto e de sua revista com aquele grupo de fazendeiros ali reunidos: "A principal *Revista Agrícola* do país, ao que parece, não era considerada uma voz desejável, ou pelo menos essencial, no debate estabelecido pelos congressistas" (Pádua, 1998:151).

Causa estranheza, também, que o Asilo Agrícola, um estabelecimento que recebia dotação governamental e contava com nove anos de atividade, não tenha sido mencionado nas falas e nos debates. A agravar tal omissão, diversas falas afirmavam a inexistência de ensino agrícola no país e cobravam do governo iniciativas nesse sentido. Assim, além da *Revista Agrícola*, a conclusão de Pádua pode ser estendida ao Asilo Agrícola, isto é, ele era desconhecido ou foi desconsiderado pelos participantes. O único a mencioná-lo

---

193 Como não há atas do IIFA depois de 1876, não se sabe se houve deliberação formal para a instituição participar ou não do congresso.

120 O BESOURO. 13 de Julho de 1878.

O CONGRESSO AGRICOLA

S. Ex. da Agricultura calça ao Congresso os patins eleitoraes. Permitta Deus que o Congresso, sincero como é, veja a tempo que os patins que lhe afivelam o farão escorregar no terreno da eleição em vez de o fazer deslizar no precioso skating da Agricultura.

Cuidado com os patins-surpresa, illustres representantes da lavoura.

O Congresso Agrícola na visão irônica de Rafael Bordalo Pinheiro

Revista O Besouro
Biblioteca Nacional

foi Paes Leme, membro do IIFA, mas sua fala esteve longe de enaltecê-lo: "Onde estão, porém, as nossas escolas agrícolas? O orador é membro do Instituto Agrícola; mas reconhece que essa associação, apesar da boa vontade, da energia que tem empregado, não produziu ainda resultado satisfatório".[194]

A despeito de o IIFA não ter participado oficialmente do Congresso Agrícola, vale nos determos brevemente nas teses nele levantadas e observar o pensamento dos agentes produtores do campo, em especial no que concerne às ciências e técnicas aplicadas na agricultura e ao ensino agrícola, temas bastante debatidos no evento.

Constatam-se intervenções de fazendeiros contrários aos saberes e teorias técnico-científicas, e ainda mais aos seus representantes. Um dos oradores, Manoel P. de Souza Arouca, da província de São Paulo, assim iniciou sua intervenção: "Nada de sábios, nada de teorias (*Apoiados, muito bem*). O país é de prática; é de ação e não de inação e de frases (*Muito bem*). O país precisa de homens e não de ideias (*Apoiados*). O país precisa de realidade e não de fantasias [...]".[195] E elogiou o ministro que tivera a ideia de "consultar o eco do interior", diferentemente da maioria das vozes situadas na Corte.

Grande parte dos congressistas, ao se referirem às vantagens da adoção de máquinas agrícolas, asseverava que isso permitiria reduzir a mão de obra e poderia atrair imigrantes, sobretudo os europeus. Exemplos dos EUA e da Europa foram destacados como sinônimos de agricultura racional, principalmente em virtude dos recursos mecânicos no beneficiamento dos produtos e na lavoura, com a ressalva de que os custos de tal maquinaria – ainda mais onerados com o imposto de importação – tornavam-na inacessível. Os preços alcançavam valores "três ou quatro vezes acima do praticado nos EUA" (Simão, 2001:120).

Não obstante a maioria dos agricultores se mostrar favorável à introdução de máquinas agrícolas, alguns comentavam a impossibilidade de usá-las em algumas regiões, devido à topografia dos terrenos, em especial nas plantações de café, geralmente feitas nos morros. Criticavam-se aqueles que não eram lavradores práticos e faziam apologia à mecânica agrícola sem conhecimento de causa, a exemplo de Francisco A. P. de Andrade, da província do Rio de Janeiro:

> Temos terras que estão plantadas com café, onde mal pode chegar o homem, agarrando-se pelos galhos dos cafeeiros. Como querem muitos teóricos, lavradores de gabinete, que se possam fazer certos e determinados trabalhos em terrenos dessa qualidade, utilizando-se de máquinas?

---

194 Congresso Agrícola do Rio de Janeiro (1988:133).
195 Ibid., p. 135.

Fazendo-se-lhes esta observação, dizem logo: – Não trabalhem nessas terras, trabalhem em terras planas! – É bom de dizerem essas coisas; porém nós lavradores práticos, se não nos utilizássemos de nossas montanhas, de nossas bibocas, onde teríamos de plantar? Que me respondam muitos de nossos lavradores aqui presentes.[196]

Quanto à criação de escolas agrícolas, a proposta encontrou apoio quase unânime entre os congressistas, mas alguns, como o próprio Francisco A. P. Andrade, argumentaram que elas seriam mais um sorvedouro de capital do governo, num cenário em que a recusa de créditos para o setor agrícola era justificada por falta de numerário. Era preciso estabelecer prioridades, e com crédito garantido o ensino agrícola poderia, adiante, ser implementado no país.[197]

Sobre a não convocação de agricultores das demais províncias para o congresso, Sinimbu alegou que, devido à distância que separava aquelas regiões da Corte, fora inviável convocá-los. Entretanto o argumento do ministro não convenceu as províncias do Nordeste, e à revelia do governo realizou-se, ainda em 1878, um congresso em Recife. Para Sylvia Bompastor, o congresso destinado às províncias do Sudeste exacerbou o discurso regionalista e "evidenciou suas verdadeiras pretensões de se restringir às discussões relativas ao principal produto de exportação desta fase: o café" (Bompastor, 1988:110). A cana-de-açúcar, a mais importante produção extensiva do Nordeste, encontrava-se em crise, e o congresso em Recife demonstrou ao governo a insatisfação e, principalmente, o poder de articulação dos donos de engenho e comerciantes nordestinos envolvidos no fabrico do açúcar e na sua exportação.

Por fim, ressalto a análise de Carvalho acerca do Congresso Agrícola de 1878, que aponta as inúmeras críticas dos fazendeiros ao governo e, ao mesmo tempo, os elogios dirigidos ao ministro Sinimbu, que, com a iniciativa do evento, mostrou-se disposto a se aproximar deles e ouvir suas reivindicações. Para o autor, o fato demonstra a distância entre o Estado imperial e os proprietários rurais. Ademais,

Estava clara a percepção de que o sistema político imperial não respondia adequadamente às necessidades da grande lavoura. Confirma-se aí a tese dos que não veem a política imperial como simples reflexo dos interesses dos grandes proprietários. Por mais que estes quisessem ser, e que de fato fossem, uma classe dominante, não conseguiam constituir-se em classe dirigente [Carvalho, 1878:IX].

196 Congresso Agrícola do Rio de Janeiro (1988:199).
197 Ibid., p. 150.

A interpretação de Carvalho subsidia a presente pesquisa no que diz respeito à inserção, no IIFA, dos proprietários rurais. De fato, as constantes convocações do instituto aos produtores rurais indicam que ele carecia de ampla adesão dos agricultores, conforme havia sido inicialmente planejado. Contudo, buscava-se fazer crer que havia com eles uma conexão visando o melhoramento da agricultura. Assim, o IIFA pode ser compreendido como um projeto do Estado imperial em busca de maior integração com os agricultores para, juntamente com eles, apresentar soluções aos problemas da agricultura do país.

No sentido de compreender a trajetória do IIFA de forma completa, faz-se necessário analisar seu principal veículo de comunicação com a sociedade – *Revista Agrícola*, assunto do próximo capítulo.

REVISTA AGRICOLA

DO

IMPERIAL INSTITUTO FLUMINENSE

DE
AGRICULTURA

PUBLICADA TRIMENSALMENTE

DEBAIXO DA IMMEDIATA PROTECÇÃO DE SUA MAGESTADE IMPERIAL

O SENHOR D. PEDRO II

Sob a Direcção e Redacção do

Dr. NICOLAU JOAQUIM MOREIRA

VOLUME DECIMO PRIMEIRO

Nº 1. MARÇO DE 1880

RIO DE JANEIRO
TYPOGRAPHIA LITTERARIA
98, Rua do Hospicio, 98

1880

CAPÍTULO

3

Revista Agrícola: plantar ciências agrícolas e sensibilizar o lavrador

A *Revista Agrícola* foi criada em 1869. Em suas edições trimestrais, publicadas ininterruptamente durante 22 anos, até 1891, apresentaram-se ao público 87 números e 5.165 páginas. Seus principais objetivos eram divulgar os conhecimentos acerca das atividades rurais, promover o debate sobre as novas tecnologias e ciências que despontavam na Europa e nos EUA em prol da agricultura e suas adaptações à realidade brasileira, além de discutir a "crise" da mão de obra e sua substituição por colonos e propagandear o uso de máquinas e instrumentos agrícolas. A missão pedagógica da revista se traduzia em ensinamentos ao leitor sobre as vantagens de abandonar as práticas agrícolas tradicionais e rotineiras e incorporar novos hábitos no trato com a planta e o solo, com apresentação de exemplos advindos, principalmente, dos países chamados civilizados.

A direção do Imperial Instituto Fluminense de Agricultura (IIFA) atribuía à *Revista Agrícola* a condição de "primeiro órgão de publicidade em favor da lavoura nacional".[198] A afirmação estava, no entanto, incorreta: sabe-se hoje, com as pesquisas de Vianna (1945) e Sodré (1998), que o *Jornal da Sociedade de Agricultura, Comércio e Indústria da Província da Bahia*, editado em Salvador entre 1832 e 1836, foi um periódico destinado a assuntos da agricultura, com preocupações de veicular conhecimentos científicos. Outro periódico que publicava artigos sobre agricultura era *O Auxiliador da Indústria Nacional,* também referido como *O Auxiliador*, da Sociedade Auxiliadora da Indústria Nacional (Sain), fundado igualmente na década de 1830, porém com maior abrangência temática, pois incluía tópicos concernentes a indústria, patentes etc.

---

198 *Revista Agrícola*, Rio de Janeiro, v. 8, n. 3, p. 116, set. 1877.

De acordo com o projeto apresentado por Joaquim Antonio de Azevedo[199] em reunião de diretoria do IIFA e registrado em ata, a criação da *Revista Agrícola* justificava-se por ser um jornal o "meio fecundo e aproveitável, que os governos e as associações literárias, políticas, industriais e científicas, fazem conhecidos, propagam suas doutrinas, vulgarizam os seus conhecimentos, educam os povos, civilizam as massas".[200] A frase explicita que o IIFA desejava se fazer conhecer e participar dos relacionamentos em torno da agricultura e, assim, propagandear conhecimentos de forma a "civilizar" os lavradores brasileiros e equipará-los àqueles da Europa e dos EUA.

O parecer acerca do projeto de Azevedo ampliou a concepção inicial incluindo que o periódico deveria ser "destinado a defender os interesses agrícolas".[201] Acrescentava que deveriam ser tomadas as devidas precauções para que a *Revista Agrícola* não se tornasse mais uma a desaparecer, como inúmeras que haviam surgido no Brasil. Afirmava que *O Auxiliador*, da Sain, e o periódico da Academia Imperial de Medicina eram os únicos a sobreviver porque contavam com subvenção do governo, que arcava com a maior parte de suas despesas. Assim, propunham que se pedisse ao governo imperial um aumento na dotação orçamentária da *Revista Agrícola*, de forma a cobrir os custos de sua publicação. De fato, a *Revista Agrícola* teve como principal fonte de sustento a verba concedida pela Assembleia Legislativa fluminense,[202] o que deve ter sido fundamental para sua regularidade e longevidade, uma vez serem constantes as menções à continuidade de sua publicação e as queixas sobre as dificuldades para atrair assinantes regulares.

Nos primeiros anos em que a revista circulou, o presidente do IIFA, Luís Pedreira do Couto Ferraz, visconde do Bom Retiro, buscava convencer o governo imperial da sua importância, em relatório ao Ministério da Agricultura, Comércio e Obras Públicas (Macop): "este grande meio de auxiliar a nossa lavoura pela vulgarização de conhecimentos úteis e práticos da agricultura, e de notícias concernentes a certos melhoramentos adotados nos países agrícolas mais adiantados, e que possam ter aplicação ao Brasil".[203] No mesmo relatório, Couto Ferraz salientava que o periódico não conseguia alcançar qualidade superior e aumentar a tiragem devido à falta de recursos, e solicitava que o ministério assumisse uma subscrição anual de cem a duzentas assinaturas, a serem distribuídas às câmaras municipais de todo o país.

---

199 Joaquim Antonio de Azevedo (1819-1878) substituiu Miguel Antonio da Silva, durante o ano de 1874 na redação da revista, por ocasião da viagem que este fez à Europa. No capítulo 2 há uma nota biográfica de Azevedo.

200 Ata da 51ª sessão de diretoria do IIFA, de 10/3/1868.

201 Ata da 53ª sessão de diretoria do IIFA, de 24/3/1868.

202 Em 1869, as atas do IIFA registram agradecimento à Assembleia Provincial, pela dotação anual de 5.000$000 para a produção da *Revista Agrícola*; em setembro do mesmo ano, foi publicado o primeiro número do periódico.

203 Relatório do Macop, de 1868, anexo A, p. 20.

A esse respeito, cabe destacar que, até o ano de 1873, consta nos relatórios anuais do IIFA enviados ao Macop a reivindicação dessa subscrição. A partir de então, a revista nem sequer é mencionada nas longas e pormenorizadas descrições das atividades do instituto. Com a subvenção anual da Assembleia Provincial, de cinco contos de réis, transformada em lei permanente,[204] a sobrevivência do periódico parece ter sido garantida e, assim, possivelmente considerassem desnecessário incluí-la nos relatórios ao ministério, já que sua subsistência estava atrelada ao poder da província fluminense. O presidente que sucedeu Couto Ferraz no IIFA, Pedro Gordilho Dias Paes Leme, tampouco citou a revista nos relatórios dirigidos ao Ministério e na relação das atividades da instituição.

Já nas atas das reuniões de diretoria do IIFA, a *Revista Agrícola* foi mencionada apenas na época de sua criação. A partir de então, não constam debates, críticas ou elogios relativos a ela. Também na correspondência entre Couto Ferraz e Pedro II, somente em uma carta o periódico é citado. Nela, o presidente da instituição concordava que a publicação poderia ser melhor – sem explicitar exatamente em quê –, creditava à pouca verba o fato de ela não ter alcançado, até então, o almejado sucesso e revelava-se seu defensor perseverante:

> Estou de inteiro acordo com o juízo de V.M.I. sobre a nossa *Revista Agrícola*; e já para diante espero que conseguirei melhorá-la. Não obstante – penso – que se o governo tivesse dado algum auxílio, só para a sua maior vulgarização ela poderia ter prestado já bem bons serviços – com parte do que se tem publicado. Com os chorados e magros 5 contos de réis de cada ano, dados sempre com pouca vontade e depois de imensos esforços pela Assembleia Provincial, pouco se pode obter. Assim mesmo, dou graças a Deus por haver podido mantê-la até agora, contra os desejos de certa gente.[205]

Por ocasião do lançamento da *Revista Agrícola*, Couto Ferraz afirmara que os colaboradores dela seriam os membros da diretoria e do conselho fiscal e convidados.[206] Entretanto os sócios do IIFA pouco se fizeram representar nos artigos: de 193 autores, apenas 10 (5,18%) eram do instituto, sem contabilizar os três editores. Do mesmo modo, o periódico publicou muito pouco sobre a instituição. A respeito dela, constam, sobretudo, documentos de caráter oficial – atas de sessões de diretoria, relação de sócios, regulamentos, relatórios ao Macop –, além de notícias sobre as análises feitas no Laboratório de Química. Predominam na publicação as atas de sessões de diretoria, embora com grande

---

204 Relatório do Macop, de 1869, apenso B, p. 24.
205 Carta de Luís Pedreira do Couto Ferraz a Pedro II, de 19/6/1878, p. 1 (Museu Imperial, Arquivo Histórico, Arquivo POB, maço 179, doc. 8.217).
206 Relatório do Macop, de 1869, apenso B, p. 20.

defasagem, decerto por ter sido a revista criada nove anos após a fundação do Instituto. As atas de 1860, por exemplo, foram divulgadas nove anos depois. Já os relatórios ao Macop eram divulgados no mesmo ano de sua elaboração, porém foram publicados em pequeno número.

Com informações escassas e defasadas sobre o IIFA, pouca colaboração de seus membros e sem deixar transparecer os debates e conflitos ali travados, a *Revista Agrícola* parece não ter alcançado a contento seu objetivo de divulgar a instituição à qual estava vinculada. Tudo indica que estabeleceu sua trajetória com grande margem de independência, em larga medida devido às fontes próprias de receita e à estabilidade financeira.

Publicações científicas no século XIX

No século XIX, proliferaram publicações de diversos formatos com conteúdo científico. Essas revistas diferenciavam-se dos periódicos científicos por serem direcionadas a um público geral, e distinguiam-se dos jornais diários posicionando-se entre o jornalismo e o livro. Martins (2008), em estudo sobre as publicações brasileiras, especialmente as revistas, busca explicar as diferenças entre os gêneros de periódicos. Constata o uso indiscriminado das denominações "jornal" e "revista" e sugere alguns critérios para a distinção desta última, como a periodização mais espaçada e a publicação de temas diversos. Contudo, a autora considera a definição proposta por Nicolau Midosi, editor da *Revista Brasileira* em 1879, a mais esclarecedora e adequada para compreendermos a concepção de revista, à época:

> A *Revista*, transição racional do jornal para o livro, ou antes, laço que prende esses dois gêneros de publicação, afigura-se-nos por isso a forma natural de dar ao nosso povo conhecimentos que lhe são necessários para ascender à superior esfera no vasto sistema das luzes humanas. Na *Revista* dão-se a ler, sem risco de cansaço, artigos sobre todos os conhecidos assuntos por onde anda o pensamento, a imaginação, a análise, o ensino do homem. Não se trata ali de uma só matéria, como de ordinário no livro singular, ou de muitas matérias em rápido percurso como no jornal, mas de todas com a conveniente demora, em forma de extensão, proporcionadas aos espíritos [...], qualquer que seja o grau da instrução de cada um, a intensidade de sua convicção, as tendências de seu gosto, a ordem de seu interesse [Midosi, 1879:19 apud Martins, 2008:63, grifos no original].

Vergara (2008a), por sua vez, em pesquisa sobre as formas de comunicação científica, afirma que, no século XIX e parte do seguinte, usava-se a expressão "vulgarização científica" para definir a comunicação científica destinada a leigos. Defende a autora também que, a partir da década de 1870, a "vulgarização científica e a especialização das disciplinas foram processos correlatos" (Vergara, 2003:13).

Pode-se então entender a *Revista Agrícola* como um canal de comunicação científica voltado ao público que se ocupava de atividades rurais, ou, nos termos da época, um veículo de vulgarização da ciência. Nas suas páginas, o leitor podia acompanhar as novidades científicas da Europa, conhecer as opiniões de brasileiros que se aventuravam a investigar as disciplinas emergentes em torno da agronomia e aprender com as experiências ali narradas. Encontrar-se-ia, assim, apta a contribuir para que o Brasil seguisse rumo ao aumento da produção e à melhoria da qualidade das culturas agrícolas.

Observe-se, porém, que, na relação entre ciência e público, este último não é um "mero consumidor de bens científicos" (Fehér, 1990:433, tradução livre). A história das ciências tem demonstrado que a apresentação e legitimação dos conhecimentos científicos se deram de modos diferentes em cada período, conforme as necessidades da ciência e do público, e da relação entre eles. A publicação dos processos experimentais eliminou a necessidade de testemunhos, porém tal material passou a ser apresentado em linguagem codificada, compreendido apenas por especialistas. Contudo, o apoio financeiro, político e moral era concedido pelo público. A esse respeito, afirma Marta Fehér:

> A dependência epistêmica da ciência é endógena – interna –, enquanto a do público é exógena – externa. Isso faz que sua relação seja assimétrica.
>
> Desta forma, a ciência não precisa de apoio cognitivo por parte do público. Entretanto, necessita de um apoio financeiro, político e moral concedido por este mesmo público. Dito com mais precisão, ainda que a ciência não precise de nenhum apoio cognitivo externo, precisa sim, de aprovação cognitiva e de aceitação de suas verdades *como* verdades. Serve-se desta causa por meio da popularização de resultados científicos e de seu possível uso e benefício. A ciência, assim, tem que exercer sua autoridade cognitiva e transmitir o conhecimento ao público a fim de obter a aprovação – e, com ela, o apoio financeiro e político – dessas pessoas não especializadas a quem, em outro caso, se lhes negaria o acesso cognitivo à ciência [Fehér, 1990:435, tradução livre, grifo no original].

Assim, a chamada vulgarização da ciência pode ser analisada como uma etapa intrínseca ao processo de institucionalização das ciências. Nesse sentido, a *Revista Agrícola* proporciona elementos que permitiriam acompanhar personagens envolvidos com as ciências no Brasil em direção à especialização das ciências agrícolas, em busca de aprovação e legitimação de seu saber pelo público e do consequente apoio político e financeiro.

Escopo amplo e irrestrito

A *Revista Agrícola* abordava diversos assuntos ligados ao amplo escopo das atividades rurais, desde os científicos e tecnológicos até os de cunho político, econômico e social. Refletia, na verdade, os inúmeros temas que as atividades rurais agregam e que nem sempre são relacionados diretamente à produção de vegetais, como zootecnia, economia e políticas agrícolas, mecanização da agricultura e educação agrícola.

Assim, diante dos muitos temas tratados na *Revista Agrícola* e com o objetivo de analisar a série completa, foi elaborado um banco de dados com as principais informações dos artigos ali publicados: autor, título, ano/mês, localização, assunto, extraído e notas. Além de sistematizar esses dados, a ferramenta proporcionou cruzamentos deles que permitiram analisar a revista com mais exatidão e elaborar a relação das matérias publicadas.

Os descritores de assuntos foram definidos conforme preconizado pela Associação Brasileira de Normas Técnicas (1992), de modo que cada palavra ou expressão designada como assunto representa um conceito ou combinação de conceitos, com objetivos de indexação.

O critério na escolha dos descritores visou identificar o principal assunto de cada artigo, segundo os interesses da pesquisa. Foram negligenciados assuntos secundários e/ou sem importância para a atual pesquisa. Observe-se que a definição dos assuntos atentou para a terminologia em uso na segunda metade do século XIX. Para tanto, os termos e seus significados foram criteriosamente escolhidos com base em levantamentos na *Revista Agrícola* e em *O Auxiliador*, além de livros e dicionários de época. Lembremo-nos também de que as ciências agronômicas se encontravam em processo de reconhecimento e legitimação como novo campo científico no Brasil e que seu léxico, portanto, estava ainda em construção, com a incorporação frequente de novos termos procedentes da linguagem científica internacional.

Além dos dicionários usuais da língua portuguesa, foram utilizados na investigação dos significados e sinônimos de palavras usuais no século XIX, os dicionários de Raphael Bluteau (1712-1728) e Luiz Maria da Silva Pinto (1813). Para assegurar-me em relação à datação e aos étimos das palavras, foi fundamental a consulta ao *Dicionário etimológico da língua portuguesa*, de Antônio Geraldo da Cunha (2007). E, por fim, no uso das palavras técnicas e seus conceitos, serviu-me de base o *Diccionário de botánica* de Font Quer (1975), recomendado por pesquisadores da área.

A partir dos pressupostos apresentados, uma tabela de assuntos foi elaborada, testada e alterada diversas vezes, até permitir que a análise da *Revista Agrícola* estivesse, na medida do possível, inserida no contexto da metade do século XIX. Seria incongruente interpretar os conhecimentos científicos do período com os instrumentos de saberes atuais. Por exemplo: as informações acerca dos terrenos, naquele tempo, diferenciavam-se da pedologia, hoje relacionada à ciência do solo, termo cunhado apenas em 1924. Na época em estudo, os autores referiam-se a esse campo científico como geologia agrícola, segundo lê-se em Nicolau Joaquim Moreira ao discorrer sobre a importância de o lavrador conhecê-la:

> Ela ensina a reconhecer a origem e a natureza dos solos e subsolos, sua composição e qualidades, fornece os meios de corrigir os defeitos e aumentar a fecundidade, determina a natureza e proporção dos diversos adubos, que reclama cada variedade de terrenos e, na falta deles, os equivalentes mineralógicos que podem dar o mesmo resultado, e finalmente permite reconhecer a existência das substâncias exploráveis de toda a espécie que o subsolo apresenta e que parece haverem sido dosados aos maus terrenos para compensarem sua infecundidade.[207]

Cabe assinalar que o uso da mão de obra escrava não foi destacado como tema nas tabelas porque raramente era tratado de forma direta, por certo devido à polêmica que gerava. Contudo, verifica-se que a questão está presente em diversos artigos, a exemplo daqueles relativos à política agrícola, mecânica agrícola e educação agrícola.

A seguir, exponho as significações de cada termo.

Agronomia: designa agricultura em geral, a arte de cultivar, multiplicar e reproduzir as plantas baseada em técnicas e conhecimentos "científicos". Inclui a horticultura e o melhoramento de espécies vegetais (Cunha, 2007). Cunha indica 1844 como o ano provável da primeira ocorrência do vocábulo na língua portuguesa, juntamente com as palavras "agrônomo" e "agronômico". Note-se que até a metade do século XIX a agricultura não se distinguia de forma evidente da botânica, sendo a primeira, em geral, referenciada como a "arte" da segunda, ou seja, como aplicação do saber botânico. Entretanto, no período em que a *Revista Agrícola* circulou (1869-1891), a agronomia buscava se afirmar como um saber diferenciado, inclusive da botânica.

---

207 Nicolau Joaquim Moreira. O agricultor e as ciências, *Revista Agrícola*, Rio de Janeiro, v. 10, n. 4, p. 136-137, 1879.

Botânica: descrição dos vegetais, suas características morfológicas e fisiológicas, sua distribuição geográfica e sua classificação nos sistemas taxonômicos. Usava-se também a expressão "botânica agrícola". Segundo Nicolau Joaquim Moreira (1879:136), a botânica e a zoologia "mostram ao lavrador como o vegetal e o animal nascem, crescem, florescem, frutificam, reproduzem-se e se decompõem [...]".

Educação agrícola: textos que versam sobre o ensino agrícola.

Exposição: notícias publicadas sobre as exposições nacionais e universais.

Geologia agrícola: gênese, constituição, propriedades, classificação e nutrição do solo. O termo corresponde, em parte, ao atual campo da pedologia ou edafologia. Convém ressaltar que se usava também o termo "agrologia", que, segundo Oliver (2005:47-48), designava a "ciência que trata do conhecimento dos terrenos nas suas relações com a agricultura". Entretanto, constatam-se usos diferentes desse termo na documentação do IIFA, e por isso optei por adotar "geologia agrícola", usual na *Revista Agrícola* para itens que abordam o solo.

Mecânica agrícola: descrição de instrumentos de cultura e colheita, semeadores e máquinas agrícolas, seus usos e benefícios nas atividades rurais.

Meteorologia agrícola: campo científico voltado para a investigação dos fenômenos produzidos na atmosfera e sua influência nos vegetais – tanto no tempo real quanto no tempo futuro –, com objetivo de orientar os lavradores no planejamento das atividades agrícolas. No periódico da Sain, *O Auxiliador*, a meteorologia agrícola era explicada como "estudos das épocas da vegetação, dos meios de evitar os fatais efeitos dos contratempos, a escolha dos ramos de cultura em referência ao clima, ao calor, a umidade".[208]

Outros: temas que não estão contemplados na presente lista.

Patologia vegetal: refere-se a doenças das plantas. A entomologia agrícola foi aqui incluída porque algumas enfermidades eram identificadas devido à presença de insetos, porém ainda não se mencionava esse vocábulo. O termo corresponde, em parte, à atual fitopatologia.

Política agrícola: relacionado com os valores dos produtos; produtividade e mercado; e ações governamentais no Brasil e no exterior, com vistas ao incremento da agricultura, como crédito agrícola, construções de portos e estradas para escoamento de produtos. Incorpora a economia rural.

Política institucional: estrutura e funcionamento do IIFA e instituições congêneres, como Imperial Instituto Baiano de Agricultura (IIBA), Sain, Instituto Histórico e Geográfico Brasileiro (IHGB) e Associação Brasileira de Aclimação (ABA).

---

208 O *Auxiliador da Indústria Nacional*, Rio de Janeiro, n. 2, p. 50, jul. 1849.

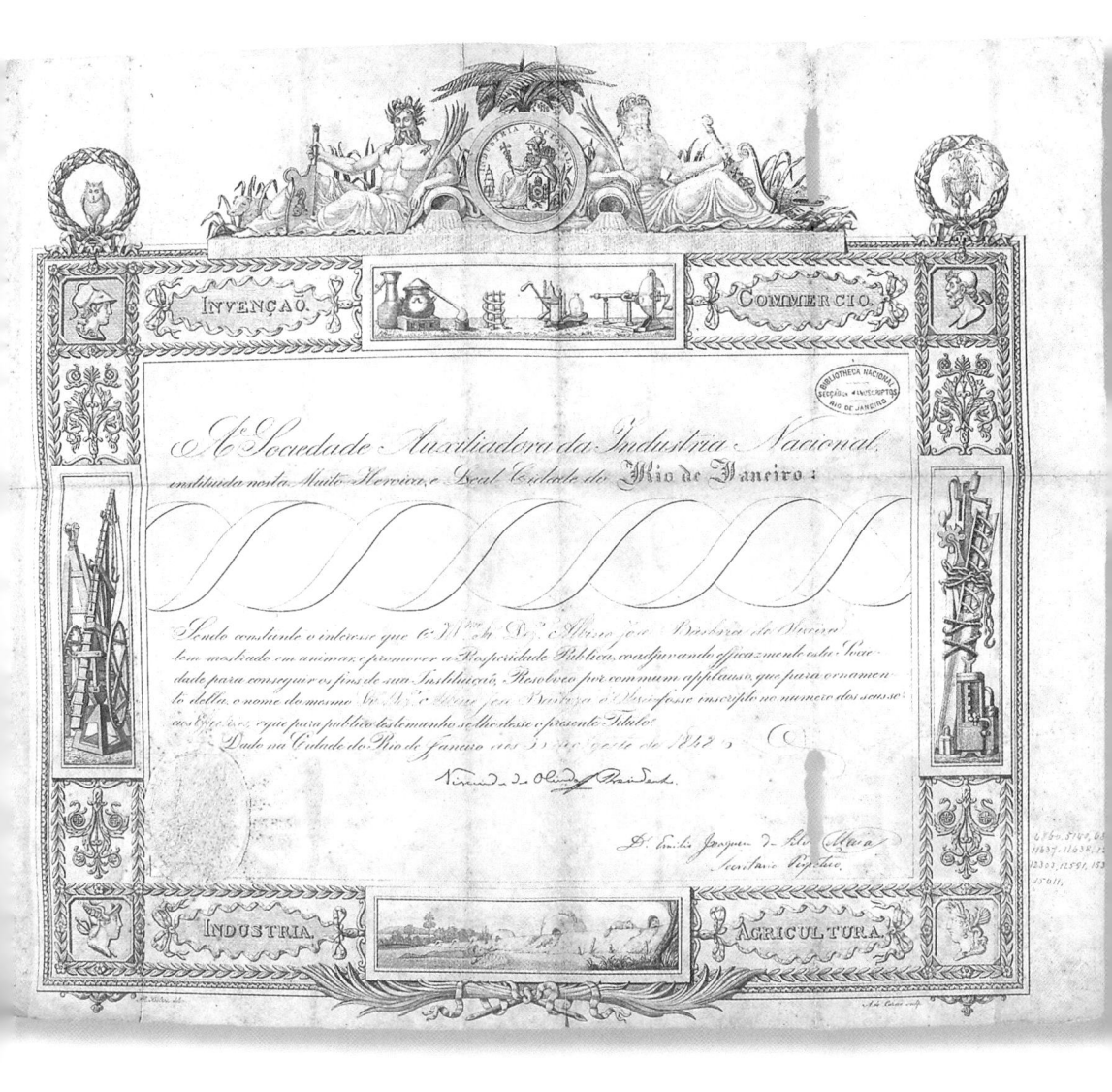

Química agrícola: composição dos elementos químicos das plantas e dos solos e suas relações com a nutrição dos vegetais. Anos antes de a Revista Agrícola começar a circular, a química agrícola acarretara transformações fundamentais na agricultura, propiciando elementos para novas teorias e áreas de investigação.

Silvicultura: cultivo de árvores florestais com finalidade de estudo e exploração econômica das florestas. Usava-se também o termo "economia das florestas".

Variedades: temas que eram publicados na seção "Noticiário Agrícola".

Zootecnia: nutrição, reprodução e melhoria de raças de animais economicamente úteis, visando ao aumento e à melhoria da produção. Inclui a zoologia e a criação de abelhas (apicultura) e bichos-da-seda (sericicultura).

DIPLOMA DA SOCIEDADE AUXILIADORA DA INDÚSTRIA NACIONAL - SAIN

Gravura Jean Baptist Debret Biblioteca Nacional

O gráfico abaixo retrata a revista nos seus 22 anos de publicação e revela que a *agronomia* foi o assunto de maior destaque (23,4%). A área de abrangência da agronomia era bastante ampla; é, portanto, compreensível sua relevância na totalidade dos artigos. Ademais, o título *Revista Agrícola* já indicava ao leitor o principal assunto que encontraria ao folhear suas páginas. Assim, classificados nesse assunto encontram-se artigos sobre novos vegetais com valor econômico; análises de culturas tradicionais na agricultura; técnicas de reprodução e melhoramento de plantas; notícias com análises detalhadas das produções agrícolas em outros países, principalmente os concorrentes do Brasil no mercado internacional. Alguns exemplos de artigos classificados nesse assunto, publicados por diferentes autores: "A beterraba e a cana"; "Cultura da mandioca"; "Fecundação artificial"; "Memória sobre a cultura do cafezeiro no Yemen (Arábia)"; "Mudas de sumagre importadas da Espanha"; "Relatório sobre a pretendida enxertia da cana-de-açúcar".

Em segundo lugar (16,8%) figura o assunto *política agrícola*, relacionado a ações governamentais para incremento da agricultura, valores dos produtos, produtividade e mercado.

A *química agrícola* foi o terceiro assunto mais abordado (11,3%). Conforme visto,[209] esse campo científico revolucionara a agricultura na Europa e nos EUA. Sobre o tema,

	Artigos	(%)
Agronomia	161	23,4
Botânica	20	2,9
Educação agrícola	26	3,7
Exposição	21	3
Geologia agrícola	20	2,9
Mecânica agrícola	60	8,7
Meteorologia	10	1,4
Outros	73	10,6
Patologia vegetal	32	4,6
Política agrícola	116	16,8
Política institucional	57	8,2
Química agrícola	78	11,3
Silvicultura	11	1,5
Variedades	40	5,8
Zootecnia	53	7,7
Total	688	100

Assuntos contemplados na Revista Agrícola
(1869-1891)

a revista publicou artigos das diversas correntes que dividiam então a comunidade científica europeia e buscou propagandear as vantagens no uso de adubos e fertilizantes,

---

209 Acerca da química agrícola e sua repercussão no Brasil, ver capítulo 4, item "Estado da arte das ciências aplicadas à lavoura".

de maneira a não exaurir as terras e abandoná-las em troca de outras com matas. A *Revista Agrícola* criticava as derrubadas das matas e as queimadas para obter solos mais produtivos e buscava apresentar alternativas a tais rotinas.

O quarto lugar é ocupado pela *mecânica agrícola*. A maioria dos textos desse assunto é ilustrada com estampas sobre o uso e as vantagens de aparelhos, máquinas ou instrumentos agrícolas e traz reflexões acerca das vantagens de seu uso em substituição à mão de obra escrava.

Divulgavam-se instrumentos e máquinas agrícolas nacionais e estrangeiras, alguns com adaptações ao clima/solo/planta das regiões tropicais. Verifica-se que os EUA eram a principal referência em mecânica agrícola, pois a maioria das estampas representa produtos norte-americanos, diferentemente dos outros assuntos mencionados, como a química agrícola, em que predominavam menções à Alemanha e França. O investimento norte-americano em máquinas e instrumentos agrícolas era motivo de elogios constantes nas páginas da *Revista Agrícola,* e a mecanização era apresentada como uma alternativa "racional" à mão de obra escrava. As ilustrações, muitas vezes, eram reproduções de desenhos de produtos que haviam figurado nas exposições nacionais e internacionais – alguns deles, inclusive, premiados.

As três estampas que se seguem exemplificam a diversidade de produtos e o "estrangeirismo" das ilustrações.

O quinto assunto mais abordado é *política institucional.* Apesar de intitular-se "órgão oficial do IIFA", a *Revista Agrícola* pouco publicou sobre a instituição, e a respeito dela a quase totalidade das matérias é composta por documentos oficiais, como atas e relatórios. Entre os 57 itens sobre o IIFA e instituições diversas, 27 são publicações de atas de reunião.

A *zootecnia* ocupa o sexto lugar no âmbito geral da revista (7,7%), contudo ganhou destaque na década de 1880, conforme será abordado adiante. Foram publicados diversos artigos que incentivavam a criação de animais com retorno econômico e ensinavam-se as principais raças e os cuidados, além de se apresentarem novas espécies com êxito no exterior, como os títulos de alguns itens sugerem: "Gado vaccum"; "Criação das abelhas entre os trópicos"; "Higiene das galinhas"; "Relatório sobre a epizootia de Campos (carbúnculo de Davaine)"; "Piscicultura na China".

A *silvicultura*, apesar da pouca representação no número total de artigos (1,5%), marca um fato importante na história do aproveitamento econômico das árvores. Constam na *Revista Agrícola* os primeiros trabalhos publicados no Brasil sobre as espécies de eucalipto – *Eucalyptus globulus*; no Jardim Botânico foram plantadas diversas delas, inicialmente com interesse em seu potencial para fins medicinais.

Revista Agrícola
Biblioteca JBRJ

MÃI ARTIFICIAL

O gráfico da figura ao lado permite verificar que os assuntos relativos diretamente ao campo científico das ciências agrícolas somam 55,7% e os demais,[210] 40,4%, a revelar uma diversificação de temas em proporções semelhantes, de modo, possivelmente, a atingir um público de interesses também diversos.

A seleção dos artigos e das notícias ficava a critério do redator da *Revista Agrícola*, que, ademais, era frequente autor de colaborações, a maioria delas sem assinatura. Vale, portanto, observar quem foram esses redatores e em que medida suas trajetórias auxiliam a compreender as escolhas e os caminhos desse periódico, em determinados contextos. Baseio-me aqui em Figueirôa (2001:244), que destaca "quão imbricados e interdependentes estão os cientistas e as instituições a que pertencem" e enfatiza a importância das biografias na história das ciências, "quer se priorizem as ideias científicas ou as instituições".

Redatores: personagens vinculados às ciências conduzem a *Revista Agrícola*

A direção e redação da *Revista Agrícola* esteve a cargo de três personagens. Miguel Antonio da Silva foi o primeiro deles, tendo assumido em 1869 e permanecido no cargo até seu falecimento, em 1879. Seguiu-se, então, Nicolau Joaquim Moreira, até o último número de 1887, quando foi substituído por Ladislau Netto, que esteve à frente da revista até ela ser extinta, em 1891.

Miguel Antonio da Silva (1832-1879) era natural do Rio de Janeiro. Estudou na antiga Academia Militar e, em 1854, tornou-se bacharel em matemáticas e ciências físicas e naturais. Quatro anos mais tarde foi nomeado efetivo da cadeira de matemática e ciências físicas da Escola Central (posteriormente Escola Politécnica), tendo alcançado depois o cargo de lente catedrático. Foi membro da comissão que representou o Império na Ex-

---

210 Exceto os assuntos variedades e outros.

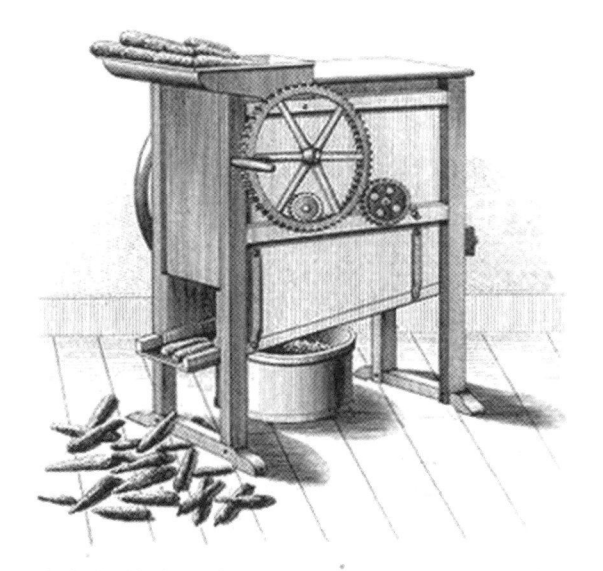

DEBULHADOR DE MILHO *(Cornell's Patent Double Tube Corn Shalls)* E. U.

Revista Agrícola
Biblioteca/JBRJ

Tabella das analyses das cinzas dos caldos de differentes cannas de assucar.

ESTUDO SOBRE CANA-DE-
AÇÚCAR, DO QUÍMICO DO
IIFA, A. KRAUSS

Revista Agrícola
Biblioteca/JBRJ

DENOMINAÇÃO DAS CANNAS.	SILICA.	PEROXYDO DE FERRO.	CAL.	MAGNESIA.	ACIDO SUL-FURICO.	ACIDO PHOS-PHORICO.	CHLORO.	ACIDO CAR-BONICO.	ALCALIS: POTASSA E SODA.
Canna ferro........	6.029	1.335	6.740	5.280	10.220	10.675	10.991	15.797	32.958
Canna cayenna......	3.500	2.075	7.495	6.010	9.040	11.035	11.123	16.108	33.609
Canna Ubá.........	3.380	1.487	8.675	6.770	10.650	11.102	11.045	15.193	31.699
Canna rôxa	2.105	0.742	8.407	6.542	9.567	10.925	10.965	16.445	34.311
Canna listrada......	3.440	1.125	7.385	5.765	9.895	10.563	11.563	16.285	33.978
Canna S. Julião.....	6.483	3.255	6.490	5.770	10.340	9.225	11.429	15.133	31.802
Canna rosa.........	3.214	1.100	8.645	7.257	10.940	10.985	11.430	15.043	31.386
Canna preta........	3.380	0.300	6.600	5.725	10.725	11.190	11.365	16.432	34.285
Canna verde..... ...	5.282	2.675	6.670	5.550	10.620	10.385	10.997	15.724	32.189
Canna crioula........	3.215	1.730	7.860	5.515	9.630	11.880	11.065	15.912	33.200

A. Krauss.

Revista Agrícola
Biblioteca/JBRJ

ANCINHO COATES *(Estados Unidos)*

EUCALYPTUS GLOBULUS

posição Universal de Paris, em 1867. Na Exposição de Viena, em 1873, foi novamente nomeado membro da comissão brasileira e participou, dessa vez, do júri internacional.

Foi também um dos fundadores do Instituto Politécnico Brasileiro (IPB), criado em 1862 (Marinho, 2002:91), além de redator da *Revista do Instituto Politécnico Brasileiro* de 1872 a 1874, segundo informações do Almanak Laemmert (1844-1889). Foi constante sua atuação nessa instituição, tendo participado da comissão técnica das seções de história natural e de trabalhos agrícolas. Nela atuou também com Guilherme Schüch Capanema, figura de relevo entre os homens das ciências, à época. A esse respeito, Pedro de Monteiro Marinho observa:

> Capanema compôs, com Bellegarde e Manuel Felizardo, a "trinda-de" responsável pela idealização e direção do Instituto Politécnico ao longo dos primeiros anos. Formaram, com outros, a primeira geração do IPB. Ao contrário dos demais, Capanema atuou fundamentalmente como "homem de ciência" [Marinho, 2002:91].[211]

Miguel Antonio da Silva aproximara-se de Guilherme Capanema nos tempos em que trabalharam juntos na Escola Central.[212] Capanema o incentivou nas carreiras de telegrafia e mineralogia e geologia. Sob a direção do mestre, Miguel Antonio da Silva trabalhou como responsável de linhas telegráficas em alguns postos do Brasil. A influência de Capanema sobre o primeiro redator da *Revista Agrícola* pode ser explicada, ao menos parcialmente, pela notoriedade de que gozava o primeiro, sobretudo na década de 1850 e parte da seguinte.

Ao pesquisar os cientistas que buscavam aliar o progresso ao discurso preservacionista no século XIX, Pádua (1998:146) retrata Miguel Antonio da Silva como "um intelectual progressista e modernizador, tão preocupado com o problema da destruição ambiental quanto Guilherme Capanema, de quem se considerava um discípulo".

Por serem bastante raras as fontes que informam sobre os dados biográficos de Miguel Antonio da Silva, o currículo que ele publicava nas capas da *Revista Agrícola* é esclarecedor sobre sua trajetória. Nele constam títulos e condecorações com que foi laureado e sociedades de que era membro. Esses currículos ganham interesse adicional se considerarmos que revelam, também, atividades, cargos, títulos e vínculos acadêmicos destacados por seu titular com o propósito de obter, para si e para o periódico que dirigia,

---

211 Os citados Manuel Felizardo de Sousa e Melo e Pedro de Alcântara Bellegarde ocuparam a pasta do Macop na década de 1860.
212 Sobre Guilherme Capanema, ver Silvia Figueirôa (2005), Rachel Pinheiro (2002) e Maria Sylvia Porto Alegre (2006). No capítulo 2, analiso sucintamente a biografia de Capanema.

credibilidade junto ao público leitor e aos pares. Na primeira página da *Revista Agrícola* de 1869, o redator assim se qualificava:

> Repetidor de ciências físicas e naturais na Escola Central; membro do Conselho Fiscal do IIFA; sócio do IHGB; do Instituto Politécnico Brasileiro; da SAIN; da Sociedade Vellosiana; das Sociedades Geológica e Geográfica da França; da Sociedade Polimática do Morbihan; da Sociedade de Arqueologia, Ciências, Letras do Departamento do Sena e Marne, da Sociedade de História Natural "Isis" de Dresda, etc., etc.[213]

Na capa de dezembro de 1872, constata-se uma mudança e acréscimos de títulos no currículo de Miguel Antonio da Silva. Doravante passava a apresentar-se como "doutor em ciências físicas e naturais; lente de Botânica e Zoologia na Escola Central; professor de física industrial no Imperial Liceu de Artes e Ofícios [...]". Acrescentava uma sociedade, a Reunião dos Expositores da Indústria Nacional, da qual se tornara sócio honorário. Em três anos, portanto, o redator da *Revista Agrícola* já assinava como doutor, além de registrar sua ascensão na Escola Central, de repetidor para lente, e de acrescentar mais uma ocupação no magistério, dessa vez no Imperial Liceu de Artes e Ofícios.

Outras mudanças ocorreram no currículo de Miguel Antonio da Silva publicado em 1875. Nele constam o título de doutor em matemáticas e ciências físicas e naturais (acrescentou matemáticas), os cargos de lente de mineralogia e geologia, na Escola Central (anteriormente de botânica e zoologia), e de professor de física industrial, no Imperial Liceu de Artes e Ofícios. Quanto às instituições das quais era membro, acrescentou a Sociedade de Farmácia (Ciências, Artes e Indústria) de Santiago do Chile, a Academia Nacional Agrícola Manufatureira e Comercial da França e também o cargo de presidente do Instituto Brasileiro de Ciências Físicas, item substituído, a partir de março de 1877, por "presidente da Academia Brasileira de Ciências Físicas".

A análise das mudanças curriculares declaradas na *Revista Agrícola* por Miguel Antonio da Silva durante os anos de 1869 a 1879 permite inferir que o cargo de redator colaborou para sua ascensão profissional, ampliando suas relações na rede de cientistas brasileiros e estrangeiros e, consequentemente, auxiliando-o nas promoções que obteve na Escola Central, além de ter acrescentado o posto de professor do Imperial Liceu de Artes e Ofícios. O cargo de redator, supostamente, era recompensador e auferia distinção social, sobretudo entre os homens das ciências.

---

213 Observe-se, além dos destaques que o autor elege, que o "etc., etc.", ao final da lista, leva o leitor a supor que a relação seria ainda mais extensa ainda.

A escassa documentação acerca do primeiro redator da *Revista Agrícola* pode ser a principal causa de seu desconhecimento pela historiografia. Todavia, a carta de Miguel Antonio da Silva a Mariano Procópio Ferreira Lage,[214] enviada de Paris em 1867, ajuda a elucidar esse personagem. Escreveu, ele, que chegara de uma sonhada viagem à Inglaterra, em que visitara alguns estabelecimentos de fusão e preparação de ferro e de aço. Observou então:

> A minha predileção para a História Natural me arrastava, porém, particularmente, para o "British Museum", do qual guardarei por toda a vida, a mais grata lembrança pelas estreitas relações que entretive com o eminente Prof. Sr. Richard Owen, o Cuvier do nosso século para o "Zoological Garden" [...] magníficos jardins britânicos e Museu de Kew onde o gênio e a perseverança de Hooker, conseguira, além de outras maravilhas, transplantar com toda a sua beleza e vigor a flora titânica de nossa pátria [...].[215]

A despeito de sua trajetória na engenharia e nas matemáticas, Miguel Antonio da Silva revelava sua inclinação pessoal pela história natural e a constatação da importância da flora brasileira no exterior. De fato, a viagem à Europa como membro na Exposição Universal de Paris parece ter sido fundamental na ampliação de seus conhecimentos e suas atividades, já que na volta exonerou-se do Exército, iniciou sua participação nas reuniões de diretoria do IIFA e, em 1869, assumiu a direção da *Revista Agrícola*, a ela dedicando-se até sua morte.

Em 1872 Miguel Antonio da Silva foi nomeado lente catedrático da cadeira de botânica na Escola Central. Dois anos depois, passou a ocupar a cadeira de mineralogia e geologia no lugar de Guilherme Schüch Capanema. Constata-se, mais uma vez, a sintonia profissional entre ambos, pois o redator da *Revista Agrícola* assumiu a cadeira do amigo para que o mesmo, licenciado, pudesse se dedicar à Repartição Geral dos Telégrafos.

As publicações de Miguel Antonio da Silva demonstram a abrangência de seus conhecimentos e interesses. Conforme levantamento de Sacramento Blake (1902:268-269, v. 6), a maioria delas veio a lume na década de 1860 e tratava de diversos temas, como ótica, física, geologia, zoologia, metalurgia, fitopatologia, arqueologia e agricultura. A *Revista Agrícola* espelhou, de certa maneira, o ecletismo de seu primeiro redator, o qual, talvez por não ser especialista em agricultura e áreas afins, fez publicar no periódico também artigos

---

214 Mariano Procópio Ferreira Lage (1821-1872), importante engenheiro na época. Entre as diversas obras que realizou destaca-se a primeira estrada macadamizada do Brasil, a Estrada União Indústria, que ligava Petrópolis a Juiz de Fora.
215 Carta de Miguel Antonio da Silva a Mariano Procópio Ferreira Lage, de 21/9/1867 (Museu Imperial, Arquivo Histórico, Arquivo POB, maço 141, doc. 6.916).

	Artigos	(%)
Agronomia	15	34
Botânica	5	11,3
Educação agrícola	2	2,6
Exposição	2	2,6
Geologia agrícola	2	2,6
Mecânica agrícola	5	11,3
Meteorologia	0	0
Outros	3	0
Patologia vegetal	0	10,4
Política agrícola	8	11,3
Política institucional	5	2,6
Química agrícola	2	1,3
Silvicultura	1	0
Variedades	0	5,2
Zootecnia	4	6,8
Total	44	100

Artigos assinados por Miguel Antonio da Silva
durante sua gestão (1869-1879)

sobre outros temas. Apenas a meteorologia não foi contemplada por Miguel Antonio da Silva nos artigos que assinou na *Revista*. O gráfico apresenta esses temas, e por ele se pode observar que *agronomia* foi assunto predominante (34%), seguido de *botânica* (11,3%) e *mecânica agrícola* (11,3%); *política institucional* (11,3%) também foi um assunto que Miguel Antonio da Silva buscou divulgar aos leitores.

Após o falecimento de Miguel Antonio da Silva, em 1879, assumiu a redação da *Revista Agrícola* Nicolau Joaquim Moreira. Médico, nasceu no Rio de Janeiro em 1824 e faleceu em 1894. Dedicava-se com especial afinco à "vulgarização" científica e, ao assumir a direção do periódico, já publicara mais de 20 títulos dirigidos ao grande público e concernentes, entre outros temas, à química, zootecnia e agricultura. Também foi um ativista da abolição e defendeu, na revista, o incentivo à imigração de europeus como alternativa à mão de obra escrava. Sobre ele, Lima (2005:42) observa:

> Nicolau Joaquim Moreira participou ativamente dos mais importantes processos sociais das últimas décadas do século XIX. Foi neste contexto que formou suas bases teóricas e iniciou sua vida social, intelectual e política. Lutou pela abolição da escravidão ao lado de José do Patrocínio, Joaquim Nabuco e André Rebouças, tendo participado das mais importantes instituições intelectuais do Império. Foi também um dos mais combativos defensores da imigração europeia e, ainda, administrador da Capital Federal no alvorecer da República no Brasil.

A atuação de Moreira em associações científicas foi intensa, com cargos relevantes, como os de redator d'*O Auxiliador*, de 1866 a 1892; presidente da Comissão de Agricultura da Sain, de 1866 a 1874; segundo vice-presidente dessa sociedade, de 1874 a 1881; e presidente da mesma, desse ano até seu falecimento em 1894. Foi professor de agricultura no Museu Nacional, em curso criado em 1876 por Ladislau Netto. No IIFA, após a morte de Carlos Glasl, em 1883, assumiu a direção da Fazenda Normal, do Asilo Agrícola e do Jardim Botânico, ao mesmo tempo que desempenhava a função de redator da *Revista Agrícola* e d'*O Auxiliador*. Exerceu o cargo de cirurgião do Hospital Militar e foi membro da Comissão Brasileira da Exposição Internacional de Filadélfia, em 1876, além de diretor da seção de Botânica e subdiretor do Museu Nacional (Sacramento Blake, 1902:309-311, v. 6). Portanto, ao assumir a *Revista Agrícola*, Nicolau Joaquim Moreira era certamente um dos mais conceituados e importantes personagens do Império a discorrer sobre agricultura e temas correlatos, em especial para o grande público.[216]

Ao contrário do redator anterior, Nicolau Joaquim Moreira não estampava nas capas da *Revista Agrícola* seu currículo, talvez por já possuir reconhecimento junto à rede dos homens de ciência. Pode-se supor, com isso, que a publicação se beneficiou da credibilidade do novo redator. Ademais, o currículo de Moreira sugere que ele só assumiria o cargo e manteria a revista na mesma linha editorial se concordasse com o antecessor e vislumbrasse nela potencial e utilidade.

A tabela a seguir indica a frequência temática dos artigos assinados por Nicolau Joaquim Moreira na *Revista Agrícola*, no período em que esteve à frente dela como redator (1879-1887). Verifica-se que, diferentemente de seu antecessor, pouco se dedicou ele à *agronomia* (5,4%), tendo sido *química agrícola* o tema mais assíduo durante sua gestão (29,7%), contrastando com o índice de 2,6% observado na gestão anterior. *Educação agrícola* e *zootecnia* aparecem em segundo e terceiro lugares, nos artigos do período (13,5% e 10,8%, respectivamente).

A educação voltada para as atividades rurais com vistas a introduzir conhecimentos científicos era um tópico que Moreira valorizava e buscava salientar em seus escritos. Logo no segundo número da revista sob sua direção, em artigo intitulado "O agricultor e as ciências", observava:

> Para que a agricultura assuma o grau de importância a que tem direito; para que mesmo no simples papel de ramo industrial atinja o desenvolvimento necessário a felicitar os seus cultores e a enriquecer o país, reclama

---

216 Para mais informações acerca de Nicolau Joaquim Moreira, ver capítulo 2.

	Artigos	(%)
Agronomia	2	5,4
Botânica	0	0
Educação agrícola	5	13,5
Exposição	0	0
Geologia agrícola	0	0
Mecânica agrícola	1	2,7
Meteorologia	0	0
Outros	6	16,2
Patologia vegetal	0	0
Política agrícola	3	7,1
Política institucional	4	10,8
Química agrícola	11	29,7
Silvicultura	1	2,7
Variedades	2	5,4
Zootecnia	4	10,8
Total	37	100

Artigos assinados por Nicolau Joaquim Moreira
durante sua gestão (1879-1887)

a intervenção dos conhecimentos científicos, para cujo auxílio não se pode prescindir da consagração do ensino desde a mais simples escola primária até o mais elevado instituto agronômico.

Na atualidade pouco importam as tradições transmitidas de pais a filhos: já não são suficientes meras noções agrícolas; a economia rural exige a posse dos direitos que, há mais de um século, disputam as ciências aplicadas, a fim de que espancando das populações rurais as ideias supersticiosas que ali imperam, substitua a cega e prejudicial rotina por uma indústria racional e progressiva [Moreira, 1879:135].

Em 1887, após desentendimentos com o presidente interino do IIFA, Pedro Dias Gordilho Paes Leme, Moreira afastou-se da instituição e da *Revista Agrícola*. Assumiu-a o alagoano Ladislau de Sousa Melo e Netto (1838-1894), cientista natural que se doutorara na França e fora responsável, em 1876, pela criação do *Archivos do Museu Nacional*, primeiro periódico científico brasileiro voltado exclusivamente para as ciências naturais. Dirigiu o Museu Nacional entre 1875 e 1893, período considerado por seu sucessor como a idade de ouro da instituição. Na área científica, publicou mais de 52 obras versando sobre diversos assuntos de botânica e antropologia (Lopes, 2009:94-95; Sacramento Blake, 1902:281-285, v. 5).

Apesar de ser um personagem polêmico, com desafetos entre os homens das ciências da época, Ladislau foi "o grande organizador do Museu Nacional segundo os padrões científicos vigentes nas décadas de sessenta e setenta do século passado" (Lopes, 2009:101). Sua trajetória profissional demonstra a admiração pela ciência que se fazia na Europa, pois estabeleceu intercâmbios e buscou inserir o Brasil nas discussões internacionais.

Ladislau Netto assumiu a direção da *Revista Agrícola* manifestando admiração por seu antecessor e reconhecendo a reputação desfrutada por aquele pesquisador junto aos cientistas: "um grande lidador e ao mesmo tempo um espírito esclarecido, a quem de estranhas e longínquas terras há mais de 20 anos já rendia eu, no vigor da minha adolescência, justiça e homenagem merecidas" (Netto, 1888:3).

Não obstante o desempenho científico e administrativo que tivera à frente do Museu Nacional, Ladislau Netto pouco inovou na direção da *Revista Agrícola*, ao menos no que concerne à linha editorial do periódico – talvez por ter assumido o cargo em meio a uma crise institucional, já em fins do Império e ter nele permanecido apenas três anos.

Chama a atenção o fato de ter assinado apenas dois artigos, no período em que esteve como redator do periódico, uma produção muito menor do que a de seus antecessores (44 artigos de Silva e 37 de Moreira). Sob sua direção, a *Revista Agrícola* publicou, pela primeira vez, um artigo em francês, procedimento já então usual em revistas científicas internacionais.

No período em que a revista esteve dirigida por Ladislau Netto (1888-1891), ressalta-se a colaboração de Emilio Goeldi,[217] com artigos sobre patologia vegetal e diversas traduções comentadas. Na época, Goeldi fora encarregado pelo ministro da Agricultura de estudar a praga que se alastrava nos cafezais e durante um ano esteve envolvido nessa pesquisa, no Museu Nacional; a *Revista Agrícola* publicou o resumo dos relatórios de seu estudo.[218]

A tabela a seguir representa os cinco temas mais frequentes nos artigos da *Revista Agrícola*, nos períodos de gestão de cada um de seus redatores.

Período Assunto	1869-1879 (Miguel Antonio da Silva)	1879-1887 (Nicolau Joaquim Moreira)	1888-1891 (Ladislau Netto)
Agronomia	28,9%	15%	26%
Política agrícola	14,3%	20,7%	15,5%
Política institucional	11,7%	–	9%
Mecânica agrícola	10,6%	7,8%	–
Química agrícola	9,2%	15,2%	–
Zootecnia	–	7,4%	15,5%
Patologia vegetal	–	–	15,5%

Assuntos mais frequentes da Revista Agrícola (1869-1891)

---

217 O cientista suíço Emílio Goeldi (1859-1917) veio trabalhar no Museu Nacional a convite do então diretor Ladislau Netto, em 1884. Goeldi transformou o Museu Paraense de História Natural e Etnografia – atual Museu Goeldi – em importante espaço de referência das ciências naturais.

218 Sobre o tema ver, entre outros, Nelson Sanjad (2009).

Constata-se que *agronomia*, área mais abordada no período de Miguel Antonio da Silva (1869-1879), reduziu-se quase à metade na gestão de Nicolau Joaquim Moreira (1879-1888) e recuperou a prevalência com Ladislau Netto (1888-1891). O quadro 1 também indica que, na fase em que Moreira dirigiu a revista, divulgou-se um número similar de artigos sobre *química agrícola* e *agronomia*. Já *política agrícola* foi publicada com frequência semelhante durante as três gestões. Em *política institucional*, chama a atenção o fato de Moreira tê-la desprezado, sendo ele diretor de três estabelecimentos do IIFA – Jardim Botânico, Fazenda Normal e Asilo Agrícola – durante o período em que dirigiu o periódico. *Mecânica agrícola* ocupou o quarto lugar nas duas primeiras gestões, porém quase desapareceu com Ladislau Netto (2,6%), certamente porque este considerava um assunto de menor relevância, em comparação aos temas "científicos". *Química agrícola* foi mais abordada no período de Moreira, um entusiasta da matéria. Lembremo-nos de que, no mesmo período, cerca de 30% dos artigos por ele assinados abordavam o assunto; ademais, desde 1840 a disciplina mantinha forte diálogo com a agricultura, para a qual propiciou importantes mudanças, que resultaram nos fertilizantes e defensivos agrícolas. *Zootecnia* ganhou relevância no período do segundo redator, e durante a gestão de Ladislau Netto sua porcentagem mais que duplicou. Os textos nela classificados refletem preocupações com as epizootias e revelam o aumento de pesquisas na área, juntamente com o início das campanhas de vacinação. Por fim, o assunto *patologia vegetal* foi marcante apenas na gestão de Ladislau Netto, devido à inclusão dos artigos de entomologia agrícola, representada nos trabalhos acerca das moléstias que atacavam as plantações.

Além das diferenças de carreiras entre os redatores, é possível observar, com a leitura dos números da *Revista Agrícola*, que também divergiam seus interesses sobre assuntos científicos e política agrária, embora isso não tenha resultado em mudanças significativas na linha do periódico. Constata-se também que a revista foi dirigida, durante seus 22 anos de existência, por homens das ciências que nele vislumbraram um "veículo" para o diálogo com produtores rurais, governo e opinião pública, como também para legitimação dos novos campos científicos resultantes do processo de especialização em curso.

Editoriais: acerca das posições da publicação

Os editoriais geralmente defendem os pontos de vista do periódico e a escolha de determinados assuntos, de modo a conquistar o interesse do leitor. O editorial do primeiro número da *Revista Agrícola* estampava o título "A reforma agrícola". Nele, em linguagem prolixa, Miguel Antonio da Silva apresentava seu pensamento a respeito do mundo e do país e exaltava o estudo das leis naturais como um modo de revelar recursos e elevar a grandeza do trabalho humano. Na visão do redator, as ciências sociais e econômicas – sobretudo o direito – já desfrutavam de grande prestígio no Brasil pós-independência. Já as ciências naturais, em processo de afirmação, aplicavam-se mais sistematicamente ao "princípio da utilidade", sendo seus adeptos "homens de imaginação fria e limitada", voltados ao desenvolvimento das ciências positivas e às investigações das leis naturais. A agronomia, por sua vez, buscava reagir contra o empirismo e as práticas tradicionais (Silva, 1869:5).

O editor dividia em três categorias aqueles que se dedicavam à lavoura: o cultivador, que aplicaria as tradições adquiridas, sem inová-las; o agrônomo, que observaria "os fatos com a imparcialidade de um juízo superior" e produziria conhecimentos acerca do melhoramento das doutrinas – não sendo de sua alçada analisar as condições da vida agrícola e tampouco o mercado e sua especulação –; e, por fim, o agricultor, que além de inovar no trato com a terra também procuraria inteirar-se sobre o mercado, o que o tornaria um "elo que prende a ideia ao fato, à concepção, à realização" (Silva, 1869:5).

Haveria no Brasil, segundo Miguel Antonio da Silva, agrônomos "de ilustração reconhecida e seriamente dedicados, além de muitos 'cultivadores hábeis e diligentes'". Entretanto, o país precisava era de agricultores que soubessem administrar propriedades e escolher entre "os conselhos da teoria e as observações da prática o mais conveniente, o mais cômodo, o mais eficaz às necessidades da ocasião [...]. Dotemos, portanto, a lavoura pátria de *verdadeiros agricultores*" (Silva, 1869:5, grifos no original).

Observe-se que, nesse primeiro momento da *Revista Agrícola*, o editorial parece dirigir-se ao agricultor que buscava ir além das antigas práticas na lavoura, recorrendo ao conhecimento científico, sem ser, porém, um especialista. Apesar de o agrônomo ser exaltado como portador de um "juízo superior", Miguel Antonio da Silva deixava claro que a revista não seria um espaço exclusivo das ciências agronômicas. De fato, ao justificar a necessidade de uma revista dedicada à agricultura, ressaltava que "todos os interesses, todas as ambições legítimas têm seus representantes na imprensa" (Silva, 1869:5), ao passo que a lavoura propagava suas doutrinas em espaços da grande imprensa. A revista que ora se criava constituiria um espaço exclusivo de reflexões acerca da agricultura no Brasil, e seu principal objetivo era fazer com que prosperassem as atividades rurais.

Miguel Antonio da Silva concluía o editorial comparando a importância da imprensa à da escola, por propiciarem ambas a divulgação do conhecimento à população. Haveria, em sua opinião, um consenso na sociedade sobre a premência de investimentos na melhoria da agricultura do país, e, para tanto, seria necessário abandonar vícios rotineiros e eliminar a ignorância entre os cultivadores. Logo, era imprescindível o conhecimento de técnicas modernas e o uso de máquinas e instrumentos agrícolas, além do ensino agrícola, fundamental para a solução dos problemas do setor. Ressalte-se que, no mesmo ano de criação da *Revista Agrícola*, o IIFA inaugurou o Asilo Agrícola, e possivelmente, o editor buscava valorizar, no editorial do primeiro número da revista, as duas atividades recém-implantadas na instituição. Contudo, o tema *educação agrícola* esteve presente em apenas 3,1% dos artigos, a despeito de ser mencionado, em diversos artigos, como de suma importância.

Durante os 10 anos em que esteve à frente da *Revista Agrícola*, Miguel Antonio da Silva escreveu somente quatro editoriais. Nos editoriais seguintes ao primeiro deles, mostrou-se mais conciso e direto, utilizando o espaço apenas com agradecimentos e justificando-se por não alcançar plenamente os objetivos da revista.

Quando esteve na Europa como membro da comissão brasileira da Exposição de Viena, entre 1873 e 1874, Miguel Antonio da Silva foi substituído na revista por Joaquim Antonio de Azevedo, que por certo é autor do editorial do número publicado em janeiro de 1874, embora não o tenha assinado. Nele, o redator interino queixava-se da pequena cooperação dos fazendeiros, o que compelia a *Revista Agrícola* a "beber em jornais e livros estrangeiros teorias que podem sem dúvida alguma na prática comprometer interesses".[219] Reivindicava também a publicação de mais experiências e relatos dos fazendeiros fluminenses. Mais do que reclamar da falta de contribuição dos produtores rurais, Azevedo parece expressar, em seu editorial, o desejo de que a *Revista* promovesse o diálogo entre a prática agrícola e os conhecimentos científicos, resultando tanto em avanços na lavoura brasileira quanto na institucionalização das ciências agrícolas no país. Os personagens envolvidos com as ciências no Brasil procuravam buscar o reconhecimento internacional, e a estratégia mais exequível seria produzir conhecimentos genuínos acerca da lavoura brasileira, de modo a incentivar o debate com comunidades científicas de outros países e divulgar projetos inovadores que pudessem ser reproduzidos.

Logo após seu retorno da Europa, Miguel Antonio da Silva escreveu um editorial em que criticava fortemente a lavoura rotineira, "eivada de falsos princípios, arraigada de práticas viciosas e caducas" e responsável por empobrecer a terra e diminuir a produção e a qualidade do cultivo. Discorria acerca da necessidade de adotar uma "agricultura aperfeiçoada", acrescida de experiências e "esclarecida pelos raios da ciência: essa é a que serve, a que praticam os povos civilizados e para os quais tem sido e é o mais possante meio de adiantamento e de progresso" (Silva, 1874:175). Finalizava reiterando os compromissos que assumira no primeiro editorial da publicação, cinco anos antes. Entretanto, percebe-se que os "ares" da Europa o haviam influenciado e seu discurso outorgava maior *status* às práticas científicas. Certamente representava os interesses dos homens das ciências, ainda que sem especialização no campo científico da agronomia e áreas afins.

---

219 [Joaquim Antonio de Azevedo]. Ao público. *Revista Agrícola*, Rio de Janeiro, v. 5, n. 1, p. 3, mar. 1874.

Contudo transparece, nesse editorial, a urgência de firmar e valorizar, junto aos produtores rurais, ao governo e a outros setores da sociedade, o conhecimento científico aplicado às atividades rurais. Nesse ponto, a *Revista Agrícola* buscava desempenhar o papel de estabelecer um elo entre as teorias científicas e a prática dos agricultores, de modo a alterar os hábitos tradicionais e alcançar o "progresso". A linha editorial da *Revista Agrícola* refletia, assim, a necessidade de interação entre produtor, ciência e governo.

Com Nicolau Joaquim Moreira a linha editorial permaneceu semelhante à do antecessor. Solicitava o novo redator que os "Srs. Agricultores nos transmitam os resultados de sua prática e observação em linguagem despretensiosa e simples [...]", e justificava: "É analisando e confrontando os fatos subministrados pelos agricultores que o homem da ciência pode tirar deduções que sirvam de base e de seguro guia em futuras explorações agrícolas". Ademais, defendia a sintonia entre o Brasil e a produção rural da "civilização", com o objetivo de "transmitir aos leitores aquilo que de mais importante verificar-se no mundo europeu relativamente à lavoura" (Moreira, 1880b:3).

As demais "bandeiras" que Moreira levantava em seus editoriais são semelhantes àquelas observadas nos tempos iniciais da revista: o ensino profissional e a cultura racional e intensiva, em lugar da agricultura que então se praticava:

> A cultura rotineira e extensiva [...] que devasta florestas sem critério, sacrificando uma inesgotável fonte de riqueza; que arvora em elementos de produção, a foice, o machado, a enxada, o facho, e o escravo; que transforma em terras sáfaras solos feracíssimos, depreciando-lhes o valor, é, em nossa opinião, querer levar o país ao estado em que caíram as férteis regiões da Ásia, da Grécia e da Itália [Moreira, 1883:3].

> Do ensino agrícola resulta a economia de braços e de trabalho, a perfeição nos produtos cultivados, necessidade de poucas terras, e conservação das florestas, o que torna salubre a localidade, aumenta o valor do solo e contribui para a riqueza do Estado.
>
> O ensino profissional será a terceira inscrição da bandeira do progresso, hasteada pela *Revista Agrícola* do Imperial Instituto Fluminense de Agricultura [Moreira, 1883:6].

Por outro lado, Moreira foi o único redator a colocar-se explicitamente contra a escravidão, até então abordada indiretamente, nos 10 anos da *Revista Agrícola*. Por certo, na década de 1880, com o fortalecimento da causa abolicionista, o contexto era mais propício a manifestações dessa natureza. Sobre o assunto, o novo editor não tergiversava: "o trabalho servil cresta o solo em vez de fertilizá-lo [...]" (Moreira, 1883:4). Citava o exemplo dos EUA, que havia alavancado a indústria e a agricultura com o fim do trabalho escravo. Em artigo na seção "Mecânica agrícola", teceu comentários acerca da "influência maléfica da escravidão na economia rural", enalteceu o uso de máquinas e instrumentos agrícolas nos trabalhos rurais e finalizou com uma advertência: "Como se vê, o Brasil, país que se proclama essencialmente agrícola, ocupa o último grau da estatística apresentada [sobre o número de instrumentos agrícolas introduzidos nos países], tendo por companheira – *Cuba* – e ambos possuindo escravos" (Moreira, 1886a:59, grifo no original).

Entre 1869 e 1887, o percentual de artigos extraídos de outros periódicos na *Revista Agrícola* foi de 10,2% em relação ao total de artigos veiculados no mesmo período. Já no período sob a direção de Ladislau Netto, esse percentual foi de 34%, ou seja, triplicou a publicação de artigos oriundos de outras fontes. Por outro lado, observa-se a pouca participação de artigos nacionais, em especial daqueles redigidos exclusivamente para a *Revista Agrícola*. Tal situação parece indicar que a revista desistira de incentivar produtores rurais a ocupar suas páginas para troca de ideias e relatos de experiências, talvez por não encontrar eco do seu projeto junto a eles, ou mesmo porque poucos agricultores eram capazes ou motivados a escrever um artigo de periódico.

Outro fator a considerar é a crise institucional por que passava o IIFA no período – inclusive com o afastamento de membros da sua direção –, que pode ter levado Ladislau Netto a estreitar laços com a comunidade científica internacional. Sabe-se que ele atribuía grande importância ao intercâmbio com essa comunidade e aos periódicos estrangeiros, particularmente os europeus, como atesta sua atuação à frente de *Archivos do Museu Nacional*:

> A repercussão internacional da revista [*Archivos*] era a maior preocupação de Netto. Por isso mesmo nunca descuidou de contar em suas páginas com autores de renome internacional. [...]
>
> Todo esse esforço se traduzia, em casa, em prestígio científico e apoio político, que nunca faltaram a Netto [Lopes, 2009:183-184].

De fato, no período em que esteve sob a direção de Ladislau Netto (1888-1891), a *Revista Agrícola* viveu a fase "mais acadêmica" de sua trajetória e com maior comunicação com periódicos estrangeiros.[220]

---

220 No primeiro número sob direção de Ladislau Netto (v. 19, n. 1, 1888), encontra-se uma lista de 324 "associações a que é remetida a *Revista Agrícola*" (p. 101-120), cuja grande maioria é de sociedades internacionais.

A *Revista Agrícola* esteve a cargo de membros ligados direta ou indiretamente à rede de homens das ciências brasileiros, em especial aqueles radicados na Corte. Nicolau Joaquim Moreira e Ladislau Netto desempenhavam atividades mais diretamente vinculadas à pesquisa. Miguel Antonio da Silva, embora não tivesse o mesmo perfil, demonstrou, em sua gestão, estar a par dos debates científicos por integrar uma comunidade que gravitava em torno de pesquisadores e instituições de ciência; acima de tudo ele imprimiu à *Revista Agrícola* um viés de valorização das ciências no campo.

Conforme declaravam os redatores, o público-alvo do periódico compunha-se daqueles "que se interessam pelos negócios da lavoura e por seu incremento" (Silva, 1870a:1), ou seja, era formado por membros das elites imperiais, em especial proprietários rurais. No entanto, muitos artigos demandam conhecimento de especialistas para sua compreensão, o que leva a crer que se buscava alcançar outros públicos além do declarado nos editoriais. Ainda que não revelassem, tencionavam que a publicação também servisse aos homens das ciências no Brasil, para troca de conhecimentos e legitimação de seu saber. Lembremo-nos de que, naquele período, a agronomia e áreas afins buscavam afirmar-se como saberes diferenciados com vistas à especialização, e para tanto era fundamental estabelecer interlocução com a sociedade e governo.

Em obra sobre o pensamento ambientalista no século XIX, José Augusto Pádua afirma que a *Revista Agrícola* foi decisiva para o desenvolvimento de ideias reformistas, e que os intelectuais que assinavam os artigos no periódico "apresentaram reflexões sofisticadas, universais e antenadas com o que havia de mais recente na literatura europeia" (Pádua, 2002:258). Constatou ainda, o autor, que o uso extensivo da terra e espoliativo do solo era criticado, assim como a escravidão, e que ambos os temas estiveram presentes nos artigos veiculados pelo periódico: "Esse tipo de condenação moderada, se bem que bastante explícita, ao escravismo marcou a linha central da *Revista Agrícola*. Não se pode deixar de incluí-la, dessa forma, na vertente abolicionista da crítica ambiental no Brasil oitocentista" (Pádua, 2002:256-263).

No entanto, a posição da revista diante da escravidão aponta uma contradição: por um lado, ela buscava representar os interesses da lavoura através do apoio aos produtores rurais – os principais escravistas –; por outro, posicionava-se textualmente a favor do fim do trabalho escravo: "transformação, portanto, do trabalho servil em trabalho livre e nunca a extravagante ideia da substituição de braços, será um outro mote que procuraremos proclamar" (Moreira, 1883:5). Percebe-se que o tema era tratado com receio e que os redatores buscavam, preferencialmente, posicionar-se de modo indireto, apresentando soluções e alternativas à mão de obra cativa.

A *Revista Agrícola* tinha seu escopo enquadrado nas três características atribuídas por Barton aos periódicos de popularização das ciências no século XIX, na Inglaterra: fornecer informações científicas; buscar o reconhecimento público dos benefícios da ciência; e propiciar a comunicação entre cientistas de diversas especialidades (Barton, 1998:1-33). De fato, ela não se declarava representante dos cientistas, do governo, dos lavradores ou dos produtores rurais; antes, parece ter pretendido constituir-se como um espaço de diálogo entre os interessados nas inúmeras questões que envolviam as atividades rurais.

Sheets-Pyenson, em artigo sobre periódicos de vulgarização das ciências no século XIX em Paris e Londres, assinala que, na França, os redatores eram, em geral, jornalistas que "traduziam" o discurso científico, desempenhando o papel de mediadores entre a elite de cientistas e o público, o qual se "comportava" como espectadores. Já na Inglaterra os cientistas amadores usufruíam de respeitabilidade na sociedade; alguns, inclusive, ocupavam cargos de redatores dos periódicos de ciência "popular" e incentivavam a adesão de participantes (Sheets-Pyenson, 1985:549-572).

Na *Revista Agrícola* não se percebe restrições a amadores;[221] ao contrário, conforme vimos anteriormente, seus redatores convocavam os "práticos" a colaborar no periódico. De certa forma, o incentivo à publicação de artigos por homens do campo promovia o amadorismo com um objetivo comum: modernizar a lavoura e promover melhorias nas atividades rurais. Contudo, os redatores da revista não eram amadores, como na Inglaterra, tampouco jornalistas "tradutores" da ciência, como na França.

Revista de Horticultura (1876–1879): aproximações e diferenças

A análise da *Revista de Horticultura* deve oferecer subsídios no sentido de auxiliar na interpretação da *Revista Agrícola*. Os pontos de interseções e as discordâncias entre as duas publicações mostram a formação de redes de conhecimentos interessados nas ciências agrícolas, em particular na cidade do Rio de Janeiro. Ademais, permite que se possa compreender a *Revista Agrícola* tendo como referência outra publicação da época com escopo semelhante.

A *Revista de Horticultura* foi uma publicação mensal de 1876 a 1879 — a partir do janeiro de 1877 incluiu o subtítulo: "Jornal de agricultura e horticultura prática". Destinava-se "tanto ao grande e pequeno lavrador, como ao simples hortelão e ao amador de flores".[222] A horticultura e a agricultura não se apresentam, na publicação, de formas muito diferenciadas. O redator da revista afirmava que "a horticultura não é mais que a escola, ou melhor, o laboratório da agricultura".[223] De fato, a *Revista de Horticultura* publi-

---

221 O conceito de amador designa aqueles que praticam ofícios, porém não o exercem como profissão. Neste estudo, poderíamos classificá-los entre os diletantes e os fazendeiros, com especial interesse em agricultura e áreas afins.
222 *Revista de Horticultura*, v. 1, n. 12, p. 228, 1876.
223 Ibid., p. 228.

cava artigos enfatizando a beleza e a exoticidade das plantas na formação de jardins e o cultivo de hortas domésticas; contudo, divulgava diversas matérias sobre a melhoria da agricultura no país, necessidade do conhecimento dos solos, química agrícola, os males da escravidão na lavoura e outros. Sem dúvida, os propósitos das duas publicações eram bastante semelhantes resguardadas as diferentes trajetórias.

O redator, Frederico Albuquerque, havia sido adjunto da Seção de Botânica do Museu Nacional (Sá e Domingues, 1996:84)[224] e era membro da Associação Brasileira de Aclimação. No período de publicação da Revista, não tinha vínculo empregatício com nenhuma instituição e era proprietário de um estabelecimento de comércio de plantas e venda de publicações sobre horticultura e outros, conforme anúncios na própria revista.

Apesar de a capa dos fascículos incluir "Com a colaboração dos Srs. J[oão] Barbosa Rodrigues; Conselheiro H de Beaurepaire Rohan; Dr. J[oaquim] M[onteiro] Caminhoá; L[uiz] Caminhoá; Conselheiro G[uilherme] S[chuch] Capanema; A. B. Forzani; Dr. C. Jobert; Dr. Miguel A[ntonio] da Silva; Dr. Nicolao[u] J[oaquim] Moreira; Dr. T[heodoro] Peckolt etc., etc.", não se verificam colaborações destes, com exceção de João Barbosa Rodrigues. Entretanto, o redator noticia cursos, participações em exposições e publicações dos colaboradores e percebe-se, claramente, sintonia entre a *Revista de Horticultura* e esse grupo, entre cujos membros encontravam-se relevantes cientistas da época. Ao que tudo indica, Albuquerque era respeitado pelos colaboradores que "emprestavam" seus nomes à *Revista de Horticultura* como forma de propiciar credibilidade à publicação.

A expressão "amador" encontra-se em diversos artigos da *Revista de Horticultura* e, geralmente, seguida da palavra "horticultores", o que permite inferir que havia uma diferença entre elas, e possivelmente a segunda referia-se àqueles em que a horticultura era profissão, enquanto os amadores exerciam a horticultura como *hobby*. Conforme vimos, na *Revista Agrícola* não há menção da palavra "amador" porque buscava dirigir-se, exclusivamente, ao agricultor profissional. Assim, percebe-se que a *Revista de Horticultura* buscava alcançar um público maior, incluindo as camadas urbanas que possuíam hortas, pomares nos quintais ou gostavam de jardins em suas residências.

A título da presente pesquisa vou me ater à parte referente à agricultura na *Revista de Horticultura*. Alguns artigos assinados por Albuquerque versam sobre temas controversos, como as escolas de agrologia.[225] Sua posição era contrária à criação de cursos superiores de agronomia[226] e argumentava que não serviriam para melhorar a agricultura no Brasil porque formariam doutores teóricos e o Brasil necessitava de lavradores com conhecimentos práticos. Tampouco era a favor da criação de escolas de nível médio nas

---

224 Ver também: Sacramento Blake (1902:150-151, v. 3).
225 *Revista de Horticultura*, v. 2, n. 6, p. 104-109, 1877.
226 O editor usa o termo agrologia. Ver sobre o uso dos termos agrologia/agronomia e outros nos dicionários de época na pesquisa de Graciela de Souza Oliver (2005:46).

províncias porque faltariam alunos. Mesmo que os pais estivessem dispostos a abrir mão do trabalho dos filhos, a distância das moradias até os estabelecimentos de ensino era muito grande e, certamente, isso inviabilizaria o projeto. A alternativa, segundo o autor, seria o aumento, no país, do número de escolas primárias em que os conhecimentos agrícolas fossem parte do ensino e, para tanto, "basta que sejam substituídos por livros apropriados, livros que lhe deem noções úteis sobre a maneira de cultivar a terra, de fazer sementeiras, de recolher os produtos, de pensar os gados [...].[227]

A contratação de professores estrangeiros pelas escolas de agricultura era uma prática de que Albuquerque divergia; ele argumentava que a natureza, o clima e o solo do Brasil eram muito distintos dos encontrados nos países do hemisfério norte e, portanto, não poderiam ser reproduzidos seus cultivos no Brasil. No sentido de embasar melhor suas opiniões acerca desse assunto, Albuquerque explicava que existiam dois tipos de agricultura: a científica, baseada nas ciências físicas e naturais que apresentam os mesmo resultados em qualquer parte do planeta; a outra agricultura seria "a arte ou ofício que tira da terra o maior produto líquido, influenciada pelo estado econômico, político e social de cada país, e varia como variam as condições econômicas, políticas e sociais desses países";[228] logo, a "segunda forma de agricultura" deve ser compreendida como "uma indústria" variável conforme a "quantidade de TERRA, TRABALHO e CAPITAL".[229]

O editor da *Revista de Horticultura* sintonizava com as críticas que eram feitas "ao machado e à coivara" e ao uso da mão de obra escrava na agricultura. Entretanto, distinguia-se da maioria dos homens das ciências que escreviam sobre agricultura, na época, pois afirmava que os lavradores do Brasil são rotineiros "como é o lavrador da Europa e do resto do mundo";[230] analisava a "rotina" como uma característica cultural do homem do campo, prudente por necessidade de sobrevivência. Enfatizava que não era por ignorância que o lavrador preferia derrubar a mata com o machado e atiçar fogo, mas porque esse sistema propiciava os produtos mais baratos e o agricultor tinha receio de novas experiências. Assim, Albuquerque isenta o agricultor da responsabilidade pelo atraso da agricultura e coloca o homem do campo brasileiro no mesmo patamar do europeu e do norte-americano. Esse discurso observa as causas dos problemas agrícolas no Brasil por perspectiva diferente daquelas publicadas na *Revista Agrícola*, dos debates e proposições do IIFA e, também, da publicação *Catecismo da agricultura*, de Frederico Burlamaqui e Nicolau Joaquim Moreira, que afirmavam a tão repetida frase "a rotina dos lavradores" como principal empecilho à melhoria da agricultura etc.

---

227 *Revista de Horticultura*, v. 2, n. 6, p. 109, 1877.
228 Ibid., p. 106.
229 Ibid., maiúsculas no original.
230 Ibid., p. 108.

Albuquerque mostrava preocupação com "os interesses das gerações vindouras" devido ao uso espoliativo do solo e ao extermínio das florestas – que nomeia de "agricultura vampiro", porém afirmava que a maneira de estancar esse processo deveria ser obrigação do governo a quem "cumpre impossibilitar as derrubadas... proibindo-as pura e simplesmente".[231] Na Europa, segundo o autor, os agricultores passaram a usar a charrua e abandonaram o machado e a coivara porque estava proibido a derrubada das matas.

Por fim, na análise das escolas de agricultura, afirma:

> não precisamos de mais doutores, precisamos sim, e muito, de lavradores que saibam meter um boi no jugo, que saibam manejar a charrua, a grade, o rolo e os mais instrumentos, que saibam aproveitar os estrumes, distribuir os adubos; precisamos, enfim, de lavradores práticos [...]".[232]

Esse ponto de vista, expresso na *Revista de Horticultura*, é muito diferente do discurso da publicação do IIFA, que buscava mostrar a importância da aplicação dos saberes científicos no campo para o aumento da produção e da qualidade dos produtos, próximo do modelo europeu e norte-americano e, assim, elevar o Brasil ao patamar dos países civilizados.

A trajetória da *Revista de Horticultura* distingue-se daquela seguida pela *Revista Agrícola*, principalmente na constante preocupação com a sobrevivência financeira – na publicação do IIFA essa questão não transparecia, conforme vimos anteriormente. Importante ressaltar que o viés comercial da *Revista de Horticultura* também estava atrelado ao redator, comerciante do ramo de vendas de plantas que, ademais, concedia a alguns anúncios da publicação recomendações acerca da idoneidade do produto propagandeado. Certamente, teve de negociar no sentido de aumentar o número de leitores e viabilizar-se economicamente, enquanto a *Revista Agrícola* tinha sua sobrevivência financeira garantida.

Em 1878, o governo imperial suspendeu a assinatura da *Revista de Horticultura* – distribuídas nas províncias. A partir de então, a publicação enfrentou grandes dificuldades financeiras e, um ano depois, deixava de ser publicada. Constata-se, portanto, sua dependência das verbas públicas, similarmente à *Revista Agrícola*.

Um ponto de convergência entre as duas revistas chama a atenção: a constante convocação àqueles que praticavam a agricultura e a horticultura no sentido de registrarem suas experiências como forma de troca de conhecimentos.

---

231 *Revista de Horticultura*, v. 2, n. 6, p. 108, 1877.
232 Ibid., p. 109.

[...] tanto mais que uma publicação como a *Revista* [de Horticultura], nunca pode ser, como ela vai sendo, a obra quase exclusiva de um homem, mas sim o resultado do concurso de muitos agricultores, horticultores ou simples amadores.

Quisessem eles, como ousamos esperar no princípio, comunicar-nos os resultados interessantes de sua prática e os frutos de sua observação, e a *Revista* ocuparia, com facilidade, lugar distinto entre as publicações análogas feitas nas partes mais adiantadas da Terra.[233]

Assim, percebe-se que as duas publicações oscilavam entre divulgar artigos "científicos" e os de caráter prático e aplicação imediata. Dessa forma, buscavam expressar um discurso "científico" de forma a se tornar autoridade das ciências agrárias, legitimar seu saber perante o público e o governo e obter reconhecimento internacional, além de corresponder à demanda dos grupos sociais oriundos das camadas rurais.

Albuquerque não poupava críticas a alguns personagens, por exemplo, Ladislau Netto. Os elogios tampouco se mostravam tímidos: Barbosa Rodrigues era enaltecido inúmeras vezes, e diversos artigos de sua autoria foram publicados, além da propaganda e venda de seu trabalho sobre as orquídeas. Sem dúvida, Barbosa Rodrigues foi o homem das ciências que mais publicou na *Revista de Horticultura*, e percebe-se enorme admiração do redator pelo cientista. Em contrapartida, é significativo constatar que o botânico das orquídeas e palmeiras não publicou sequer um artigo na *Revista Agrícola*.

É possível constatar diferenças de posicionamentos políticos e científicos das duas revistas. A publicação do IIFA buscava expor opiniões mais comedidas, enquanto a *Revista de Horticultura* era mais radical na expressão dos seus pontos de vista, como a declarada inimizade de Albuquerque com Ladislau Netto, então diretor do Museu Nacional, que, por sua vez, era desafeto de João Barbosa Rodrigues e Guilherme Schüch Capanema, colaboradores da publicação.[234]

Possivelmente a interrupção das assinaturas da *Revista de Horticultura* tenha ocorrido como consequência dos interesses políticos do Ministério da Agricultura, ou melhor, do ministro João Lins Vieira Cansanção de Sinimbu (1878-1880) que sucedeu Tomás José Coelho de Almeida (1875-1878) – autor da iniciativa de assinar a *Revista de Horticultura*. Sinimbu buscou "apagar" as decisões do ministro anterior, e, mesmo com todos os protestos de Albuquerque, a publicação não teve mais fôlego para continuar. Já a *Revista Agrícola* era muito mais contemporizadora dos assuntos polêmicos e se esquivava de de-

---

233 *Revista de Horticultura*, v. 3, n. 12, p. 221, 1878.
234 Sobre o assunto, ver o esclarecedor artigo de Magali Romero de Sá: "O botânico e o mecenas" (Sá, 2001:823-838).

Fig. 45.--Croton Lord Cairns.

Revista de Horticultura
Biblioteca Nacional

clarar suas posições, fossem contra ou a favor. Esse *modus operandi* explica, em parte, sua sobrevivência durante 22 anos.

A *Revista de Horticultura* noticiava os principais assuntos que eram publicados nos periódicos congêneres, tanto estrangeiros como do Brasil; contudo apenas uma vez a *Revista Agrícola* mereceu comentários, porém observa-se a forma protocolar e comedidamente elogiosa: "Revista Agrícola – Publicou-se o n. 2 do volume sétimo; como sempre traz interessantes artigos que muito devem interessar aos nossos lavradores".[235] Apesar de os escopos das revistas serem semelhantes, e de serem oriundas da mesma cidade, não demonstravam vinculações – somente um artigo de Albuquerque foi divulgado na *Revista Agrícola*.[236] A distância observada entre as duas publicações permite inferir que ambas optaram por ocultar possíveis conflitos de interesses ou divergências de opinião.

235 *Revista de Horticultura*, v. 1, n. 7, p. 128, 1876.
236 Jacintos são plantas ornamentais – família das hiacintáceas, gênero *Hyacinthus* – bastante apreciadas por cultivadores de jardins. Albuquerque (1877:30-38).

1.ª **Calendula Le Proust** (fig. 24), muito florifera, com flôres muito dobradas, de um bonito amarello de cannario, com reflexos rosados; a sua floração dura muitos mezes.

2.ª **Calendula á la reine**, antiga variedade que appareceu, ou pelo menos foi muito cultivada, nos jardins da rainha de França, em Versailles, donde o seu nome, e tambem o de *C. de Trianon*; flôres muito dobradas.

Fig. 24. — Calendula officinalis Le Proust.

3.ª **Calendula prolifera**, *Mère Cigogne*, ou *Bonina-Mãi-de-Familia*, variedade muito curiosa, pois dos capitulos primitivos, e depois que elles têm florescido, se desenvolvem novos pediculos, 15 ou 20, cada qual com uma nova flôr, muito menor que a primeira, formando uma corôa, ou circulo em redor da flôr primitiva. A sementeira só reproduz esta variedade com alguma difficuldade, e em pequena porcentagem.

14. Callirhoe Asa Gray.

Fig. 25. — Callirhoe pedata.

Das duas especies cultivadas nos jardins só uma é annual: *Callirhoe peduta*, de Asa Gray, oriunda do Arkansas. É uma planta (fig. 25), da familia das malvaceas, herbacea, robusta, erecta, ramificada, formando moitas de um metro de altura; folhas palmadas, dentadas, 5 — 7 lobadas; flôres (fig. 26) bonitas, axillares, longamente pedunculadas, grandes, de um purpuro vivo, com o centro branco.

Muito propria para a formação de massiços, ou para plantas isoladas, a Callirhoe prefere uma terra sêcca, e uma posição quente; e deve ser semeada no logar ou mesmo em viveiros, sendo neste ultimo caso transplantada muito cedo, e plantada com intervallos de 50 centimetros.

Fig. 26. — Flor de Callirhoe.

Var. — A cultura tem diminuido o porte desta planta, e mesmo já conseguio fixar uma variedade, *C. pedata nana*, que se mostra mais compacta e mais baixa que o typo, e tambem mais florifera.

15. Campanula Linn.

O genero Campanula, typo da familia das campanulaceas, conta numerosas especies, tanto vivases, como bisannuaes ou annuaes; entre as ultimas occupa logar importante uma pequena herva muito ramificada na base, com os galhos ao principio horizontaes, e depois levantando-se a 20—30 centimetros de altura; flôres sesseis, em cachos terminaes, grandes, de 15—18 millimetros de diametro, de um azul escuro, tão brilhante, que mereceu de Linneo o nome expressivo de *Campanula speculum* (fig. 27).

Pelo seu porte compacto, tanto como por suas bonitas flôres, tão abundantes que escondem completamente a folhagem, a *C. speculum*, ou *Espelho de Venus*, nome que lhe dão vulgarmente na Europa, é muito estimada para a confecção de bonitas bordaduras e vistosas cestas; sendo igualmente de muito effeito quando cultivada em vasos sobre as saccadas.

Fig. 27. — Campanula speculum.

Semeia-se no logar ou em viveiros.

Var. — *C. speculum alba*, e *C. speculum lilacea*, ambas menos brilhantes que o typo.

De forma análoga à publicação do IIFA, o primeiro editorial da *Revista de Horticultura* afirmava a intenção de preparar uma publicação fundamentalmente prática, inclusive disfarçadamente critica à ciência teórica (segundo suas palavras "lucubrações de gabinete") e alinhar-se ao homem do campo que buscava aplicabilidade:

> [...] envidaremos todos os nossos esforços para tornar esta *Revista* cada vez mais digna de sua animação, pois não desconhecemos que só quando ela [Revista de Horticultura] se tornar assaz prática, quando ela for mais o registro dos trabalhos executados sobre o terreno, do que o repositório das lucubrações do gabinete, ela preencherá uma verdadeira lacuna, e corresponderá a uma verdadeira necessidade [...].[237]

A intenção das duas publicações era evidente: atingir um grande número de leitores interessados na prática da agricultura; portanto não almejavam constituírem-se como periódico da comunidade científica, porém valorizavam as ciências e sua aplicação na agricultura. No caso da *Revista Agrícola* constata-se maior preocupação em legitimar os conhecimentos com base nas ciências, possivelmente porque os editores/redatores fossem personagens atrelados a instituições de pesquisa, enquanto a *Revista de Horticultura* era dirigida por um comerciante conhecedor das ciências, sobretudo as voltadas para a agricultura.

---

237 *Revista de Horticultura*, v. 1, n. 1, p. 21, 1876.

Gramineae.

Saccharum officinarum L.

CAPÍTULO

4

Combater a moléstia da cana-de-açúcar: a lavoura orientada pela ciência

A análise da *Revista Agrícola* mostrou que a cultura da cana-de-açúcar recebeu maior deferência por parte da instituição: nos sete primeiros números da publicação, de 1869 a 1872, foi assunto em 18 artigos. Até 1876, o tema esteve presente em todos os números, em alguns deles com mais de um artigo. Entre todas as matérias, foram identificadas apenas duas de autores estrangeiros. Vê-se, então, que a produção de artigos sobre o assunto era significativa, e não apenas sobre o desenvolvimento da cultura da cana-de-açúcar como também sobre as moléstias[238] que a acometiam.

Em 1886, Nicolau Joaquim Moreira informava, em relatório ao ministro (Moreira, 1887:79), que a Fazenda Normal, "como estabelecimento público de instrução e propaganda [...] ela sente-se obrigada, para estudos comparativos, a cultivar diversos tipos da mesma espécie [...] contam-se 13 variedades de cafeeiro, 13 de algodoeiro, nove de fumo e 60 de cana-de-açúcar [o texto segue com uma lista das outras espécies]".

Em relação aos terrenos designados às plantações, o diretor informava que a cana ocupava 16.734 m², mandioca e aipim 16.490 m², arroz 7.345 m², algodão 4.498 m² e ao café eram destinados 2.560 m².

O que teria levado o IIFA a priorizar a cultura canavieira? Afinal, na década de 1860, o café já era o principal produto de exportação do Brasil e ocupava o primeiro lugar no *ranking* mundial. A província do Rio de Janeiro era a principal produtora, e a cultura expandia-se de forma exponencial rumo a São Paulo e Minas Gerais (Marquese, 2008:139).

---

238 Uso a palavra "moléstia" como sinônimo de enfermidade e doença, conforme terminologia utilizada na época. Lembremo-nos de que ainda não existiam conhecimentos que permitissem diferenciar doenças de pragas. Agradeço a Graciela Oliver o auxílio na diferenciação desses conceitos.

Quais teriam sido, então, as demandas dos produtores de cana-de-açúcar a que o IIFA buscava atender, naquele cenário de ascensão do café? Por que o IIFA, instituição atuante em uma província produtora de café, optou por fazer da cultura da cana-de-açúcar seu principal objeto nas investigações científicas que realizou?

Ao priorizar a cultura da cana-de-açúcar, o IIFA demonstrava estar preocupado em auxiliar seus produtores, insatisfeitos com os preços em queda na concorrência internacional e com os prejuízos causados pelas moléstias que atacavam o vegetal e diminuíam a produção do açúcar. Somado ao contexto desfavorável aos agricultores de cana-de-açúcar, as medidas do governo em relação à extinção do tráfico de escravos e a Lei de Terras eram motivos de maior descontentamento, sobretudo para esses produtores.[239]

O interesse do Estado em buscar incrementar a economia açucareira pode ser creditado, também, à queda brutal na exportação de açúcar durante as décadas de 1860 e 1870, conforme os dados analisados por Peter Eisenberg (1977). O autor chama a atenção para as diferenças regionais que começavam a se acentuar com a crise canavieira e acarretavam enorme insatisfação nas províncias produtoras, que atribuíam seu declínio à discriminação política do governo imperial. Este teria comparecido, então, com importantes subsídios, a exemplo da construção de engenhos centrais e do crédito agrícola, de forma a diminuir as insatisfações regionais.

Assim, o combate à moléstia da cana-de-açúcar a que o IIFA se dedicou, com o apoio do governo, pode ser compreendido no contexto de uma política imperial empenhada em administrar as consequências da decadência da lavoura canavieira.

Após a década de 1850, com o crescimento avassalador da produção do açúcar de beterraba europeu e do açúcar de cana-de-açúcar cubano, o artigo brasileiro foi sendo paulatinamente excluído do mercado mundial.

A reforma tecnológica ampla da indústria brasileira de açúcar só iria começar a ocorrer após 1870, com a formação dos primeiros Engenhos Centrais. Contudo, nesse momento o Brasil já era um produtor marginal de açúcar nos quadros do mercado mundial do produto, e sua indústria açucareira voltava-se progressivamente ao abastecimento do mercado interno [Marquese, 1999:203].

A intervenção do Estado deveu-se, também, à vinculação de outros setores econômicos com a lavoura canavieira, como o comércio de exportação e o setor financeiro, igualmente prejudicados com os problemas causados pela queda na produção.

---

239 A esse respeito, ver capítulo 1.

Entretanto, as motivações que levaram o IIFA ao estudo da moléstia da cana-de-açúcar quando a praga incidia sobretudo na Bahia – onde, aliás, atuava o Imperial Instituto Bahiano de Agricultura – devem ser analisadas com cautela. Possivelmente uma das respostas resida no caráter nacional do IIFA, apesar de o nome fazer supor que a província fluminense era seu limites de atuação. A predisposição do IIFA em abarcar questões nacionais deve ser entendida, também, por localizar-se ele na Corte, próximo das instâncias decisórias do governo, e ter, em sua diretoria e seu quadro de associados, personagens destacados e influentes do Império, do ponto de vista econômico, político e científico.

A esta altura cabe destacar que a cultura do café manteve-se em destaque, na *Revista Agrícola*, tanto quanto a cana-de-açúcar, ao passo que a documentação do IIFA, ao contrário, pouco se refere a ela. Lembremo-nos, contudo, de que o acervo documental da instituição representa principalmente a década de 1860 – quando ainda se buscava salvar a cultura canavieira da decadência – e que o periódico começou a circular em 1869.

Ciente de que o exame da decadência da cultura canavieira e ascensão da lavoura do café exige um aparato complexo de análise e desvia esta pesquisa de seu objeto, busco, então, focar a moléstia da cana-de-açúcar no contexto acima descrito. Isso porque a interpretação do combate à enfermidade que atacava os canaviais proporciona elementos para analisar o campo científico da agronomia e os personagens que participaram dos debates e/ou publicaram na *Revista Agrícola*. Assim, busco identificar os homens das ciências envolvidos na questão, seus procedimentos e soluções apresentadas, e analisar sua práxis no IIFA, bem como as ideias ali defendidas acerca do assunto e a formação das redes de conhecimentos de membros atuantes da instituição.

A leitura da dissertação de André Felipe Cândido da Silva sobre a moléstia do café proporciona reflexões relevantes acerca do potencial de pesquisa que têm as moléstias agrícolas para a história e, em especial, para a história das ciências:

> As pragas agrícolas são autênticos objetos de reflexão histórica, ainda que não tenham recebido a devida atenção da historiografia das ciências e da economia no Brasil. Permitem aprofundar o debate sobre as relações entre ciência e sociedade, ao fornecerem panorama privilegiado do modo pela qual a primeira é mobilizada em favor da segunda. Os vínculos pragmáticos da ciência com a economia são forjados no âmbito da política, e dessa forma as pragas agrícolas nos fazem entrever quão imbricados se tornam esses domínios em momentos de crise [Silva, 2006:103].

O autor argumenta que, diferentemente dos estudos sobre epidemias humanas, as enfermidades agrícolas ainda se ressentem de interpretações historiográficas. Nesse sentido, com o presente capítulo, espero estimular a produção de pesquisas que deem continuidade ao tema, ciente de que a investigação aqui desenvolvida não pretende esgotá-lo.

A análise dos debates travados no IIFA acerca da moléstia da cana-de-açúcar permite identificar os diferentes níveis de saberes e práticas dos membros da instituição e conflitos raramente observados, que revelam redes de relacionamentos com interesses e estratégias distintos.

Estado da arte das ciências aplicadas à lavoura

Até o início do século XIX, as ciências buscavam explicar o processo de desenvolvimento das plantas baseando-se na teoria vitalista, "segundo a qual os fenômenos vitais são irredutíveis aos fenômenos físico-químicos, e manifestam a existência de uma 'força vital' que torna viva e orgânica a matéria" (Romeiro, 1987:61). Conforme essa teoria, o desenvolvimento dos vegetais não é explicado pelas leis da física e da química, mas sim por um impulso vital de natureza imaterial que torna viva a matéria. Contudo, a fertilização de campos com adubos como esterco, húmus, cal e cinzas era amplamente feita, de forma empírica, com o intuito de promover o crescimento e a saúde dos vegetais. A teoria do húmus de Albrecht Daniel Thaer (1752-1828), seguido por Humphy Davy (1778-1829), explicava a nutrição vegetal a partir do húmus, "considerado a única substância assimilável pela planta" (Capillé, 2010:26), além da água.

No contexto europeu, desde o século XVIII, a produção agrícola sofria as consequências do aumento populacional, do crescimento das cidades e êxodo rural, da maior demanda por alimentos e, por conseguinte, da diminuição da oferta de terras e encarecimento das mesmas. As técnicas agrícolas necessitavam de extensas áreas, de modo a proceder à rotação de culturas para o repouso das terras exauridas. Diante desse cenário, previam-se uma crise de abastecimento e o aumento nos preços dos alimentos, e temia-se que a fome se alastrasse pelo continente. Multiplicaram-se, então, os investimentos em soluções que aumentassem a produção em parcelas menores de terra.

As "descobertas" de Justus Liebig (1803-1873), em meados do século XIX, encontraram um contexto propício para sua recepção:

> O químico alemão não só desenvolveu novos conhecimentos químicos, como também os aplicou na agricultura. Ao fazer isso, Liebig estabeleceu a química agrícola como um novo campo para a investigação científica

JUSTUS VON LIEBIG, QUÍMICO ALEMÃO

Biblioteca Nacional

e desempenhou um papel fundamental na institucionalização dessa disciplina. De fato, há uma grande concordância entre aqueles que escreveram sobre a história da ciência agrícola que foi a química agrícola proposta por Liebig que eventualmente emergiu como pioneira em termos de contribuições teóricas para a agricultura [Velho e Velho, 1997:207].

No livro *Organic chemistry in its applications to agriculture and physiology*, publicado em 1840, Justus Liebig apresentou as principais bases de sua doutrina sobre nutrição vegetal. Buscava provar que, além dos elementos orgânicos encontrados no húmus, as plantas necessitavam de elementos minerais. O cientista estabeleceu então o princípio de restituição das substâncias nutritivas que eram retiradas do solo pelas plantações; os elementos químicos que as plantas absorviam do solo deveriam ser repostos na forma de adubos naturais ou artificiais, a fim de que a terra continuasse fértil.

A obra contou com 17 edições e foi publicada, até 1848, em nove países. Liebig tornou-se conhecido pelo público leigo, que passou não só a aplicar seus ensinamentos como também a acompanhar as polêmicas que sua "doutrina" suscitava, publicadas em muitos periódicos de divulgação científica; usava esse meio frequentemente, com o objetivo de convencer sobre suas ideias, e era um exímio polemista, que não se furtava a se contrapor a seus adversários. Ao mesmo tempo, buscava institucionalizar a química agrícola com o apoio do periódico *Annalen der Chemie*, que fundou em 1832 e obteve ampla repercussão.

RELATORIO

SOBRE A

MOLESTIA DA CANNA D'ASSUCAR

NOS MUNICIPIOS DE ITAGUAHY E VASSOURAS

PELO

DR. PEDRO DIAS GORDILHO PAES LEME.

Sr. Presidente.—Vou submetter á consideração do Imperial Instituto diversas observações feitas sobre a molestia que tem accommettido os cannaviaes em duas fazendas dos municipios de Itaguahy e Vassouras. Considero esta tarefa superior ás minhas forças, mas, como membro da Directoria, na qualidade de fazendeiro amigo de meu paiz, entendi que, apezar de estar encarregado desse estudo o director da Fazenda Normal, era meu dever communicar ao Instituto todos os dados que pude colher e que talvez sirvão a esclarecer a questão.

As cannas cayennas affectadas do mal durante os primeiros mezes de seu desenvolvimento começão a dessecar-se e morrem. Quem percorrer um cannavial nessas condições observará que a parte mais tenra do vegetal está completamente secca quando ha ainda algumas folhas verdes: se puxar a parte mais secca, ella separar-se-ha com facilidade e fará vêr os effeitos produzidos pelos vermes que a destruirão. A parte desorganisada tem um cheiro nauseabundo. Algumas vezes o verme é encontrado junto á raiz na parte interior da haste. Este verme é conhecido nas colonias inglezas e francezas com o nome de verme — ardente.

Colhi, como disse, os dados que apresento, em duas fazendas A e B, situadas a 4 leguas uma da outra. Na fazenda A o mal accommetteu as cannas dos terrenos mais humidos onde as culturas repetirão-se de um modo inconveniente, sem restituir-se á terra os principios essenciaes á nutrição dos vegetaes. Na mesma data, Abril de 1866, havia cannaviaes em terrenos (matas virgens) que tinhão produzido anteriormente uma colheita de milho e nesses não se observou a molestia. Os fazendeiros das circumvisinhanças não se queixão do mesmo mal.

Na plantação do anno corrente houve o maior cuidado na escolha da semente, rejeitando-se todas as cannas pouco desenvolvidas e que não estavão

Revista Agrícola
Biblioteca/JBRJ

Liebig escreveu mais de 300 artigos científicos, um livro sobre química orgânica e uma enciclopédia química, além de ter fundado mais dois jornais científicos (Farias, 2005:86, v. 2). Sua teoria teve grande impacto na agricultura, uma vez que atribuía benefícios ilimitados ao conhecimento da composição do solo e à possibilidade, dela advinda, de reposição dos nutrientes por meio de adubos. Uma campanha mundial desencadeou um otimismo exagerado, pois preconizava a ideia de que, com a composição do solo identificada nos laboratórios de química, os nutrientes poderiam ser restituídos à natureza, o que ampliaria as áreas de lavoura e permitiria o uso constante do solo, sem necessidade de descanso e rodízio de culturas. Além do mais, a partir da obtenção de fertilizantes além do estrume, o consórcio entre criação animal e agricultura passava a ser optativo. A "descoberta" representada pelo conhecimento químico do solo foi um marco fundamental nas ciências agrícolas e teve a seu favor uma conjuntura favorável ao seu desenvolvimento e à sua institucionalização.[240]

Formou-se uma geração de adeptos das ideias de Liebig. Muitos norte-americanos, segundo Margaret Rossiter (1975), absorveram integralmente as ideias do cientista – talvez devido à ausência de conhecimentos científicos, no país, capazes de questionar a nova teoria – e importaram equipamentos com objetivo de montar, nos EUA, laboratórios idênticos aos de Giessen, na Alemanha, onde Liebig trabalhava. Inúmeros cientistas europeus foram para lá atraídos, com o fim de implantar a "nova" lavoura.

O próprio químico alemão buscou assegurar que seu trabalho significasse um rompimento com conhecimentos e teorias anteriores acerca de componentes que nutriam os vegetais. A atitude provocava polêmica e, ao mesmo tempo, propagava sua "genialidade":

> Um simples rasgo de vista sobre a história das ciências naturais, mostra que, quando, em lugar de uma doutrina reinante, se eleva uma outra nova, esta não é geralmente um desenvolvimento ulterior da primeira, porém a sua antítese [...].
>
> Esta teoria estando em completa oposição com a antiga doutrina deu-se-lhe o nome de teoria mineral.[241]

Historiadores afirmam que a teoria de Liebig baseou-se em estudos antecedentes, como os de Davy, Saussure, Thaer e outros: "Na realidade, Liebig foi aquele que unificou, num conjunto coerente, as ideias e as descobertas feitas por outros e que se encontravam dispersas" (Romeiro, 1987:88).

---

240 Sobre o assunto, ver Malavolta (1954, 1979). Ver também Meloni (2004:82).
241 *O Auxiliador da Indústria Nacional*, Rio de Janeiro, v. 34, n. 3, p. 95-106, 1864. Tradução de parte da obra de Liebig intitulada *As leis naturais da agricultura*.

A influência da teoria de Liebig e a pronta receptividade que recebeu da sociedade podem ser entendidas, em parte, quando as observamos diante das necessidades de incrementar a produção agrícola, em razão dos problemas que a Europa enfrentava. Essa aceitação quase unânime contribuiu para institucionalizar a agronomia e incentivou o surgimento de outras ciências aplicadas à agricultura, como geologia agrícola, meteorologia agrícola, entomologia agrícola, fitopatologia, zootecnia, entre outras.

No mesmo período em que Liebig desenvolveu e divulgou sua teoria, Jean-Baptiste Joseph Dieudonne Boussingault (1802-1887) estudou a nutrição vegetal e demonstrou o ciclo biológico do nitrogênio absorvido pelos vegetais. Afirmava, o químico francês, que as plantas absorviam o nitrogênio captado do solo, e não da atmosfera – teoria defendida por Liebig, que mais tarde se provou estar equivocada. Liebig e Boussingault concordavam que o nitrogênio era vital no desenvolvimento dos vegetais, porém o primeiro considerava que a planta absorvia o nitrogênio do ar, logo não era necessário que o adubo contivesse nitrogênio. Os adeptos de Liebig eram chamados "mineralistas" e os de Boussingault, "azotistas".[242] Naquela etapa da microbiologia, o completo entendimento do ciclo de fixação do nitrogênio ainda não havia sido desvendado.

Apesar dos percalços e debates acalorados, a química agrícola se firmou como um saber fundamental para a lavoura, e outras "descobertas" foram ampliando o conhecimento da interação entre planta, solo e clima, a exemplo da identificação de bactérias entre os componentes ativos do solo. A teoria de Pasteur demonstraria a infinidade de ações dos micro-organismos, e outros cientistas examinaram a absorção do nitrogênio pelo vegetal através da ação de bactérias do solo que se encontram em simbiose com as raízes das plantas.

No Brasil, alguns produtores rurais tomavam conhecimento das inovações técnico-científicas da Europa e EUA por meio de publicações, a exemplo do *O Auxiliador*, da Sain, que desde a década de 1840 publicava inúmeros artigos sobre química agrícola, Liebig e outros. Em especial, as elites vinculadas aos produtos de exportação, sobretudo o açúcar, estavam atentas à produção da concorrência internacional que derrubava os preços no mercado e, assim, procuravam se manter atualizadas acerca dos avanços técnico-científicos, invenções de máquinas e variedades de espécies que resultassem em aumento de produtividade ou qualidade.

A historiadora Pesavento analisa o impacto da modernidade no nosso país, na segunda metade do século XIX, e nos ajuda a compreender essa tendência de as elites brasileiras estarem a par do que se passava na Europa:

---

242 Azoto é a denominação antiga do elemento químico nitrogênio. Artigos do *Auxiliador* e da *Revista Agrícola*, assim como os livros de Burlamaqui e Moreira referem-se à existência de duas escolas antagônicas, que opunham mineralistas e azotistas. Porém os autores modernos não fazem referência ao azoto ou aos azotistas, tampouco se referem às diferentes escolas. Utilizo as denominações e os conceitos de autores do século XIX e, por essa ótica, busco compreender os artigos e livros analisados.

No Império tropical dos Bragança, colonial e escravista, a dimensão do mercado internacional esteve sempre presente para quem vivia das exportações. Da mesma forma, não era estranho ao país que uma revolução tecnológica transformava as sociedades europeias.

Acostumada ao trato com o mercado internacional, a elite agroexportadora tinha conhecimento dos progressos técnicos e dos novos rumos de civilização europeia. Era algo que ocorria "lá fora", mas que forçava a sua entrada no país e que, em contrapartida, era também desejado pelas elites locais.

Escravista, agrária, exportadora para o mercado mundial, a jovem nação brasileira aspirava também [a] participar do espetáculo da modernidade.[...]

Absorver as "ideias novas" europeias e fazer parte do Ocidente progressista era, assim, uma meta e um tipo de ideal do qual o Brasil culto devia procurar, se não atingir, ao menos aproximar-se [Pesavento, 1992:225-226].

Naturalmente, aqueles que gravitavam em torno das ciências no Brasil, fossem profissionais ou diletantes, eram sintonizados com a produção científica internacional e dela desejavam fazer parte. Assim, a análise da repercussão, no Brasil, dos debates sobre as "descobertas" da química agrícola pressupõe o entendimento dos interesses de, pelo menos, três setores da sociedade: os produtores rurais, o Estado e os homens das ciências.

Lembremo-nos de que a agronomia ainda não era um campo científico institucionalizado no Brasil, e que aqueles com conhecimentos nas ciências acessórias da agricultura, como a química agrícola, fisiologia vegetal e a geologia agrícola eram oriundos de outras áreas de saber, entre elas a medicina, a engenharia e a botânica. Portanto, ainda que a discussão se encontrasse incipiente do ponto de vista de produção científica brasileira e de sua institucionalização, ela se fez presente e produziu reflexões genuínas em relação às controvérsias dos cientistas europeus. Brasileiros buscavam adaptar à realidade do país os preceitos científicos, principalmente sobre a nutrição vegetal. Homens vinculados à Sain, ao IIFA, ao Museu Nacional e à Escola Politécnica, entre outras instituições, independentemente de sua formação acadêmica, interessavam-se por agronomia e sobre ela produziam artigos com referências às novidades na Europa e em suas colônias, ou mesmo reproduziam matérias de periódicos estrangeiros. Nos debates entre azotistas e mineralistas, contudo, buscavam não se aliar a nenhuma das duas correntes; ao contrário, propagavam a mescla dos saberes. De fato, é interessante observar que não houve, por parte de homens das ciências no Brasil, aceitação inquestionável das teorias de Liebig. Artigos da *Revista Agrícola* noticiavam a "descoberta" sem serem dogmáticos, ao contrário do que parece ter ocorrido nos EUA, segundo Rossiter (1975). Nicolau Joaquim Moreira, por exemplo, assim se expressou a respeito da contenda entre mineralistas e azotistas:

> Nós, pequenos como somos em semelhante questão, não procuramos dizer de que lado se acha a razão no pleito travado entre as escolas *mineralistas* e *azotistas*, sobretudo quando à frente dessas seitas se apresentam nomes que impõem respeito; entretanto julgamos que não nos apartamos muito da verdade adotando o ecletismo e, por conseguinte, colocando-nos no meio-termo das ideias proclamadas pelas duas escolas, e banindo completamente o absoluto [Moreira, 1880c:143, grifos no original].

Pode-se creditar essa atitude ponderada com a doutrina de Liebig às especificidades da realidade brasileira. Aqui, devido ao extenso território e à disponibilidade de terras, era baixo o custo das áreas para plantio. Logo, o aproveitamento dos terrenos "cansados" tornava-se secundário diante da facilidade em adquirir novas terras, derrubar e queimar a mata e obter solo com material orgânico suficiente para garantir safras abundantes. Além disso, argumentava-se que a mão de obra de obra escrava não estaria preparada para o trabalho mais "sofisticado" que o uso dos fertilizantes implicava. Sem mencionar o alto custo dos adubos no Brasil, que certamente também impedia seu largo uso.

Contudo, pareceres de comissões formadas pelo IIFA e artigos sobre o assunto publicados na *Revista Agrícola* recomendavam a utilização de adubos e condenavam explicitamente as tradicionais queimadas como forma de obter terras férteis. Seus autores defendiam que o consórcio de diferentes espécies de vegetais e a adubação seriam suficientes para o bom desenvolvimento da agricultura, e se opunham à lavoura expoliativa do solo e ao futuro abandono da terra destruída, uma prática que denominavam, recorrendo à expressão cunhada por Liebig, agricultura vampira.

Frederico Burlamaqui[243] foi dos primeiros brasileiros a acompanhar as teorias de Liebig e as controvérsias que elas suscitavam. Secretário do IIFA no período da sua criação, redator do *O Auxiliador*, da Sain, e autor de inúmeras publicações que, desde a década de 1840, tratavam desse assunto, demonstrava acompanhar as polêmicas com grande conhecimento do tema. Preocupou-se, inclusive, em informar os leitores brasileiros sobre as retificações de Liebig a algumas de suas asserções. Em obra sobre fertilizantes, de 1858, Frederico Burlamaqui citava o químico alemão:

> Virá o tempo, diz Liebig, em que, em lugar de empregar estercos, se estrumará os campos com uma dissolução de licor silicioso (silicato de

---

243 Sobre Frederico Burlamaqui, ver também capítulo 1.

potassa), com a cinza da palha, e com os fosfatos preparados expressamente nas fábricas etc. A grande máxima da agricultura é restituir à terra, não importando debaixo de que forma, tudo quanto se lhes tiram das colheitas, regulando-se nisto pela necessidade de cada planta em particular. Estas esperanças talvez sejam muito ambiciosas; mas, muito se deve esperar das indagações dos químicos e dos agrônomos [Burlamaqui, 1858:24-25].

Mas esclarecia, em nota:

Esta asserção está em contradição com o que disse o ilustre Liebig na página 22 sobre o valor dos estrumes azotados. Com efeito ele procurou sustentar que o azoto disseminado na atmosfera era suficiente para fornecer às plantas esse alimento indispensável. Esta opinião foi combatida por outros químicos, principalmente por Dumas, e ele mesmo foi obrigado a retratar-se. Leia o que se diz acerca desse assunto – *Revista Agrícola* – no *Auxiliador* de agosto de 1857 [Burlamaqui, 1858:25].

Burlamaqui reconhecia as bases da nova teoria de Liebig, porém manifestava restrições quanto às análises químicas serem a única maneira de identificar a composição do solo e das plantas e ressaltava a necessidade de avaliar as propriedades físicas da terra e o clima da região. Assim, embora concordasse com os princípios de Liebig e com a importância da análise química, recorria a outros saberes para relativizar a importância atribuída à adição de nutrientes minerais ao solo, sustentada pelos adeptos da teoria azotista, e adaptar os novos procedimentos à realidade do país.

Pode-se sem dúvida discernir esta composição pelo simples exame da terra feito com ajuda de um microscópio, e pela separação de suas partes grosseiras por meio de lavagens. Mas este exame não indica senão muito imperfeitamente a proporção de seus elementos constitutivos, nem é possível reconhecer a presença de muitas substâncias que nela se acham em pequenas quantidades e em estado de combinação íntima. Não se pode, portanto, formar uma ideia completa de um terreno senão por meio de sua análise química [Burlamaqui, 1858:10].

Porém, mais uma vez recorrendo a uma nota em seu livro, observava: "Uma análise química completa só pode ser bem-feita por um químico abalizado; porém qualquer agricultor inteligente poderá fazer com economia bons ensaios, que em geral serão suficientes" (Burlamaqui, 1858:10). Na mesma obra, acrescentava:

> É necessário, ademais, que as plantas encontrem tudo quanto lhes é necessário para chegar ao máximo do seu desenvolvimento. Empregando os estrumes o agricultor dará às plantas o que elas precisam, e pode conservar a fertilidade de suas terras continuamente no mesmo estado, compensando-as todos os anos das perdas que resultam das colheitas.

No Brasil, o debate entre Liebig e Boussingault foi divulgado sobretudo na revista da Sain, *O Auxiliador*, e na *Revista Agrícola*, do IIFA. Além de publicarem traduções de textos de Liebig e outros mineralistas, autores brasileiros tentavam fazer o contraponto publicando artigos dos azotistas.[244]

Apesar do empenho de Burlamaqui, e posteriormente de seu discípulo Nicolau Joaquim Moreira – dois dos principais divulgadores e adeptos da teoria da reposição dos nutrientes ao solo –, não havia consenso entre os personagens vinculados às ciências quanto à utilidade da análise química e subsequente adubação do solo, por exemplo, no combate às moléstias da cana-de-açúcar na década de 1870, conforme será discutido adiante.

Compreendida a importância do trabalho de Liebig e seus impactos na agricultura mundial, podemos seguir rumo ao IIFA e à *Revista Agrícola* com o propósito de analisar, em especial, o debate sobre a moléstia da cana-de-açúcar, em que a química agrícola foi referência constante. A esse respeito, busco entender os significados dessa moléstia num contexto de mobilização de diversos atores sociais. Os produtores, preocupados com suas lavouras, cobravam apoio, sobretudo do governo, para pôr fim aos prejuízos causados pela enfermidade. Por sua vez, o governo tinha interesse em apresentar soluções que aperfeiçoassem a cultura canavieira, de modo a atender os apelos dos produtores. Para tanto, convocou personagens que atuavam em ciências no Brasil e membros do IIFA detentores de arcabouço científico, portanto capazes de responder às questões formuladas e de se agregar à "causa", independentemente de suas áreas de saber e vínculos institucionais.

Após a implantação da estrutura do IIFA, seus membros se mobilizaram para identificar a enfermidade que atacava os canaviais e apresentar estratégias de combate e profilaxia. A primeira ação efetiva foi a ida à Bahia do funcionário do IIFA, o químico austríaco Aloix Krauss, em 1867, com despesas pagas pelo governo. Certamente colaboraram na efetivação

---

244 A exemplo dos artigos de E. Lecouteux (1875) e L. Grandeau (1875), ambos publicados na *Revista Agrícola*, em 1875.

do processo os interesses do ministro do Macop, Manuel Pinto de Sousa Dantas,[245] político baiano empenhado em debelar a moléstia da cana-de-açúcar em sua província, conforme se lê nas instruções publicadas no relatório anual do ministério, de 1866.

O trabalho de Krauss, publicado na *Revista Agrícola*, apresenta um diagnóstico da cana-de-açúcar doente e o baixo rendimento do caldo e da sacarina (Krauss, 1870a:22-27). Quanto às causas da moléstia, o químico reporta as visitas realizadas em terrenos de três comarcas, observa a situação física deles, mas lamenta não ter analisado a composição química dos solos porque os reativos não chegaram da Europa. E afirma: "a moléstia da cana-de-açúcar não depende da natureza do terreno nem da sua posição. Também não penso que seja proveniente das estações, porque já dura quatro anos, e progride sempre" (Krauss, 1870a:23).

Krauss identifica diversos insetos e propõe destruí-los com produtos como terebentina, benzina, petróleo ou querosene, dissolvidos em água. Sobre as lagartas que encontrou, descreve seu ciclo e constata que não se alastravam porque coexistiam nas plantações três insetos que as consumiam. Alerta, entretanto, sobre o perigo da exterminação dos inimigos naturais da lagarta, que podia "tornar-se uma praga funesta aos canaviais" (Krauss, 1870a:25). O químico cita ainda outros insetos "perseguidores" da cana-de-açúcar, como besouro, piolho e barata. Conclui assegurando que a moléstia era causada por uma alteração da seiva e não por ação física nem defeito orgânico; os insetos que atacavam a lavoura se beneficiavam da fraqueza do vegetal, todavia não eram os causadores da moléstia.

Observa ainda, o químico austríaco, que a moléstia não havia sido combatida de maneira eficaz até o momento, que encontrara fazendeiros arruinados e esperava que o governo tomasse medidas enérgicas, principalmente com o envio de sementes e mudas, salientando que o IIFA não poderia distribuir uma quantidade delas em número suficiente para atender à demanda.

No suplemento ao relatório, Krauss (1870b:31-35) descreve detalhadamente a análise química das canas, "a fim de que se possa ver que os resultados foram rigorosos". Apesar de concluir que a causa da moléstia não deveria ser atribuída à qualidade do terreno, sugere que se melhorem as condições do solo com uso de fertilizantes artificiais. Para o produtor que não podia arcar com as despesas, apresenta alternativas, como o uso, no terreno, do húmus feito de bagaço da cana-de-açúcar, cinzas e folhas caídas.

Com a divulgação do relatório, o químico buscava convencer o leitor dos procedimentos científicos, de forma a legitimar seu trabalho, inclusive junto aos personagens envolvi-

---

245 Manuel Pinto de Sousa Dantas (1831-1894), deputado provincial e deputado geral pela Bahia em diversos mandatos e, mais tarde, senador. Presidiu a província de 1865 a 1866, ou seja, um pouco antes de assumir a pasta da Agricultura, Comércio e Obras Públicas. Ver sítio do Sendo Federal. Disponível em: <www.senado.gov.br/senadores/senadores_biografia.asp?codparl=2100>. Acesso em: jan. 2014.

dos em pesquisas no país. Krauss demonstrava seus conhecimentos acerca da metodologia utilizada nas análises e fazia questão de detalhar cada resultado obtido. Além do mais, sua investigação era descrita juntamente com as informações que coletara, com os agricultores da região, sobre procedimentos e saberes da população local. Assim, com apenas três anos no Brasil, Krauss demonstrava conhecer diversos tipos de solos da região, variedades de cana-de-açúcar e etapas da cultura canavieira. Enfim, o relatório e seu suplemento são bastante completos, mas não indicam claramente as causas da moléstia; apenas apontam a necessidade de distribuição de novas sementes e mudas e o extermínio das canas doentes.

O trabalho de investigação de Krauss resultou no empenho do Macop em enviar, para a província da Bahia, sementes e mudas de canas adquiridas do IIFA e de fazendas da província fluminense, com apoio pessoal de Sousa Dantas. Entretanto, a ordem do ministro gerou insatisfação por parte do presidente do IIFA, Couto Ferraz. Em carta enviada a Guilherme Schüch Capanema, queixava-se ele de estar apalavrado com inúmeros agricultores a respeito da distribuição de mudas e sementes de cana-de-açúcar da instituição, promessa que a solicitação de Sousa Dantas o impediria de cumprir:

> Não posso contudo, nem me parece acertado ceder quanto à distribuição da cana-de-açúcar porque sua distribuição foi resolvida na Diretoria em consequência de um ofício ou informação do Dr. Glasl. Já muitas pessoas a esperam e contam com ela, e hoje é feio retroceder. [...]
> A Ds [Adeus] – combine (mesmo por escrito) com o Sr. Dr. Glasl, sobre a distribuição das canas, de modo que corte as dificuldades e se conciliem as 2 coisas, salvo se o Sr Dr. Glasl me mandar um ofício dizendo – francamente que reservando-se as mudas pedidas pelo Sr. Ministro não é absolutamente possível a distribuição pelos lavradores daqui. Com este ofício me resignarei, embora não fique muito satisfeito.[246]

A investigação de Krauss não foi citada nos pareceres posteriores da comissão do IIFA e tampouco por outros autores, com exceção de Capanema, que afirmou, três anos depois do relatório do químico do IIFA:

> O estudo dos principais fenômenos da moléstia foi feito pelo Sr. A. Krauss; lastimo que na discussão [da Comissão do IIFA para estudar a moléstia da cana-de-açúcar] não fosse tomado na consideração que merece, porque se não resolve completamente a questão, muito a adianta, e esclarece.[247]

---

246 Carta de Luís Pedreira do Couto Ferraz a Guilherme Schüch Capanema, de 22/8/1867, p. 1-2 (Museu Imperial, Arquivo Histórico, Arquivo DIF, I-DIF 1866/1872, BR.d 1-22).
247 Carta de Guilherme S. Capanema ao presidente do IIFA, Luís Pedreira do Couto Ferraz, visconde do

Um fato deve ser considerado, para compreender a pouca repercussão do relatório de Krauss: a nomeação de novo ministro do Macop, Joaquim Antão Fernandes Leão, que ocupou a pasta de 1868 a 1870, mineiro e do partido de oposição ao do ministro anterior. No relatório anual do ministério, Fernandes Leão afirma ter sabido, pelo presidente da Bahia, que as mudas enviadas de Campos para aquela província, adquiridas por compra pelo Macop, foram quase totalmente perdidas no transporte, e que muitas delas estavam contaminadas da mesma moléstia. Indignado, afirma:

> Sendo assim, não é admissível a explicação, que alguns agronômos pretendem dar dessa epidemia, atribuindo-a à degeneração da espécie da cana-de-açúcar cultivada na província; porquanto, repugnando que essas mudas levassem o mal do município, onde a praga não existia, nem posteriormente se desenvolveu, é evidente que foram contaminadas depois do plantio.[248]

Assim, a sugestão de Krauss para que fossem substituídas as canas-de-açúcar da província baiana por novas mudas ou sementes foi rejeitada pelo novo ministro, que também condenava o excesso de gastos no projeto. Nos anos seguintes não constam, nos relatórios do Macop, referências à moléstia da cana-de-açúcar.

Chama a atenção o artigo de Paes Leme publicado n'*O Auxiliador*, em 1869, antes do debate sobre a moléstia da cana-de-açúcar no IIFA. Nele se antecipa o teor das polêmicas que seriam travadas na instituição. O autor critica o parecer de Krauss – equivocadamente identificado como "diretor da escola agrícola do Jardim Botânico" –, por não considerar a influência do terreno e aconselhar incoerentemente o uso de estrume e a adição de cal. Paes Leme era um entusiasta da teoria que propugnava a nutrição do solo no combate a enfermidades. Em seu artigo, relata correspondência com "sábios" da Europa e afirma: "Quanto a causa do mal há pois perfeito acordo entre os estudos feitos na Europa e Colônias, e os fatos observados na província do Rio: *nutrição incompleta* e sobretudo *pobreza de elementos minerais*" (Leme, 1869:23, grifos no original).

O debate e as polêmicas no Imperial Instituto Fluminense de Agricultura

A despeito de o ministro Joaquim Antão Fernandes Leão não ter acatado a solução proposta por Krauss, membros do IIFA permaneceram dispostos a prosseguir com as investigações acerca da moléstia da cana-de-açúcar, em particular na Bahia:

Bom Retiro, publicada na *Revista Agrícola*, Rio de Janeiro, v. 1, n. 3, p. 57, 1870.
248 Relatório do Macop, de 1868, p. 9.

Sendo a causa de semelhante enfermidade em geral ainda ponto controverso entre os principais escritores que de longa data e em diferentes ocasiões e países têm tratado o assunto, atribuindo-a uns à degeneração das plantas e outros à falta de certas condições e elementos apropriados nas terras da plantação; e aparecendo a mesma divergência quanto à moléstia que tem reinado nos canaviais da Bahia, foi o aprofundado estudo de tão interessante questão objeto de uma proposta do membro do Conselho Fiscal o Dr. Saldanha da Gama, e incumbido na penútima sessão do Instituto a uma Comissão composta do visconde de Barbacena, e Dr. Paes Leme e Miguel Antonio da Silva.[249]

A mencionada comissão não produziu um documento único, mas sim três pareceres, publicados em 10 laudas na *Revista Agrícola*.[250] Eles foram lidos e debatidos em sessão de diretoria e registrados em ata.[251] O assunto parece ter mobilizado a instituição, pois essa sessão contou com a presença de 18 de seus membros – um número recorde –, além do ministro do Macop, Joaquim Antão Fernandes Leão, e do habitual comparecimento do imperador. Entre os membros presentes, nove eram personagens vinculados direta ou indiretamente a atividades científicas: Guilherme Schüch Capanema, Giacomo Raja Gabaglia, Joaquim Antonio de Azevedo, Manoel Ferreira Lagos, Miguel Antonio da Silva, Nicolau Joaquim Moreira, Pedro Gordilho Paes Leme, Roberto Coats e Sebastião Ferreira Soares. Dos demais 10 membros, a maioria era composta por proprietários rurais, sendo que oito possuíam títulos nobiliárquicos, alguns adquiridos posteriormente.

As questões formuladas pelo sócio do IIFA, Saldanha da Gama,[252] para que a comissão respondesse eram:

1) Quais as causas do depreciamento do vegetal cana-de-açúcar de açúcar (*saccharum*) em alguns terrenos do Brasil?

---

249 Relatório do Macop, de 1868, apresentado à Assembleia Legislativa, anexo A, p. 12. Quanto aos membros da comissão, estão referidos, respectivamente: Felisberto Caldeira Brant Pontes (1802-1906), visconde de Barbacena, natural da província da Bahia, foi presidente da província do Rio de Janeiro e o mais assíduo membro do IIFA nas sessões de diretoria; Pedro Gordilho Dias Paes Leme (1839-1915), bacharel em ciências físicas e matemáticas, proprietário de fazendas (mostrava estar a par das novidades científicas e tecnológicas, aplicava-as em suas lavouras e publicava sobre o assunto) e membro da diretoria do IIFA, do qual também foi, tempos depois, presidente interino (Sacramento Blake, 1902:31, v. 7). Sobre Miguel Antonio da Silva, ver capítulo 3.

250 Moléstia da cana-de-açúcar. Pareceres da comissão especial. *Revista Agrícola*, Rio de Janeiro, v. 1, n. 5, p. 46-50, 1870.

251 Ata de sessão de diretoria do IIFA, 6/10/1870.

252 José de Saldanha da Gama (1839-1905) nasceu em Campos, província do Rio de Janeiro. Era formado em ciências físicas e matemáticas e professor de botânica na Escola Central (Sacramento Blake, 1902:176, v. 5).

2) A espécie pode degenerar pelo fato de não vingarem muitos indivíduos em um terreno, onde outrora a cultura foi brilhante?

3) O fabrico do açúcar do Brasil, aliás imperfeito, pelo que se viu na Exposição Universal, poderá algum dia competir com o grau de perfeição do produzido na Ilha de Maurícia?[253]

No início da sessão, o visconde de Barbacena leu dois pareceres de comissões criadas com o mesmo fim nas ilhas Maurício e Reunião, em que se expunham opiniões fundamentadas em estudos subvencionados pelos referidos governos e por associações de fazendeiros.

O primeiro parecer da comissão a ser lido foi o do visconde de Barbacena, que atribuía a causa da moléstia à degeneração da planta – cana-de-açúcar caiena –, também observada em outras regiões, como nas ilhas Maurício, Reunião e Martinica. Segundo Barbacena, a aclimatação propiciava enfermidades nas espécies, e, embora houvesse sucesso nos primeiros tempos, com o passar dos anos os vegetais exóticos se ressentiam com a mudança, a exemplo do ocorrido nas culturas de batata, anil e feijão.

Perscrutar qual a causa da epidemia é matéria sumamente difícil: os conhecimentos em fisiologia vegetal não estão adiantados que nos possam fornecer dados seguros para descobri-la; apenas por analogia aplicaremos a experiência agrícola de longa data. [...]

É reconhecido como axioma que a planta cultivada no mesmo terreno, por muitos anos, extrai os sais precisos para sua alimentação, e torna o terreno estéril, quando não há o cuidado de fornecer os mesmos sais [...]

Pensam alguns que a moléstia da cana-de-açúcar é devida a defeito no solo, ou falta de sais necessários: discordo da opinião desses [...] parece-me que a moléstia é devida à planta e não ao solo. Admito a possibilidade de curar-se o mal, como já tem acontecido com outros vegetais; e muito estimaria que se realizasse o descobrimento do antídoto.[254]

Barbacena forneceu exemplos e citou experiências de conhecidos seus que plantaram, no mesmo terreno, variedades diferentes de cana-de-açúcar – a roxa e a caiena – e constataram que a primeira se desenvolveu bem, ao passo que a segunda rapidamente apresentou a moléstia. Enfatizou a importância do tamanho da terra, da rotação de cul-

253 Ata de sessão de diretoria do IIFA, 6/10/1870, p. CLXII.
254 Moléstia da cana-de-açúcar. Pareceres da comissão especial. *Revista Agrícola*, Rio de Janeiro, v. 1, n. 5, p. 47, 1870.

turas, da adubagem e da drenagem para minorar a moléstia, mas não considerava eficaz a restituição de nutrientes retirados do solo pelas plantações. Finalizou seu parecer sugerindo que mandassem buscar novas variedades de espécies de cana-de-açúcar, uma vez que a cana-de-açúcar roxa, base da produção canavieira de então, começava a dar sinais de degeneração.[255]

O parecer de Paes Leme discordava do de Barbacena e apontava três causas para a enfermidade que atacava os canaviais: "[a moléstia] tem sua origem na pobreza do terreno, no processo imperfeito de cultura e na má escolha das sementes". Em sua argumentação, apresentava observações provenientes de sua própria experiência e da "opinião abalizada de ilustres químicos e fisiologistas", as quais também acompanhavam o pensamento de Ladislau Netto, "nosso talentoso naturalista, cuja ilustração admiro". Paes Leme demonstrava estar a par dos conhecimentos científicos citando diversos trabalhos de autores estrangeiros. E ao afirmar que praticava em suas fazendas as teorias a que se referia, assumia uma posição que o aproximava dos produtores rurais e o legitimava perante eles, ao mesmo tempo que se identificava com os homens das ciências.[256]

Paes Leme, em seu parecer, discordou daqueles que consideravam que a importação de novas sementes salvaria a lavoura de cana-de-açúcar: "Desculpem-me a franqueza: é prática muito rotineira, que deve ser abandonada pelas associações agrícolas, que servem de exemplo aos agricultores pouco ilustrados". Defendeu que a mudança de semente fosse feita apenas em casos excepcionais e sugeriu que os próprios lavradores fizessem viveiros com os melhores indivíduos da cana-de-açúcar, o que resultaria em sementes de boa qualidade.[257]

O parecer de Miguel Antonio da Silva iniciava com uma apologia ao uso de máquinas e aparelhos semelhantes aos utilizados na ilha Maurício, o que, segundo ele, fora a razão do aumento da produção e da melhoria da qualidade da cana-de-açúcar. Quanto à depreciação das espécies em alguns terrenos no Brasil, apontava como responsável a "cultura defeituosa". Três seriam as causas para tal degradação:

> [a] preparação imperfeita do terreno; a conservação ou antes o apego tenaz ao fatal sistema de exigir e tirar do solo tudo quanto ele pode dar, até exaurí-lo; e por fim, a replantação sucessiva, e de há longa data feita, da cana-de-açúcar por meio que se pode, em rigor, denominar *antinatural*, qual é desprezar as sementes para empregar, como meio mais breve de multiplicar o vegetal, os entrenós.[258]

---

255 Moléstia da cana-de-açúcar. Pareceres da comissão especial. *Revista Agrícola*, Rio de Janeiro, v. 1, n. 5, p. 47, 1870.
256 Ibid., p. 49.
257 Ibid., p. 50.
258 Ibid., p. 53.

Silva identificava como principal causa da moléstia a replantação por estacas. Baseando sua argumentação na fisiologia vegetal, defendia que a reprodução "natural" da planta fosse feita com a semente, que dessa maneira se diferenciaria menos do tipo[259] da sua espécie. Sustentava ser fundamental manter os caracteres da planta originária e afastar-se de desvios e variações, para o que era necessário eliminar o uso de estacas como meio de reprodução da cana-de-açúcar:

> perde então [a cana-de-açúcar] o equilíbrio que existe entre seus órgãos e funções, ressente-se profundamente, estremece até o mais profundo do seu organismo, e debilitada, em um estado vizinho ao estado mórbido, adquire prontamente todo o gérmen de enfermidades [...]".[260]

A moléstia, portanto, era a consequência e não a causa da degeneração cana-de-açúcar.

Em seu parecer, Miguel Antonio da Silva teceu duras críticas à lavoura baseada no uso do machado e da coivara, que retiravam do terreno minerais e orgânicos, levando-nos a crer que considerava os princípios da química agrícola sobre a necessidade de reposição de nutrientes. Concluiu com uma crítica à tradicional lavoura brasileira: "O machado e o tição de fogo foram o lábaro civilizador dos colonizadores do Brasil, e nós, como bons filhos, conservamos com profunda veneração esse triste legado!".[261]

No mesmo número da *Revista Agrícola* em que constam os pareceres da comissão, publicou-se uma carta de Guilherme Schüch Capanema (1870b) ao presidente do IIFA, com sua opinião acerca da moléstia da cana-de-açúcar, após o debate registrado em ata, dia 7/10/1870. Na carta, critica os pareceres por não descreverem a moléstia e tampouco os meios de combatê-la. Discorda da necessidade de analisar os terrenos nos casos da enfermidade. Entre seus argumentos, reporta o ocorrido na região de Campos, na província do Rio de Janeiro, que debelara uma moléstia da cana-de-açúcar, em 1854, apenas mudando a variedade do vegetal, e questiona de que teriam servido as análises de solo naquela circunstância. Sobre a melhor maneira de estudar o assunto, indica ser "indispensável proceder a estudos fisiológicos, e fixar bem o *modus operandi* da alimentação".[262]

Capanema demonstra familiaridade com termos técnicos ao fazer uma longa explanação sobre as alterações na seiva da cana-de-açúcar que propiciariam o ataque de insetos

---

259 Em biologia, "tipo" é um espécime indicado, por pesquisador, como capaz de representar uma espécie nova, ou seja, é o primeiro espécime de um determinado vegetal a ser descrito pela ciência (*Dicionário Font Quer*). O autor do parecer refere-se à primeira espécie da cana-de-açúcar (*Saccharum officinarum*) descrita pela taxonomia; as espécies então usadas na cultura canavieira eram variedades aclimatadas, portanto distanciadas daquela que primeiramente foi descrita.

260 Moléstia da cana-de-açúcar. Pareceres da comissão especial. *Revista Agrícola*, Rio de Janeiro, v. 1, n. 5, p. 55.

261 Ibid., p. 53.

262 Ibid., p. 56.

ao vegetal e, em casos mais adiantados, a decomposição do princípio sacarino, "como demonstram com toda a evidência os trabalhos do dito Sr. Krauss".[263]

No debate travado na sessão de diretoria do IIFA, segundo sua ata, Nicolau Joaquim Moreira "fez longas considerações sobre os princípios da agronomia e estudo de terreno". Barbacena o replicou afirmando que "as generalidades mencionadas pelo Sr. Dr. Moreira eram conhecidas dos que se ocupavam, porém os fazendeiros encontram grandes dificuldades para realizarem qualquer melhoramento". Queixou-se dos custos necessários para analisar os terrenos e afirmou que a "aplicação de certos adubos para melhorar o terreno era igualmente dispendiosa, e que por ora não julgava necessário com vantagem para a agricultura o emprego desses melhoramentos".[264]

Nicolau Joaquim Moreira tomou a palavra e declarou concordar com Paes Leme e Ladislau Netto.[265] A causa determinante da moléstia da cana-de-açúcar seria consequência da falta de nutrientes, no solo, necessários ao pleno desenvolvimento da gramínea, e da transformação da cana-de-açúcar, decorrente "dos meios artificiais empregados pelos cultivadores". Ao finalizar, comparou a moléstia às patologias humanas contagiosas e parasitárias – e como médico tinha conhecimento e autoridade para estabelecer tal análise:

> Um indivíduo zomba da febre amarela, do cólera-morbus, etc., por seu organismo refratário; um belo dia, porém, extenua-se o corpo por um trabalho imoderado, deprime-se o espírito por emoções morais, e a imunidade desaparece.
>
> Ora, as moléstias parasitárias dos vegetais sendo essencialmente contagiosas, uma vez desenvolvidas propagam-se pelos indivíduos que se acham enfraquecidos e ninguém dirá que uma soca de canas ou em um canavial todos os indivíduos se achem nas mesmas condições de vigor, porque, então, seria necessário sustentar que na espécie humana e mesmo nos animais irracionais os filhos de um mesmo par gozam do mesmo temperamento, têm a mesma constituição orgânica e apresentam um grau idêntico de fortaleza.[266]

Moreira explicou que a cana-de-açúcar caiena sofria mais do que a roxa porque a segunda "produz tanto mais quanto menos rico é o terreno". Quanto à afirmação de Miguel Antonio da Silva, de que a moléstia seria causada pelo plantio por estaca e não

---

263 Moléstia da cana-de-açúcar. Pareceres da comissão especial. *Revista Agrícola*, Rio de Janeiro, v. 1, n. 5, p. 57. A esse respeito, recordemo-nos de que Krauss viera trabalhar no IIFA, juntamente com Glasl, por indicação de Capanema, e que Miguel Antonio da Silva, por sua vez, se considerava discípulo de Capanema, conforme referido no capítulo 3, o que nos permite inferir que a defesa do entendimento da moléstia através de estudos de fisiologia vegetal parece ter sido liderada por Capanema.

264 Ata de sessão de diretoria do IIFA, 6/10/1870, p. CLXII.

265 Observe-se que o parecer de Ladislau Netto foi reproduzido na ata relativa a essa reunião.

266 Ata de sessão de diretoria do IIFA, 6/10/1870, p. CLXVIII.

por semente, Moreira discordou, observando que em outras culturas reproduzia-se apenas por sementes e ainda assim havia enfermidades. Concluiu defendendo a necessidade de "relacionar os elementos orgânicos dos vegetais com os princípios componentes dos terrenos destinados à cultura, e é à falta de relação que existe entre estes dois fatores que o Sr. Nicolau Moreira atribui a moléstia dos canaviais".[267]

Em contraposição, o barão de São Lourenço,[268] que se autointitulava "observador prático", criticou a ciência, que até então não apresentara uma solução. Enfatizou que as hipóteses defendidas pelos "homens da ciência" se mostravam erradas, porque nas suas fazendas, na Bahia, observava que, nas mesmas condições, alguns canaviais eram atacados pela moléstia e outros não. Terminou sua intervenção afirmando que "estes e outros males que nos afligem com o favor de Deus haviam de passar, e que por isso devíamos nos resignar com a vontade do Todo Poderoso, sem desanimar".[269]

O barão de Cotegipe[270] concordou com o barão de São Lourenço. Narrou experiências nas suas fazendas baianas, onde observou que, em alguns terrenos exaustos, a moléstia não atingira os canaviais, ao passo que em "terrenos ubérrimos" o mal havia acometido as canas com grande intensidade. Concluía, então, que a principal causa eram os fenômenos meteorológicos, acrescentando que "tendo feito algumas experiências aconselhadas pela ciência, nenhum resultado benéfico tinha obtido".[271]

O barão de Cotegipe e o barão de São Lourenço afirmaram que "a ciência ainda não tinha assinado a causa verdadeira que era originária do mal que nestes ultimos tempos devastava os canaviais".[272]

O debate deixa transparecer que os proprietários rurais integrantes do IIFA, sem creditar às investigações científicas possibilidade de apresentar soluções a problemas práticos, buscavam respostas empíricas para os males que atacavam os canaviais. Por seu lado, os "homens das ciências" tentavam demonstrar as inúmeras variáveis relacionadas à moléstia da cana-de-açúcar, recorrendo a explicações baseadas na fisiologia e nutrição vegetal, composição química do solo e influência do clima. Ademais, insistiam Nicolau Joaquim Moreira e Gabaglia[273] que "a ciência agronômica era a verdadeira bússola que devia conduzir o lavrador inteligente", e explicavam que os fatos observados a olho nu no pe-

---

267 Ata de sessão de diretoria do IIFA, 6/10/1870, p. CLXVIII.
268 Francisco Gonçalves Martins (1807-1872), barão e posteriormente visconde de São Lourenço. Nasceu em Santo Amaro, Bahia. Foi deputado e presidente da província da Bahia, ministro e senador (Sacramento Blake, 1902:459, v. 2).
269 Ata de sessão de diretoria do IIFA, 6/10/1870, p. CLXIX.
270 João Maurício Wanderley (1815-1889), barão de Cotegipe, nasceu na Bahia, foi deputado, presidente da província da Bahia e senador. Ver: <http://www.senado.gov.br/senadores/senadores_biografia.asp?codparl=1819>. Acesso em: jan. 2014.
271 Ata de sessão de diretoria do IIFA, 6/10/1870, p. CLXIX.
272 Ibid., p. CLXIX.
273 Giacomo Raja Gabaglia dirigiu a Seção Astronômica e Geográfica da Comissão Científica do Império.

los barões de São Lourenço e Cotegipe em suas fazendas não deviam substituir análises científicas, "únicas que poderiam conduzir ao conhecimento da verdade". Defendiam, então, a continuidade dos estudos sobre a moléstia da cana-de-açúcar, "porque afinal a causa eficiente do mal havia de ser atingida pelo observador profissional e inteligente".[274]

Antes de terminar a sessão, o presidente do IIFA leu a carta de Ladislau Netto, então diretor da Seção de Botânica do Museu Nacional, que, impossibilitado de comparecer, enviara seu parecer. Ladislau analisava o debate dividindo-o em duas proposições: aquela que atribuía à escolha de sementes a solução da moléstia da cana-de-açúcar e considerava insignificante a preparação do solo; e a que defendia, ao contrário, que em solo de boa qualidade cresceriam plantas vigorosas e a enfermidade não se instalaria; portanto, a semente não seria fator de relevância. Posicionava-se, então, sobre as duas tendências. Um solo com espessa camada de húmus não seria garantia única de boa safra: "que se prepare a terra de acordo com o estado químico-fisiológico da cana-de-açúcar e com as exigências de sua cultura". Contudo, tão importante quanto a qualidade do solo seria a escolha de sementes "vigorosas" para iniciar a plantação.[275]

Em edição da *Revista Agrícola* anterior à que divulgou a ata de sessão de diretoria do IIFA a que me refiro, consta um artigo de Ladislau Netto, sobre a moléstia da cana-de-açúcar, que complementa o pensamento do cientista acerca do assunto. Nele, o autor declara concordar com a teoria que considera a cultura de um vegetal e a criação de variedades para aclimação, melhor produtividade e qualidade a "primeira fase do estado teratológico em que mais cedo ou mais tarde vem a cair o vegetal. Daí para o seu total enfraquecimento de forças – época de aparição do mal [...]" (Netto, 1870b:4).[276] Para debelar a enfermidade, de nada valia plantar sementes em vez de estacas; era necessário escolher canas vigorosas para retirar-lhes a semente. As causas estavam na prática "rotineira" da lavoura no Brasil, por ser baseada na mão de obra escrava, na grande extensão e no baixo preço das terras e na sua uberdade. Portanto, por não se investir na instrução profissional dos lavradores, no uso de máquinas, na adubação do solo etc., a agricultura encontrava-se em estágio semelhante ao do período colonial. Finaliza com elogios a Paes Leme, "agrônomo" e proprietário de estabelecimento agrícola dedicado "ao desenvolvimento prático da nossa lavoura", que colocava em prática as soluções descritas e experimentava as melhores formas de cultivo nos canaviais, a exemplo da utilização dos restos da cana-de-açúcar como estrume, da criação de valas para que os terrenos não sofressem encharcamentos e da utilização de máquinas apropriadas – o que teria levado ao desaparecimento gradual da moléstia em suas plantações.

---

274 Ata de sessão de Diretoria do IIFA, 6/10/1870, p. CLXIX.
275 Ibid., p. CLXXI.
276 O mesmo artigo havia sido publicado n'O *Auxiliador*, n. 10, p. 409-416, out. 1869.

Ladislau revela-se, no artigo, um crítico veemente da lavoura que teria trazido "um tríplice aniquilamento: a devastação das matas, a calcinação do solo, o enfraquecimento das terras". Afirma que apenas a agronomia poderia evitar a continuação dessa lavoura "rotineira", porém salienta: "Não é que simplesmente da ciência devamos esperar a destruição total desta moléstia, mas apenas os meios de debelá-la ou de estorvar-lhe os passos" (Netto, 1870b:4).

Constata-se, então, a ocorrência de diversas orientações para debelar a moléstia que danificava as plantações de cana-de-açúcar. Entre elas, três se destacavam. Uma era manifestada pelos proprietários rurais, que indicavam a mudança de sementes e o aprimoramento de variedades de espécies de cana-de-açúcar e solicitavam a intervenção do Estado na importação de sementes e de novas variedades. A outra "vertente", formada por Nicolau Joaquim Moreira, Gabaglia, Paes Leme e Ladislau Netto, defendia que as investigações deveriam ter como hipótese principal as relações entre planta e solo e considerava a análise química e a reposição de nutrientes a principal solução, sem descartar, contudo, a escolha das sementes. A adubação correta do solo seria o meio mais certeiro de fortalecer as plantações e debelar o parasita; ou seja, para os defensores da reposição de nutrientes, a moléstia atacava vegetais enfraquecidos, geralmente por falta de sais minerais e húmus. A terceira orientação era representada por Capanema e Miguel Antonio da Silva, que ratificavam o parecer dado por Krauss anos antes, reputavam ao estudo da fisiologia vegetal da cana-de-açúcar as soluções para debelar a moléstia e, assim, propugnavam o uso de sementes em vez de estacas, além de mudanças na variedade do vegetal.

Percebem-se também iniciativas, individuais e em grupos, de buscar apoio às argumentações, algumas vezes tentando unir os diversos interesses. As soluções indicadas para debelar a patologia não eram, necessariamente, contraditórias, porém os pesos de cada solução eram distintos, e nisso residia a polêmica: delegar ao Estado a compra de sementes e a importação de novas variedades e/ou despender recursos privados em análises químicas do terreno, compra de adubos, preparo de húmus, mudanças de procedimentos agrícolas etc. Quanto aos homens de ciências envolvidos na questão, o momento era de evidenciar a importância em investimentos técnico-científicos, sobre a qual percebem-se tentativas de convencimento. Mas os resultados ainda incipientes pareciam prejudicar o esforço e o entendimento dos agricultores e do governo quanto à serventia de investir em investigações técnico-científicas.

Repercussão do debate na trajetória do IIFA

Posteriores aos pareceres da comissão, aos artigos, às cartas e ao debate ocorrido na reunião de diretoria, todos publicados em números da *Revista Agrícola*, localizei apenas as atas de quatro reuniões do IIFA, relativas a sessões realizadas em 28/6/1871, 17/10/1873, 23/9/1874 e 17/8/1876. Supondo-se que essas tenham sido as únicas reuniões que de fato ocorreram no espaço de cinco anos e que, posteriormente, essas sessões de diretoria não mais tenham acontecido, cabe investigar os motivos para tal mudança no funcionamento da instituição. Um motivo que me parece plausível é o estilo centralizador que Couto Ferraz imprimiu à direção do IIFA. Mencionei, no capítulo 2, que, a despeito das inúmeras cobranças de Pedro II para a realização de reuniões no instituto, Couto Ferraz adiava constantemente a convocação delas. Ainda assim, sem reuniões de diretoria e mesmo sem assembleias gerais – cuja realização, para aprovação das contas e dos atos da diretoria e do conselho fiscal, era estabelecida por estatuto – a instituição continuou em funcionamento por mais 15 anos.

Não me parece coincidência o fato de a escassez da vida societária ter ocorrido após se desvelarem as controvérsias no combate à enfermidade que atacava os canaviais. Na trajetória do IIFA, as polêmicas eram evitadas e buscavam-se soluções em que predominava o discurso de uma ciência neutra, de pensamento unívoco, ou ainda uma ciência que solucionasse as questões políticas e econômicas do país, mas sem embates de ideias. As divergências a respeito da moléstia da cana-de-açúcar evidenciaram as diferentes posições de produtores rurais, Estado e homens das ciências, e podem ter produzido um mal-estar que acabou provocando certo "abandono" da instituição por parte dos sócios. A melhoria da lavoura continuou sendo uma motivação comum entre aqueles personagens, mas os caminhos apontados por eles revelaram necessidades e práticas distintas.

Decerto a moléstia não mobilizou os produtores, tampouco o Estado, para a criação imediata de instituições científicas, mas pode ter servido de elemento agregador de interesses, ao mesmo tempo que auxiliou na divulgação de novas concepções acerca da restituição dos nutrientes ao solo e da importância da geologia agrícola, meteorologia, entomologia e fisiologia vegetal, criando um ambiente propício à boa receptividade das ciências e da tecnologia na lavoura.

ILUSTRAÇÃO DE ARTIGO SOBRE
ENTOMOLOGIA AGRÍCOLA

Revista Agrícola
Biblioteca/JBRJ

CONCLUSÃO

O Imperial Instituto Fluminense de Agricultura (IIFA) foi criado com objetivo de modernizar a lavoura no Brasil nos moldes da Europa e dos EUA. O projeto incluía experimentações técnico-científicas com vistas a melhorar e aumentar a produção agrícola e pesquisar variedades de vegetais que melhor se adaptassem ao solo e clima do país.

O IIFA insere-se no contexto de fundação dos demais institutos agrícolas e de criação do Ministério de Agricultura, Comércio e Obras Públicas (Macop) em que o Estado imperial buscava, assim, compensar os proprietários rurais dos efeitos causados pelo fim do tráfico de escravos e pela implantação da Lei de Terras, e amenizar a insatisfação que as medidas do governo estavam causando.

A proposta de "modernização" da agricultura pressupunha implantar o ensino agrícola, almejado desde a década de 1830. A criação de um campo de investigação técnico-científica era imprescindível para o aprendizado prático e, assim, a Fazenda Normal e o Asilo Agrícola desempenharam funções de instrução agrícola e pesquisas acerca da interação entre solo, planta e clima. Constata-se também, na *Revista Agrícola*, uma missão pedagógica, que se traduzia em ensinamentos ao leitor sobre novas maneiras de praticar a lavoura e outros ofícios do campo, veiculados em artigos de autores brasileiros ou estrangeiros.

Vimos que a tentativa de instalar a Escola Normal de Agricultura, na década de 1830, nos terrenos do Jardim Botânico da Lagoa Rodrigo de Freitas e, mais tarde, na década de 1860, a criação da Fazenda Normal e do Asilo Agrícola pelo IIFA, também no espaço adjacente ao Jardim Botânico, foi assunto polêmico e tergiversou a discussão principal de viabilizar o ensino agrícola no Brasil respeitando-se as especificidades econômicas e políticas do país. Foi possível constatar um consenso, entre as elites imperiais, quanto à necessidade de fundar escolas de agricultura. *Marcado pela*

O PRINCIPAL SÍMBOLO DO JARDIM BOTÂNICO DO RIO DE JANEIRO, A ALEIA DE PALMEIRAS, PLANTADAS NA DÉCADA DE 1840, EVOCA AINDA HOJE O BRASIL IMPERIAL

Foto Revert Henrique Klumb
Acervo Biblioteca Nacional/IPHAN

própria natureza de instituição do Segundo Reinado, o empenho político parece não ter sido suficiente para destinar recursos públicos para sua execução no plano almejado.

Assim, o Asilo Agrícola do IIFA, criado em instalações provisórias – tardou 14 anos sua transferência para a Fazenda do Macaco – e com a tripla missão de acolher órfãos, alfabetizá-los e instruí-los no ofício da lavoura, mostrou o quão difícil era viabilizar um projeto voltado exclusivamente para o ensino agrícola. O acolhimento aos desvalidos, até então incumbência das irmandades religiosas, era uma atribuição que o Estado tencionava tomar para si, tendo em vista a aprovação da Lei do Ventre Livre e a consequente demanda por assistência que o nascimento de crianças livres filhas de mães escravas acarretaria. Ao propiciar o ensino das primeiras letras e da lavoura a meninos órfãos, o Asilo Agrícola conseguiu mobilizar verbas para sua subsistência, porém teve dificuldades em alcançar os objetivos inicialmente propostos.

De fato, verifica-se descontentamento com os resultados obtidos, a exemplo de Nicolau Joaquim Moreira, que em discurso na inauguração das novas dependências do asilo (1883), e perante o imperador e a alta governança do país, assim se referiu à trajetória daquele estabelecimento: "Seu caminhar foi tíbio e lento, se bem que durante o período que percorreu até a atualidade, não deixasse de distribuir por muitos deserdados da fortuna e dos carinhos paternais, os elementos necessários a tornar-se úteis a si, à sociedade e à pátria" (Moreira, 1884:181). E concluiu, mencionando a nova fase que se inaugurava: "[O Asilo Agrícola] ensaia suas forças, a fim de ver se mais facilmente atinge o alvo a que se propusera" (Moreira, 1884:182). Além de justificar-se diante daquela plateia, lembremonos de que Moreira era dirigente do IIFA; portanto sua autocrítica certamente contava com a aprovação dos demais membros da instituição.

Marcado pela própria natureza do Império, o IIFA teve a "intromissão" do monarca, desde sua criação. Embora os documentos oficiais do instituto não demonstrem tais intenções, fontes epistolares e outras de natureza privada deixam transparecer que Pedro II acompanhava em pormenores os rumos da instituição. Constatou-se que o imperador colaborou com o IIFA e buscou acompanhar com desvelo a administração e as atividades do instituto. Seu intuito parecia ser o de obter o "progresso" para a agricultura do país, contudo vale questionar a eficiência de suas interferências, sobretudo ao delegar o comando do IIFA a Couto Ferraz – o que, aliás, permitiu-lhe exercer mais facilmente o controle.

Ideias e práticas contrárias à direção de Couto Ferraz – *alter ego* de Pedro II, no dizer de Sergio Buarque de Holanda (Holanda, 2010:151) – pouco se manifestaram na instituição. Cabe, então, presumir que a presença do imperador nas reuniões era um fator inibitório à exposição de opiniões adversas. Afinal, Pedro II era o mais importante mandatário do país e, se a tudo observava e anotava em seus cadernos – conforme comentários de cronistas da época –, certamente os membros do IIFA receavam opor-se a procedimentos e decisões que pareciam ter o aval do monarca. Dessa forma, o IIFA reflete de maneira exemplar as instituições que nasceram e tiveram sua trajetória marcada pelo epíteto "Debaixo da imediata proteção de Sua Majestade Imperial o Senhor D. Pedro Segundo".

A pesquisa possibilitou acompanhar personagens que gravitavam em torno das ciências na Corte e que se incorporaram à trajetória do IIFA em busca do "ideal de progresso de país civilizado". Através da aproximação com agricultores e governo, eles buscaram justificar a necessidade dos saberes agronômicos para a "modernização" da agricultura e, assim, mobilizar recursos em diversas instâncias. Saliente-se que as disciplinas das ciências agrícolas ainda não se constituíam como saberes diferenciados e buscavam, naquele período, legitimar-se quanto à validação e credibilidade junto à sociedade.

Os homens das ciências empenhavam-se na "missão" de converter o lavrador a uma agricultura baseada em princípios científicos. Mais uma vez, uma fala de Nicolau Joaquim Moreira representa a tônica dos discursos, debates e publicações desses personagens: "a maioria do nosso povo acredita ser a lavoura um ofício, quando muito uma arte, e nunca uma ciência, deduzindo princípios e baseada nas ciências naturais" (Moreira, 1886b:56).

A principal intenção dos diferentes personagens que compunham o IIFA era o melhoramento da agricultura, mas verificaram-se contradições evidenciadas pelas diferentes posições de produtores rurais, governo e homens das ciências. O embate sobre a moléstia da cana-de-açúcar fez transparecerem as perspectivas distintas e a necessidade de práticas.

A incorporação dos princípios das ciências nas atividades rurais e as consequentes mudanças na rotina da lavoura não eram de fácil realização. A grande extensão das fazendas e o baixo valor das terras foram obstáculos para implantar as mudanças almejadas. Seguiu sendo uma prática bastante comum a coivara, que exauria o solo e levava os proprietários rurais a abrir novas fronteiras agrícolas, deixando para trás um rastro de áreas destruídas, destinadas à agricultura de subsistência, criação de gado ou simplesmente abandonadas. A trajetória do IIFA revela que, a partir da segunda metade do século XIX, Estado imperial, segmentos dos proprietários rurais e homens das ciências buscaram sintonizar o país com uma lavoura baseada em princípios científicos e atenta à preservação da natureza para as futuras gerações. Mas o uso racional da terra, baseado em procedimentos técnico-científicos, pressupunha investimentos e exigia adaptações, e embora tantos se manifestassem favoravelmente a ele, na prática os impedimentos e as desvantagens se traduziram em poucas mudanças relevantes por parte dos produtores rurais.

A análise do IIFA confirma a hipótese inicial da pesquisa de que a instituição serviu de lócus na institucionalização do campo científico da agronomia. A pesquisa permitiu verificar que o processo iniciado na década de 1860 contribuiu para a divulgação do conhecimento das atividades produtivas no campo com base na pesquisa técnico-científica, além de propiciar contexto favorável para a institucionalização das ciências agrícolas no país. Portanto, foi possível constatar que os campos científicos da agronomia, zootecnia, química agrícola, silvicultura, pedologia, meteorologia agrícola, entomologia agrícola, fitopatologia estiveram presentes na trajetória do IIFA e, sobretudo, na *Revista Agrícola*.

A pesquisa mostrou que se o projeto político dos institutos agrícolas de certa forma fracassou, avaliado pela distância entre as metas institucionais e seu resultado, por outro lado a difusão de conhecimentos baseados nas ciências agrícolas e sua relação com o processo de institucionalização das práticas na lavoura, fundamentados em uma racionalidade científica, encontraram terreno fértil para seu desenvolvimento, a exemplo da fundação da Escola Agrícola da Bahia (1877), estabelecimento subordinado ao Imperial Instituto Baiano de Agricultura, que formou os primeiros engenheiros agrônomos do Brasil,[277] e da posterior criação do Imperial Instituto Agronômico de Campinas (1887).[278]

É possível, então, pensar a trajetória do IIFA também como um projeto prospectivo do Estado imperial. Apesar de a sobrevivência do IIFA ter exigido certo esforço diante das dificuldades enfrentadas, o fato de ele ter-se mantido por 31 anos – diferentemente de outras instituições que lhe foram contemporâneos e tiveram vida efêmera – evidencia que, na segunda metade do século XIX, havia condições favoráveis aos projetos de melhoramento da agricultura por meio da implantação da educação agrícola aliada a saberes e práticas técnico-científicas. Reforça tal argumento a regularidade da *Revista Agrícola*, que circulou durante 22 anos como espaço de divulgação das ciências e técnicas voltadas às atividades do campo.

---

277 Sobre o assunto, ver Araújo (2006a, 2010).
278 Sobre o tema, ver Meloni (2004).

FONTES E BIBLIOGRAFIA

FONTES PRIMÁRIAS

Arquivísticas

Arquivo da Casa Imperial do Brasil (POB). Arquivo Museu Imperial, Petrópolis, RJ.

Arquivo Pedro Paranaguá (DPP). Arquivo Museu Imperial, Petrópolis, RJ.

Arquivo Zacarias de Góis Vasconcelos (ZGV). Arquivo Museu Imperial, Petrópolis, RJ.

Coleção Adir Guimarães (AAG). Arquivo Museu Imperial, Petrópolis, RJ.

Coleção Barral Monferrat (DBM). Arquivo Museu Imperial, Petrópolis, RJ.

Coleção Capanema (DIF). Arquivo Museu Imperial, Petrópolis, RJ.

Coleção Carlos Gomes (DIG). Arquivo Museu Imperial, Petrópolis, RJ.

Coleção Conselheiro Saraiva. Arquivo do IHGB, Rio de Janeiro, RJ.

Coleção Helio Vianna. Arquivo do IHGB, Rio de Janeiro, RJ.

Coleção IHGB. Arquivo do IHGB, Rio de Janeiro, RJ.

Coleção João Alfredo (TJA). Arquivo Museu Imperial, Petrópolis, RJ.

Coleção Mota Maia (DMM). Arquivo Museu Imperial, Petrópolis, RJ.

Coleção Ramiz Galvão. Arquivo do IHGB, Rio de Janeiro, RJ.

Coleção Soares Brandão. Arquivo do IHGB, Rio de Janeiro, RJ.

Coleção Titulares do Império – Lata 5, pasta 3. Arquivo do IHGB, Rio de Janeiro, RJ.

Bibliográficas

ALBUQUERQUE, Frederico. Os jacintos. *Revista Agrícola*, v. 8, n. 1, p. 30-38, mar. 1877.

ALMANAK Administrativo, Mercantil e Industrial do Rio de Janeiro [Almanak Laemmert]. Rio de Janeiro:[s.n.], 1844-1889. Disponível em: <www.crl.edu/content/almanak2.htm>. Acesso em: 2 mar. 2006.

ARQUIVO NACIONAL. *Flora Fluminensis de Frei José Mariano da Conceição Vellozo*: documentos. Rio de Janeiro: Arquivo Nacional, 1961. (Publicações do Arquivo Nacional, v. 48).

ATAS das sessões de diretoria do Imperial Instituto Fluminense de Agricultura, 1ª a 64ª sessão (1860-1876). *Revista Agrícola*, Rio de Janeiro.

[AZEVEDO, Joaquim Antonio de]. Ao público. *Revista Agrícola*, Rio de Janeiro, v. 5, n. 1, p. 3-4, mar. 1874.

BIBLIOTECA NACIONAL. *Correspondência passiva de Antônio Gonçalves Dias*. Rio de Janeiro: Biblioteca Nacional, 1971. (Anais da Biblioteca Nacional, v. 91).

BRASIL. Ministério do Império. Relatórios ministeriais. Rio de Janeiro: Imprensa Nacional, 1830-1860. Disponível em: <www.crl.edu/brazil/ministerial/agricultura>. Acesso em: 2007-2010

_____. Ministério da Agricultura, Comércio e Obras Públicas. *Relatórios ministeriais*. Rio de Janeiro: Imprensa Nacional, 1860-1891. Disponível em: <www.crl.edu/brazil/ministerial/agricultura>. Acesso em: 2007-2010.

_____. Decreto nº 518, de 23 de junho de 1890. In: GOVERNO PROVISÓRIO DA REPÚBLICA DOS ESTADOS UNIDOS DO BRASIL. *Decretos do Governo Provisório da República dos Estados Unidos do Brasil*. Rio de Janeiro: Imprensa Nacional, 1890. fasc. 5º.

BURLAMAQUI, Frederico Leopoldo César. Aclimatação do dromedário nos sertões do norte do Brasil, e da cultura da tamareira. Rio de Janeiro: Typographia Nacional, 1857.

_____. *Manual dos agentes fertilizadores*. Rio de Janeiro: Typ. de L. N. Vianna e Filhos, 1858.

_____. *Manual de máquinas, instrumentos e motores agrícolas*. Rio de Janeiro: Typ. de L. N. Vianna e Filhos, 1859.

_____. *Monografia do cafezeiro e do café*. Rio de Janeiro: Typ. de L. N. Vianna e Filhos, 1860.

_____. *Monografia da cana-de-açúcar*. Rio de Janeiro: Typ. de L. N. Vianna e Filhos, 1862.

_____. *Relatório dos trabalhos e deliberações da diretoria do Imperial Instituto, desde julho de 1860 até julho de 1862a*. Rio de Janeiro, IIFA: 1862. Documento disponível na biblioteca do Sistema Firjan. Livro de Atas e Ofícios do IIFA.

_____. *Monografia do algodoeiro*. Rio de Janeiro: Typ. de L. N. Vianna e Filhos, 1863.

_____. *Manual da cultura do arroz*. Rio de Janeiro: Typ. de L. N. Vianna e Filhos, 1864a.

_____. *Manual de apicultura*. Rio de Janeiro: Imperial Instituto Artístico, 1864b.

_____. Manual da cultura colheita e preparação do tabaco. Rio de Janeiro, Typ. Cotrim & Campos, 1865.

_____; MOREIRA, Nicolau Joaquim. *Catecismo de agricultura*. Rio de Janeiro: Typ. J. A. dos Santos Cardoso, 1870.

CAMINHOÁ, Joaquim Monteiro. *Relatório acerca dos jardins botânicos*. Rio de Janeiro: Typografia Nacional, 1874.

CAPANEMA, Guilherme Schüch. Fragmentos do relatório dos comissários brasileiros a exposição Universal de Paris de 1855. *Revista Brazileira*, Rio de Janeiro, t. 1, p. 218-240, 1858.

_____. Seda indígena. *Revista Agrícola*, Rio de Janeiro, v. 1, n. 5, p. 58, set. 1870a.

_____. Cana-de-açúcar. *Revista Agrícola*, v. 1, n. 3, p. 50-54, abr. 1870b.

CLITARCO [Saldanha Marinho]. Carta à redação. *Diário do Rio de Janeiro*, Rio de Janeiro, 14 nov. 1861. Seção Correspondência.

CONGRESSO AGRÍCOLA DO RECIFE, 1., 1878, Recife. *Anais...* Recife: Fundação Estadual de Planejamento Agrícola de Pernambuco, 1978. (Ed. fac-similar comemorativa do primeiro centenário 1878-1978).

CONGRESSO AGRÍCOLA DO RIO DE JANEIRO, 1., 1878, Rio de Janeiro. *Anais...* Rio de Janeiro: Fundação Casa de Rui Barbosa, 1988. (Ed. fac-similar, introd. José Murilo de Carvalho).

DA UTILIDADE dos Jardins Botânicos. *Revista Agrícola*, Rio de Janeiro, v. 10, n. 2, p. 55, 1879.

DIÁRIO DO RIO DE JANEIRO. Rio de Janeiro, 1860-1861.

GRANDEAU, L. A nutrição mineral dos vegetais. *Revista Agrícola*, v. 6, n. 3, p. 142-149, set. 1875.

JORNAL DO AGRICULTOR: princípios práticos de economia rural. Rio de Janeiro, 1879 a 1894. Semanal.

LACERDA, João Batista. *Fastos do Museu Nacional do Rio de Janeiro*. Rio de Janeiro: Imprensa Nacional, 1905.

LECOUTEUX, E. O húmus, os estrumes vegetais e os adubos químicos. *Revista Agrícola*, v. 6, n. 3, p. 126-131, set. 1875.

LEITÃO, Cândido Mello. *A biologia no Brasil*. São Paulo: Ed. Nacional, 1937. (Coleção Brasiliana, 99).

LEME, Pedro Gordilho Paes. Moléstia dos Canaviais. *O Auxiliador*, v. 39, n. 1, 1869. Fundação Nacional do Rio de Janeiro.

MIDOSI, Nicolau. *Revista Brasileira*, Rio de Janeiro, n. 1, p. 19, 1879.

MOREIRA, Nicolau Joaquim. *Manual de química agrícola*. Rio de Janeiro: Typographia Industria Nacional, 1871.

_____. *Notícia sobre a agricultura no Brazil*. Rio de Janeiro: Typographia Nacional, 1873.

_____. *Indicações agrícolas para os emigrantes que se dirigirem ao Brazil*. Rio de Janeiro: Imperial Instituto Artístico, 1875.

_____. *Relatório sobre a imigração nos Estados Unidos da América*. Rio de Janeiro: Typografia Nacional, 1876.

_____. O agricultor e as ciências. *Revista Agrícola*, Rio de Janeiro, v. 10, n. 4, p. 135-140, dez. 1879.

_____. Elogio. *O Auxiliador da Indústria Nacional*, Rio de Janeiro, p. 5-13, jan. 1880a.

_____. Ao leitor. *Revista Agrícola*, Rio de Janeiro, v. 11, n. 1, p. 3, 1880b.

_____. Teoria da ação dos estrumes: escola azotista e mineralista. *Revista Agrícola*, Rio de Janeiro, v.11, n. 3, p. 141-151, 1880c.

_____. *Conferência feita pelo dr. Nicolau Moreira no Palácio da Exposição Industrial*. Rio de Janeiro: Typ. Universal Laemmert, 1882.

_____. Aos leitores. *Revista Agrícola*, Rio de Janeiro, v. 14, n. 1, p. 3, 1883.

_____. Asilo Agrícola. *Revista Agrícola*, v. 15, n. 2, p. 181, 1884.

_____. Influência maléfica da escravidão na economia rural. *Revista Agrícola*, Rio de Janeiro, v. 17, n. 1, p. 59, 1886a.

_____. Necrologia: Luiz Monteiro Caminhoá. *Revista Agrícola*, Rio de Janeiro, v. 17, n. 1, p. 56, 1886b.

_____. Relatório do diretor do Jardim Botânico, Asilo Agrícola e Fazenda Normal apresentado ao presidente do Imperial Instituto Fluminense de Agricultura. *Revista Agrícola*, Rio de Janeiro, v. 18, n. 1, p. 72-98, 1887.

NEIVA, Arthur. *Esboço histórico sobre botânica e zoologia no Brasil*. São Paulo: Sociedade Impressora Paulista, 1929.

NETTO, Ladislau. *Investigações históricas e scientificas sobre o Museu Imperial e Nacional do Rio de Janeiro*. Rio de Janeiro: Instituto Philomatico, 1870a.

_____. Investigações sobre a cultura e a moléstia da cana-de-açúcar. *Revista Agrícola*, Rio de Janeiro, v. 1, n. 3, p. 3-7, 1870b.

_____. Prefácio. Revista Agrícola, v. 19, n. 1, p. 3, 1888.

O AUXILIADOR DA INDÚSTRIA NACIONAL. Rio de Janeiro, Sociedade Auxiliadora da Indústria Nacional, 1859-1891. Mensal.

RIEDEL, Luís. Ideias sobre a criação de uma escola normal. *O Auxiliador da Indústria Nacional*, v. 8, p. 100-107, 1840.

REVISTA AGRÍCOLA. Rio de Janeiro, Imperial Instituto Fluminense de Agricultura, 1869-1891. Trimestral.

REVISTA DE HORTICULTURA. Rio de Janeiro, 1876-1879. Mensal.

RODRIGUES, João Barbosa. *Hortus fluminensis ou Breve notícia sobre as plantas cultivadas no Jardim Botânico do Rio de Janeiro para servir de guia aos visitantes*. Rio de Janeiro: Tip. Leuzinger, 1894.

_____. *O Jardim Botânico do Rio de Janeiro*: uma lembrança do 1º centenário. Rio de Janeiro: Banco Safra/ JBRJ, 1998. (1.ed. 1908.)

SALDANHA MARINHO, Joaquim. Agricultura. *Diário do Rio de Janeiro*, Rio de Janeiro, ed. 113, 16 jul. 1860.

SILVA, João José Carneiro da. Coluna Ecos da Roça. *Jornal do Agricultor*, Rio de Janeiro, ano I, tomo II, p. 194, jan./jul.1880.

SILVA, Miguel Antonio da. A reforma agrícola. *Revista Agrícola*, Rio de Janeiro, v. 1, n. 1, p. 5, 1869.

_____. Ao público: o primeiro ano da Revista Agrícola. *Revista Agrícola*, Rio de Janeiro, v. 1, n. 4, p. 1, 1870a.

_____. Moléstias da cana-de-açúcar. *Revista Agrícola*, Rio de Janeiro, v. 1, n. 5, p. 50-54, set. 1870b.

_____. A situação agrícola da província da Bahia em 1870. *Revista Agrícola*, Rio de Janeiro, v. 2, n. 8, p. 7, 1871.

_____. Ao público. *Revista Agrícola*, Rio de Janeiro, v. 5, n. 4, p. 175, dez. 1874.

_____. Utilidade dos jardins botânicos. *Revista Agrícola*, Rio de Janeiro, v. 10, n. 2, p. 55-58, maio 1879.

SILVA JUNIOR, Dias da. Escolas agrícolas. *Jornal do Agricultor*, Rio de Janeiro, ed. 2, p. 257, 1880.

SOARES, Sebastião Ferreira. *Notas estatísticas sobre a produção agrícola e carestia dos gêneros alimentícios no Império do Brasil*. Rio de Janeiro: Typ. Imp. e Const. de J. Villeneuve e Comp., 1860.

_____. *Histórico da Fábrica de Papel de Orianda ou a Defesa do Dr. Guilherme Schüch de Capanema por seu amigo Sebastião Ferreira Soares*. Rio de Janeiro: Laemmert, 1860.

Dicionários

BLUTEAU, Raphael. *Vocabulário português & latino*: áulico, anatômico, arquitetônico... Coimbra: Collegio das Artes da Companhia de Jesus, 1712-1728. 8 v.

CUNHA, Antonio Geraldo da. *Dicionário etimológico da língua portuguesa*. Rio de Janeiro: Lexicon, 2007.

FONT QUER, P. *Dicionário de botânica*. Barcelona: Labor, 1975.

PINTO, Luiz Maria da Silva. *Dicionário da língua brasileira por Luiz Maria da Silva Pinto, natural da Província de Goiás*. [s.l.]: Typographia de Silva, 1832.

SACRAMENTO BLAKE, Augusto Victorino Alves. *Dicionário bibliográfico brasileiro*. Rio de Janeiro: Imprensa Nacional, 1902. 7 v.

SILVA, Antonio Moraes. *Dicionário da língua portuguesa*: recopilado dos vocabulários impressos ate agora... Lisboa: Typographia Lacerdina, 1813.

Bibliografia geral

ACKERT JR., Lloyd T. The role of microbes in agriculture: Sergei Vinogradskii's discovery and investigation of chemosynthesis, 1880-1910. *Journal of the History of Biology*, Dordrecht, v. 39, n. 2, p. 373-406, 2006.

AGUIAR, Antonio Augusto da Costa de. *Vida de marquês de Barbacena*. Rio de Janeiro: Imprensa Nacional, 1896.

ALIER, Joan Martinez; SCHLÜPMANN, Klaus. *La ecología y la economía*. México: Fondo de Cultura Econômica, 1991.

ALMEIDA, Jalcione. A agronomia entre a teoria e a ação. *Revista de Educação Agrícola Superior*, Brasília, v. 18, n. 2, p. 7-13, 2000.

AMARAL, Luís. *História geral da agricultura brasileira*. São Paulo: Cia. Editora Nacional, 1940. 3 v.

ANDRADE, André Alípio de. *Variações sobre um tema*: a Sociedade Auxiliadora da Indústria Nacional e o debate sobre o fim do tráfico de escravos (1845-1850). 2002. Dissertação (Mestrado) – Departamento de Economia, Universidade Estadual de Campinas, Campinas, SP, 2002.

ARAÚJO, Nilton de Almeida. *A Escola Agrícola de São Bento das Lages e a institucionalização da agronomia no Brasil (1877-1930)*. 2006. Dissertação (mestrado) – Universidade Estadual de Feira de Santana, Feira de Santana, 2006a.

_____. A agronomia como campo científico no Brasil. In: ENCONTRO REGIONAL DE HISTÓRIA: USOS DO PASSADO, XII., 2006, Niterói. *Anais*... Rio de Janeiro: Anpuh-Rio, 2006b. Disponível em: <www.ufrb.edu.br/memorial/index.php?option=com_docman&task=doc_download&gid=1&Itemid=>. Acesso em: 29 set. 2007.

_____. Da cadeira de agricultura ao anel de engenheiro agrônomo: ciência, civilização e estado imperial no coração da produção açucareira baiana. In: SIMPÓSIO NACIONAL DE HISTÓRIA, XXIV., 2007, São Leopoldo, RS. *Anais...* São Leopoldo, RS: Unisinos, 2007. Disponível em: <http://snh2007. anpuh.org/resources/content/anais/Nilton%20de%20Almeida%20Ara%FAjo.pdf>. Acesso em: 19 out. 2007.

_____. *Pioneirismo e hegemonia:* a construção da agronomia como campo científico na Bahia (1832-1911). 2010. Tese (doutorado) – Departamento de História, Universidade Federal Fluminense, Niterói, 2010.

ARQUIVO NACIONAL. *Dom Pedro II e a cultura.* Rio de Janeiro: Arquivo Nacional, 1977.

ASSOCIAÇÃO BRASILEIRA DE NORMAS TÉCNICAS (ABNT). NBR 12676:1992 – *Métodos para análises de documentos.* Rio de Janeiro: ABNT, 1992.

AZEVEDO, Fernando (Org.). *As ciências no Brasil.* Rio de Janeiro: UFRJ, 1994.

BAIARDI, Amílcar. O Imperial Instituto Bahiano de Agricultura e as mudanças na agricultura e na agroindústria da Bahia na segunda metade do século XIX. In: CONGRESSO BRASILEIRO DE HISTÓRIA ECONÔMICA, 3., 1999, Curitiba:ABPHE, 1999. Disponível em: <http://biblioteca.universia.net/html_bura/ficha/params/id/40003042.html.>. Acesso em: out. 2007.

_____. A evolução das ciências agrárias nos momentos epistemológicos da civilização ocidental. In: MARTINS, R. A. et al. (ed.). *Filosofia e história da ciência no Cone Sul:* 3º encontro. Campinas, SP: AFHIC, 2004. p. 23-28.

BARROS, Flavia Moraes Lins de. *O JBRJ no século XIX:* função, território e inserção no espaço urbano. 2004. Trabalho apresentado como requisito parcial para aprovação na disciplina Geografia do Rio de Janeiro, Programa de Mestrado em Geografia, UFRJ, Rio de Janeiro, 2004.

BARTON, Ruth. Just before nature: the purposes of science and purposes of popularization in some English popular science journals of the 1860s. *Annals of Science,* Londres, n. 55, p. 1-33, 1998.

BEDIAGA, Begonha (Org.). *Diário do imperador d. Pedro II.* Petrópolis: Museu Imperial, 1999. 1 CD-ROM.

_____. Conciliar o útil ao agradável e fazer ciência: Jardim Botânico do Rio de Janeiro – 1808 a 1860. *História, Ciências, Saúde – Manguinhos,* Rio de Janeiro, v. 14, n. 4, p. 1.131-1.157, 2007.

_____. O Jardim Botânico do Rio de Janeiro e as ciências agrárias. *Ciência e Cultura,* São Paulo, v. 62, p. 28-32, 2010.

_____. A moléstia da cana-de-açúcar na década de 1860: a lavoura em busca das ciências. *História, Ciências, Saúde – Manguinhos,* v. 19, p. 1.255-1.273, 2012. Impresso.

_____. Revista Agrícola (1869-1891): sensibilizar o lavrador e plantar ciências agrícolas. *Varia História,* v. 29, p. 169-195, 2013. (UFMG. Impresso.)

BENSAUDE-VICENT, Bernadette. A genealogy of the increasing gap between science and the public. *Public Understanding of Science,* Bristol, v. 10, p. 99-113, 2001.

BOMPASTOR, Sylvia Couceiro. *O discurso da Sociedade Auxiliadora da Agricultura de Pernambuco em fins do Império:* 1875-1885. 1988. Dissertação (mestrado) – Departamento de História, Universidade Federal de Pernambuco, Recife, 1988.

BOURDIEU, Pierre. *Os usos sociais da ciência:* por uma sociologia clínica do campo científico. São Paulo: Unesp, 2004.

BOSISIO, Rafael A. Daltro; SANT'ANNA, Sabrina Parracho. Transferências técnico-científicas: a experiência do Império brasileiro. In: ENCONTRO DE HISTÓRIA ANPUH-RIO, 13., 2008. Rio de Janeiro. *Anais...* Rio de Janeiro: Anpuh-Rio, 2008.

BRIGGS, Robin. The Académie Royale des Sciences and pursuit of utility. *Past&Present,* Oxford University Press, n. 131, p. 38-88, 1991.

CALMON, Pedro. *História de d. Pedro II*. Rio de Janeiro: José Olympio, 1975. 5 v.

CÂMARA, Manuel Arruda da. Discurso sobre a utilidade da instituição de jardins nas principais província do Brasil. Rio de Janeiro: Impressão Régia, 1810. In: MELLO, J. A. G. (Org.). *Manuel Arruda da Câmara*: obras reunidas. Recife: Fundação de Cultura da Cidade de Recife, 1982.

CAPDAVILLE, Guy. *O ensino superior agrícola no Brasil*. Viçosa, MG: UFV, 1991.

CAPILLÉ, Bruno. *A mais santa das causas*: a Revista Agrícola do Imperial Instituto Fluminense de Agricultura (1869-1891). 2010. Dissertação (mestrado) – Instituto de Química, Universidade Federal do Rio de Janeiro, Rio de Janeiro, 2010.

CARONE, Edgard. *O centro industrial do Rio de Janeiro e a sua importante participação na economia nacional (1827-1977)*. Rio de Janeiro: Cirj/Cátedra, 1978.

CARVALHO, José Murilo de. Introdução. In: CONGRESSO AGRÍCOLA DO RIO DE JANEIRO, 1., 1878, Rio de Janeiro. *Anais...* Rio de Janeiro: Fundação Casa de Rui Barbosa, 1988. (Ed. fac-similar.)

_____. *A construção da ordem*: a elite política imperial. Rio de Janeiro: UFRJ; Relume-Dumará, 1996.

_____. *A Escola de Minas de Ouro Preto*: o peso da glória. Belo Horizonte: UFMG, 2002.

_____. *D. Pedro II*. São Paulo: Companhia das Letras, 2007a.

_____. Introdução. In: CARVALHO, José Murilo de. *Nação e cidadania*: novos horizontes. Rio de Janeiro: Civilização Brasileira, 2007b. p. 9-14.

_____. D. João e as histórias dos Brasis. *Revista Brasileira de História*, São Paulo, v. 28, n. 56, p. 551-572, 2008.

_____. O radicalismo político no Segundo Reinado. In: BOTELHO, André; SCHWARCZ, Lilia Moritz (Org.). *Um enigma chamado Brasil*. São Paulo: Companhia das Letras, 2009. p. 32-45.

CASTANHA, André Paulo. *O Ato Adicional de 1834 e a instrução elementar no Império*: descentralização ou centralização?. 2007. Tese (doutorado) – Universidade Federal de São Carlos, São Carlos, 2007.

CHATELIN, Yvon. Estudo dos solos e da paisagem tropical: nascimento das comunidades científicas e das relações com o mundo rural. *Cadernos de Difusão Tecnológica*, Brasília, v. 4, n. 1, p. 9-20, 1987.

COELHO, France M. Gontijo. *A construção das profissões agrárias*. 1999. Tese (doutorado) – Departamento de Sociologia, Universidade de Brasília, Brasília, DF, 1999.

COSTA, Emilia Viotti da. O escravo na grande lavoura. In: HOLANDA, Sergio Buarque de. *História geral da civilização brasileira*. Rio de Janeiro: Bertrand Brasil, 2004. v. 5, t. 2, p. 165-225.

DANTES, Maria Amélia Mascarenhas. Institutos de pesquisa científica. In: FERRI, Mário Guimarães; MOTOYAMA, Shozo (Org.). *História das ciências no Brasil*. São Paulo: EPU, 1980. v. 2, p. 341-380.

_____. Fases da implantação da ciência no Brasil. *Quipu*, México, DF, v. 5, n. 2, p. 265-275, 1988.

_____. As instituições imperiais na historiografia das ciências no Brasil. In: HEIZER, Alda; VIDEIRA, A. A. Passos (Org.). *Ciência, civilização no Império nos trópicos*. Rio de Janeiro: Acess, 2001a. p. 225-234.

_____. Introdução. In: _____ (Org.) *Espaços da ciência no Brasil*: 1800 a 1930. Rio de Janeiro: Fiocruz, 2001b.

_____. As ciências na história brasileira. *Ciência e Cultura*, Campinas, SP, v. 57, n. 1, p. 26-29, 2005.

DASTON, Lorraine. As imagens da objectividade: a fotografia e o mapa. In: GIL, Fernando (Org.). *A ciência tal como se faz*. Lisboa: João Sá da Costa, 1999. p. 79-103.

DEL PRIORE, Mary. Biografia: quando o indivíduo encontra a história. *Topoi*, Rio de Janeiro, v. 10, n. 19, p. 7-16, 2009.

_____; VENÂNCIO, Renato. *Uma história da vida rural no Brasil*. Rio de Janeiro: Ediouro, 2006.

DENIS, Gilles. A agronomia e a naturalização de vegetais estrangeiros (exóticos) na França do fim do século XVIII. In: ALFONSO-GOLDFARB, Ana Maria; MAIA, Carlos (Org.). *História da ciência*: o mapa do conhecimento. Rio de Janeiro: Expressão e Cultura, 1995. p. 653-692.

DIAS, Maria Odila da Silva. Aspectos da Ilustração no Brasil. *Revista do Instituto Histórico e Geográfico Brasileiro*, Rio de Janeiro, n. 278, p. 105-170, 1968.

DOMINGUES, Heloísa M. B. *Ciência*: um caso de política – as relações entre as ciências naturais e a agricultura no Brasil Império. 1995. Tese (doutorado) – Faculdade de Filosofia, Letras e Ciências Humanas, Universidade de São Paulo, São Paulo, 1995.

_____. O Jardim Botânico do Rio de Janeiro. In: DANTES, Maria Amélia (Org.). *Espaços da ciência no Brasil*: 1800 a 1930. Rio de Janeiro: Fiocruz, 2001a. p. 27-56.

_____. A Sociedade Auxiliadora da Indústria Nacional e as ciências naturais no Brasil Império. In: DANTES, Maria Amélia (Org.). *Espaços da ciência no Brasil*: 1800 a 1930. Rio de Janeiro: Fiocruz, 2001b. p. 83-113.

DROUIN, Jean-Marc; BENSAUDE-VICENT, Bernadette. Nature for the people. In: JARDINE, N.; SECORD, J. A.; SPARY E. C. (Ed.). *Cultures of natural history*. Cambridge: Cambridge University Press, 1996. p. 408-425.

DUQUE-ESTRADA, Osório. *A abolição*. Brasília: Senado Federal, 2005. (Edições do Senado Federal, v. 39.)

EDLER, Flavio Coelho. *As reformas do ensino médico e a profissionalização da medicina da corte do Rio de Janeiro*: 1854-1884. 1992. Dissertação (mestrado) – Departamento de História, Universidade de São Paulo, São Paulo, 1992.

_____. De olho no Brasil: a geografia médica e a viagem de Alphonse Rendu. *História, Ciências, Saúde – Manguinhos*, Rio de Janeiro, v. 8, p. 925-943, 2001. Suplemento.

_____. A Escola Tropicalista Baiana: um mito de origem da medicina tropical no Brasil. *História, Ciências, Saúde – Manguinhos*, Rio de Janeiro, v. 9, n. 2, p. 357-385, 2002.

EISENBERG, Peter. *Modernização sem mudança*: a indústria açucareira em Pernambuco: 1840-1910. Rio de Janeiro: Paz e Terra, 1977.

_____. A mentalidade dos fazendeiros no Congresso Agrícola de 1878. In: LAPA, José Roberto A. (Org.). *Modos de produção e realidade brasileira*. Petrópolis: Vozes, 1980. p. 167-194.

FARIAS, Robson Fernandes de. *Para gostar de ler a história da química*. Campinas, SP: Átomo, 2005. 3 v.

_____; NEVES, Luiz Seixas das; SILVA, Denise Domingos da. *História da química no Brasil*. Campinas, SP: Átomo, 2004.

FEHÉR, Marta. Acerca del papel asignado al público por los filósofos de la ciencia. In: ORDOÑEZ, Javier; ELENA, Alberto (Ed.). *La ciencia y su público*: perspectivas históricas. Madrid: CSIC. 1990. p. 421-443.

FERREIRA, Lucas Tadeu. *A imprensa agrícola no Império, na Primeira República e no Estado Novo*: subsídios para uma historiografia. 1989. 143 f. Dissertação (mestrado) – Departamento de Comunicação, Universidade de Brasília, Brasília, DF, 1989.

FERREIRA, Luiz Otávio. *O nascimento de uma instituição científica*: o periódico médico brasileiro da primeira metade do século XIX. 1996. 209 f. Tese (doutorado em história) – Universidade de São Paulo, São Paulo, 1996.

FERREIRA, Tânia M. T. Bessone da Cruz. História e prosopografia. In: ENCONTRO REGIONAL DE HISTÓRIA, 10., 2002, Rio de Janeiro. *Anais...* Rio de Janeiro: Anpuh, 2002. Disponível em: <www.rj.anpuh.org/resources/rj/Anais/2002/Conferencias/Ferreira%20Tania%20M%20T%20B.doc>. Acesso em: 19 jan. 2010.

FERRI, Mário Guimarães. A botânica no Brasil. In: AZEVEDO, Fernando de (Org.). *As ciências no Brasil.* Rio de Janeiro: UFRJ, 1994. p. 176-231. 2 v.

FIGUEIRÔA, Silvia F. de M. Associativismo científico no Brasil: o Instituto Histórico e Geográfico Brasileiro como espaço institucional para as ciências naturais durante o século XIX. *Interciência*, Caracas, v. 17, n. 3, p. 141-146, maio-jun. 1992.

_____. *As ciências geológicas no Brasil:* uma história social e institucional – 1875-1934. São Paulo: Hucitec, 1997.

_____. Mundialização da ciência e respostas locais: sobre a institucionalização das ciências naturais no Brasil (de fins do século XVIII à transição ao século XX). *Asclépio*, Madri, v. 50, n. 2, p. 107-123, 1998.

_____. Instituições científicas e formas de institucionalização do saber: uma contribuição a partir da ótica da história das ciências. *Terra Brasilis*, Rio de Janeiro, n. 2, p. 117-125, 2000.

_____. Para pensar a vida de nossos cientistas tropicais. In: HEIZER, Alda; VIDEIRA, Antonio A. Passos (Org.). *Ciência, civilização e Império nos trópicos.* Rio de Janeiro: Access, 2001. p. 235-246.

_____. Ciência e tecnologia no Brasil imperial: Guilherme Schüch, barão de Capanema (1824-1908). *Varia História*, Belo Horizonte, v. 21, n. 34, p. 437-455, 2005.

_____. A propósito dos estudos biográficos na história das ciências e das tecnologias. *Fênix:* revista de história e estudos culturais, v. 4, n. 3, 2007. Disponível em: <www.revistafenix.pro.br/vol12Silvia.php>. Acesso em: 10 set. 2008.

_____. A Repartição Geral dos Telégrafos e o trabalho de Guilherme Schüch de Capanema (1824-1908) em geociências. In: ALMEIDA, Marta de; VERGARA, Moema de R. (Org.). *Ciência, história e historiografia.* São Paulo: Via Lettera; Rio de Janeiro: MAST, 2008. p. 125-138.

_____; LOPES, Margaret M. A divulgação da ciência e da tecnologia através da imprensa e dos periódicos especializados – São Paulo (1890-1930). In: SEMINÁRIO NACIONAL DE HISTÓRIA DA CIÊNCIA E DA TECNOLOGIA, 4., 1997, Rio de Janeiro. *Anais...* Rio de Janeiro: SBHC, 1997.

FONSECA, Gondim da. *Biografia do jornalismo carioca:* 1808-1908. Rio de Janeiro: Livraria Quaresma, 1941.

FRAGOSO, João Luis Ribeiro. A roça e as propostas de modernização na agricultura fluminense do século XIX: o caso do sistema agrário escravista-exportador em Paraíba do Sul. *Revista Brasileira de História*, São Paulo, v. 6, n. 12, p. 125-150, 1986.

FREITAS, M. Helena de Almeida. *Origens do periodismo científico no Brasil.* 2005. 135 f. Dissertação (mestrado) – Pontifícia Universidade Católica de São Paulo, São Paulo, 2005.

_____. Considerações acerca dos primeiros periódicos científicos brasileiros. *Ciência da Informação*, Brasília, DF, v. 35, n. 3, p. 54-66, 2006.

GONDRA, Jorge Gonçalves; TAVARES, Pedro Paulo Hausmann. A instrução reformada: ações de Couto Ferraz nas províncias do Espírito Santo, Rio de Janeiro e na Corte Imperial. In: CONGRESSO BRASILEIRO DE HISTÓRIA DA EDUCAÇÃO: A EDUCAÇÃO ESCOLAR EM PERSPECTIVA HISTÓRICA, 3., 2004, Curitiba. *Anais...* Curitiba: Adivan High Tech Tecnologia Digital, 2004. v. 1.

GUIMARÃES, Lúcia Maria Paschoal. Debaixo da imediata proteção de Sua Majestade Imperial. *Revista do Instituto Histórico e Geográfico Brasileiro*, Rio de Janeiro, v. 388, n. 156, p. 459-613, 1995.

GUIMARÃES, Manoel Luís Salgado. Nação e civilização nos trópicos: o Instituto Histórico e Geográfico Brasileiro. *Estudos Históricos*, Rio de Janeiro, n. 1, p. 5-27, 1988.

HALL, A. Rupert. *A revolução na ciência*: 1500-1750. Lisboa: Edições 70, 1988.

HARWOOD, Jonathan. *Technology's dilemma*: agricultural colleges between science and practice in Germany (1860-1934). Berna: Peter Lang, 2005.

_____. Introduction to the special issue on biology and agriculture. *Journal of the History of Biology*, Dordrecht, v. 39, n. 2, p. 237-239, 2006.

HEIZER, Alda. *Observar o céu e medir a Terra*: instrumentos científicos e a participação do Império do Brasil na Exposição de Paris de 1889. 2005. 233f. Tese (Doutorado) – Instituto Geociências, Universidade Estadual de Campinas, Campinas, SP, 2005.

HERNÁNDEZ CAÑADAS, Patrícia Liset. *Os periódicos Ciência Hoje e Ciência e Cultura e a divulgação da ciência no Brasil*. 1987. 190 f. Dissertação (mestrado) – IBICT/CNPq; ECO/UFRJ, Rio de Janeiro, 1987.

HEYNEMANN, Cláudia. *Floresta da Tijuca*: natureza e civilização. Rio de Janeiro: Secretaria Municipal de Cultura, 1995.

HOCHMAN, Gilberto. A ciência entre a comunidade e o mercado. In: PORTOCARRERO, Vera (Org.). *Filosofia, história e sociologia das ciências*: abordagens contemporâneas. Rio de Janeiro: Fiocruz, 1994. p. 199-232.

HOLANDA, Sergio Buarque de (Org.). O Brasil monárquico: do Império à República. In: _____ (Dir.). *História geral da civilização brasileira*. Rio de Janeiro: Bertrand Brasil, 2004. v. 7, t. 2.

_____. *Capítulos de história do Império*. São Paulo: Companhia das Letras, 2010.

HOLMES, Frederic. The complementarity of teaching and research in Liebig's laboratory. *Osiris*, Chicago, v. 5, p. 121-164, 1989.

IGLESIAS, Francisco (Org.). Vida política, 1848/1866. In: HOLANDA, Sergio Buarque de (Dir.). *História geral da civilização brasileira*: o Brasil monárquico. Rio de Janeiro: Bertrand Brasil, 2004. p. 17-160. v. 5, t. 2.

JOBIM, Leopoldo Collor. Os jardins botânicos no Brasil colonial. *Biblioteca do Arquivo do Museu de Lisboa*, Lisboa, v. 2, n. 1, p. 53-120, 1986.

JONES, Gwyn E.; GARFORTH, Chris. The history, development, and future of agricultural extension. In: SWANSON, Burton E.; BENTZ, Robert P.; SOFRANKO, Andrew J. (Ed.). *Improving agricultural extension*: a reference manual. Roma: Food and Agriculture Organization of the United Nations (FAO). 1997. Disponível em: <www.fao.org/docrep/w5830e/w5830e03.htm>. Acesso em: 29 set. 2010.

KNIGHT, David. La popularización de la ciencia en la Inglaterra del siglo XIX. In: ORDOÑEZ, Javier; ELENA, Alberto (Org.). *La ciencia y su público*: perspectivas históricas. Madri: CSIC, 1990. p. 311-330.

KNORR-CETINA, Karin. A comunicação na ciência. In: GIL, Fernando (Org.). *A ciência tal como se faz*. Lisboa: João Sá da Costa, 1999. p. 375-394.

KOHLER, Robert E. Labscapes: naturalizing the lab. *History of Science*, Cambridge, v. 40, n. 4, p. 473-500, 2002a.

_____. Place and practice in field biology. *History of Science*, Cambridge, v. 40, n. 2, p. 189-210, 2002b.

_____. Finders, keepers: collecting sciences and collecting practice. *History of Science*, Cambridge, v. 45, n. 4, p. 428-454, 2007.

KRAUSS, Alois. Relatório sobre a doença da cana-de-açúcar na província da Bahia. *Revista Agrícola*, Rio de Janeiro, v. 1, n. 4, p. 22-27, 1870a.

_____. Suplemento ao relatório sobre a moléstia da cana-de-açúcar na província da Bahia. *Revista Agrícola*, Rio de Janeiro, v. 1, n. 2, p. 31-37, 1870b.

KUKLICK, Henrika; KOHLER, Robert. Introduction. *Osiris*, Chicago, v. 11, p. 1-14, 1996.

KURY, Lorelai. Viajantes naturalistas no Brasil oitocentista: experiência, relato e imagem. *História, Ciências, Saúde – Manguinhos*, Rio de Janeiro, v. 8, p. 863-80, 2001a. Suplemento.

_____. A Comissão Científica de Exploração (1859-1861): a ciência imperial e a musa cabocla. In: HEIZER, Alda; VIDEIRA, Antônio A. Passos (Org.). *Ciência, civilização e Império nos trópicos*. Rio de Janeiro: Access, 2001b. p. 29-55.

_____. Entre utopia e pragmatismo: a história natural no Iluminismo tardio. In: SOARES, Luís Carlos (Org.). *Da revolução científica à big (bussiness) science*: cinco ensaios de história da ciência e da tecnologia. São Paulo: Hucitec, 2001c. p. 105-153.

_____. Saint-Hilaire viajante exemplar. *Revista Intellèctus*, Rio de Janeiro, v. 2, n. 1, p. 1-11, 2003.

_____. Homens de ciência no Brasil: Impérios coloniais e circulação de informações (1780-1810). *História, Ciências, Saúde – Manguinhos*, Rio de Janeiro, v. 11, p. 109-29, 2004. Suplemento.

_____. Descrever a pátria, difundir o saber. In: _____ (Org.). *Iluminismo e Império no Brasil*: O Patriota (1813-1814). Rio de Janeiro: Fiocruz, 2007. p. 141-178.

_____ (Org.). *Comissão Científica do Império* (1859-1861). Rio de Janeiro: Andrea Jacobsson, 2009.

_____; SÁ, Magali Romero. Flora brasileira: um percurso histórico. In: MARTINS, Ana Cecília (Org.). *Flora brasileira*: história & arte & ciência. Rio de Janeiro: Casa da Palavra, 2009. p. 18-67.

LACOMBE, Américo Jacobina. Bilhetes de d. Pedro II. *Revista do IHGB*, Rio de Janeiro, n. 261, 1963.

LACOMBE, Lourenço Luiz. Cartas de dom Pedro II ao barão de Capanema. *Anuário do Museu Imperial*, Petrópolis, n. 5, p. 191-202, 1944.

LATOUR, Bruno. Dadme um laboratorio y levantaré el mundo. In: KNORR-CETINA, K; MULKAY, M. (Org.). *Science observed*: perspectives on the social study of science. Londres: Sage, 1985. p. 141-170. Versão castelhana Marta I. Gonzalez García. Disponível em: <www.campus-oei.org/salactsi/latour.htm>. Acesso em: 4 maio 2007.

_____. *Ciência em ação*: como seguir cientistas e engenheiros sociedade afora. São Paulo: Unesp, 2000.

_____. *A esperança de Pandora*. São Paulo: EdUSC, 2001.

LEVILLAIN, Philippe. Os protagonistas da biografia. In: RÉMOND, René (Ed.). *Por uma história política*. Rio de Janeiro: FGV, 2003. p. 141-184.

LIMA, Fernando Sgarbi. *Organização e administração do Ministério da Agricultura no Império*. Brasília, DF: Fundação do Centro de Formação do Servidor Público, 1988.

LIMA, Silvio Cezar de Souza. *Determinismo biológico e imigração chinesa em Nicolau Moreira (1870-1890)*. 2005. 123 f. Dissertação (mestrado) – Casa de Oswaldo Cruz (COC), Fundação Oswaldo Cruz, Rio de Janeiro, 2005.

LINHARES, Maria Yedda. Pesquisas em história da agricultura brasileira no Rio de Janeiro. *Estudos Sociedade e Agricultura*, Rio de Janeiro, n. 12, p. 104-122, 1999.

_____; SILVA, Francisco C. T. *História da agricultura no Brasil*: combates e controvérsias. São Paulo: Brasiliense, 1981.

LOBO, Eulalia Maria Lahmeyer. *História político-administrativa da agricultura brasileira*: 1808-1889. Brasília, DF: [s.n.], 1980.

LOPES, Maria Margaret. Viajando pelo mundo dos museus: diferentes olhares no processo de institucionalização das ciências naturais nos museus brasileiros. *Revista Imaginário*, São Paulo, n. 3, p. 12-29, 1996a.

_____. Mais vale um jegue que me carregue que um camelo que me derrube... lá no Ceará. *História, Ciências, Saúde – Manguinhos*, Rio de Janeiro, v. 3, n. 1, p. 50-64, 1996b.

_____. Aspectos da institucionalização das ciências naturais no Brasil no século XIX. *Quipu*, v. 12, n. 2, p. 217- 230, 1999a.

_____. Sociedades científicas e museus na América Latina, no século XIX. *Saber y Tiempo*, Buenos Aires, v. 7, n. 2, p. 51-72, 1999b.

_____. O local musealizado em nacional: aspectos da cultura das ciências naturais no século XIX, no Brasil. In: HEIZER, Alda; VIDEIRA, Antonio A. Passos (Org.). *Ciência, civilização e Império nos trópicos*. Rio de Janeiro: Access, 2001. p. 77-97.

_____. Invertendo o sentido das viagens. *História, Ciências, Saúde – Manguinhos*, Rio de Janeiro, v. 10, n. 2, p. 768-773, 2002.

_____. Culturas das ciências naturais. *Ciência e Educação*. São Paulo, v. 11, p. 457-470, 2005.

_____. As ciências naturais no século XIX: já não tão novas visões historiográficas. In: ARAÚJO, Valdei Lopes et al. (Ed.). *A dinâmica do historicismo*: revisitando a historiografia moderna. Belo Horizonte: Argumentum, 2008. p. 195-214.

_____. *O Brasil descobre a pesquisa científica*: os museus e as ciências naturais no século XIX. São Paulo: Hucitec, 2009.

LOUREIRO, José Mauro Matheus. *Representação e museu científico*: o instrutivo aparelho de hegemonia ou uma profana liturgia hegemônica. 2000. Tese (doutorado) – IBICT/CNPq; ECO/UFRJ, Rio de Janeiro, 2000.

LYRA, Carlos Tavares de. *Instituições políticas do Império*. Brasília: Senado Federal, 1979.

LYRA, Heitor. *História de dom Pedro II*: 1825-1891. Belo Horizonte: Itatiaia, 1977. 3 v.

MALAVOLTA, Eurípedes. *Elementos de química agrícola*: adubos e adubações. São Paulo: IV Centenário, 1954.

_____. *ABC da adubação*. São Paulo: Ceres, 1979.

_____. As ciências agrícolas no Brasil. In: FERRI, Mario Guimarães; MOTOYAMA, Shozo (Ed.). *História das ciências no Brasil*. São Paulo: EdUSP, 1981. v. 3.

MANTEGARI, Cristina. Naturaleza y modernización en él siglo XIX: la expansión de la institución científica. Separata de: *Saber y Tiempo*, Buenos Aires, v. 14, p. 11-31, 2002.

MARINHO, Pedro E. M. de Monteiro. *Engenharia imperial*: o Instituto Politécnico Brasileiro (1862-1880). 2002. 278 f. Dissertação (mestrado) – Departamento de História, Universidade Federal Fluminense, Niterói, 2002.

MARQUESE, Rafael de Bivar. *Administração e escravidão*: ideias sobre a gestão da agricultura escravista brasileira. São Paulo: Hucitec, 1999.

_____. Diáspora africana, escravidão e a paisagem da cafeicultura no Vale do Paraíba oitocentista. *Almanack Braziliense*, São Paulo, n. 7, p. 138-152, 2008. Disponível em: <www.almanack.usp.br/PDFS/7/07_Artigos-05.pdf>. Acesso em: 20 abr. 2010.

MARTINS, Ana Luiza. *Revistas em revista*: imprensa e práticas culturais em tempos de República – São Paulo (1890-1922). São Paulo: EdUSP, 2008.

MARTINS, Maria Fernanda Vieira. *O Imperial Instituto Fluminense de Agricultura*: elites, política e reforma agrícola (1860-1897). 1995. 197 f. Dissertação (mestrado) – Departamento de História, Universidade Federal Fluminense, Niterói, 1995.

_____. A velha arte de governar: o Conselho de Estado no Brasil imperial. *Topoi*, Rio de Janeiro, v. 7, n. 12, p. 178-221, 2006.

_____. *A velha arte de governar*: um estudo sobre política e elites a partir do Conselho de Estado (1842-1889). Rio de Janeiro: Arquivo Nacional, 2007.

MARTINS, Silvania Damacena. *Reformando a Casa Imperial*: assistência pública e a experiência do Asilo de Meninos Desvalidos na Corte (1870-1888). 2004. 97 f. Dissertação (mestrado) – Departamento de História, Instituto de Filosofia e Ciências Sociais, Universidade Federal do Rio de Janeiro, Rio de Janeiro, 2004.

MATTEDI, Marco Antonio. A sociologia da pesquisa científica: o laboratório científico como unidade de análise sociológica. *Teoria & Pesquisa*, São Carlos, v. 16, n. 2, p. 51-70, 2007.

MATTOS, Hebe Maria. Identidade camponesa, racionalização e cidadania no Brasil monárquico: o caso da "Guerra dos Marimbondos" em Pernambuco a partir da leitura de Guillermo Palacios. *Almanack Braziliense*, São Paulo, n. 3, p. 40-46, 2006.

MATTOS, Ilmar Rohloff de. *O tempo Saquarema*. São Paulo: Hucitec, 1994.

MELONI, Reginaldo Alberto. *Ciência e produção agrícola*: a Imperial Estação Agronômica de Campinas, 1887-1897. São Paulo: Humanitas, 2004.

MENDONÇA, Sonia Regina. *O ruralismo brasileiro (1888-1931)*. São Paulo: Hucitec, 1997.

_____. *Agronomia e poder no Brasil*. Rio de Janeiro: Vício de Leitura, 1999.

MOLLO, Helena Miranda. A ciência e o passado: construções da modernidade nos oitocentos. In: ARAÚJO, Valdei Lopes et al. *A dinâmica do historicismo*: revisitando a historiografia moderna. Belo Horizonte: Argumentum, 2008. p. 169-180.

MONIZ, Antonio Carlos. A história da pedologia no Brasil. In: FERRI, Mario Guimarães; MOTOYAMA, Shozo (Ed.). *História das ciências no Brasil*. São Paulo: EdUSP, 1981. v. 3, p. 73-103.

MOTOYAMA, Shozo (Org.). *Prelúdio para uma história*: ciência e tecnologia no Brasil. São Paulo: EdUSP, 2004.

NABUCO, Joaquim. *Um estadista do Império*. Rio de Janeiro: Topbooks, 1997.

_____. O abolicionismo. Rio de Janeiro: Nova Aguilar, 2002. v. 1 (Intérpretes do Brasil).

NEVES, Mônica R. O patrimônio arquitetônico. In: INSTITUTO DE PESQUISAS JARDIM BOTÂNICO DO RIO DE JANEIRO. *Jardim Botânico do Rio de Janeiro*: 1808-2008. Rio de Janeiro: JBRJ, 2008. p. 117-130.

NOGUEIRA, Almeida. *A academia de São Paulo*: tradições e reminiscências. São Paulo: [Typographia Vanorden], 1907. v. 1.

NUNES, Maria de Fátima. *Imprensa periódica científica (1772-1852)*: leituras de "sciencia agrícola" em Portugal. Lisboa: Estar, 2001.

OLIVEIRA, Ana Rosa. Ordem e natureza: construção da paisagem. In: INSTITUTO DE PESQUISAS JARDIM BOTÂNICO DO RIO DE JANEIRO. *Jardim Botânico do Rio de Janeiro*: 1808-2008. Rio de Janeiro: JBRJ, 2008. p. 79-94.

OLIVEIRA, José Teixeira de. *Dicionário brasileiro de datas históricas*. Belo Horizonte: Itatiaia, 1992.

OLIVER, Graciela de Souza. *O papel das escolas superiores de agricultura na institucionalização das ciências agrícolas no Brasil, 1930-1950*: práticas acadêmicas, currículos e formação profissional. 2005. 326 f. Tese (doutorado) – Instituto de Geociências, Universidade Estadual de Campinas, Campinas, SP, 2005.

_____; FIGUEIRÔA, Silvia F. de Mendonça. Características da institucionalização das ciências agrícolas no Brasil. *Revista da Sociedade Brasileira de História da Ciência*, Rio de Janeiro, v. 4, n. 2, p. 104-115, 2006.

PÁDUA, José Augusto. Cultura esgotadora: agricultura e destruição ambiental nas últimas décadas do Brasil Império. *Estudos Sociedade e Agricultura*, Rio de Janeiro, v. 11, p. 134-163, 1998.

_____. *Um sopro de destruição*: pensamento político e crítica ambiental no Brasil escravista, 1786-1888. Rio de Janeiro: Zahar, 2002.

_____. Flora e nação. In: MARTINS, Ana Cecília (Org.). *Flora brasileira*: história & arte & ciência. Rio de Janeiro: Casa da Palavra, 2009a. p. 92-128.

_____. Natureza e sociedade no Brasil monárquico. In: GRINBERG, Keyla; SALLES, Ricardo. *O Brasil imperial*. Rio de Janeiro: Civilização Brasileira, 2009b. v. 3, p. 313-365.

PAIVA, Melquíades Pinto. *Associativismo científico no Brasil imperial*: a Sociedade Vellosiana do Rio de Janeiro. Brasília, DF: Thesaurus, 2005.

PANG, Laura Jarnagin. *The State and agricultural clubs of imperial Brazil*: 1860-1889. 1981. 415 f. Dissertation (doctorade) – Vanderbilt University, Nashville, 1981.

PEREIRA, Valter Pires. *A ideia de progresso na formação social brasileira*: das academias literárias à Sociedade Auxiliadora da Indústria Nacional. 1999. 257 f. Tese (doutorado) – Departamento de História, Universidade de São Paulo, São Paulo, 1999.

PESAVENTO, Sandra. Acertar o passo com a história: o dilema da modernidade brasileira no século XIX. *Quipu*, v. 9, n. 2, p. 217-236, 1992.

PESTRE, Dominique. Por uma nova história social e cultural das ciências: novas definições, novos objetos, novas abordagens. *Cadernos IG/Unicamp*, Campinas, SP, v. 6, n. 1, p. 1-56, 1996.

PINHEIRO, Rachel. *As histórias da Comissão Científica de Exploração (1856) na correspondência de Capanema*. 2002. Dissertação (mestrado) – Instituto de Geociências, Universidade Estadual de Campinas, Campinas, SP, 2002.

_____. *O que os nossos cientistas escreviam*: algumas das publicações em ciências do século XIX. 2009. 227 f. Tese (doutorado) – Instituto de Geociências, Universidade Estadual de Campinas, Campinas, SP, 2009.

PORTO ALEGRE, Maria Sylvia. *Os ziguezagues do Dr. Capanema*. Fortaleza: Museu do Ceará, 2006.

PYENSON, L.; SHEETS-PYENSON, S. *Servants of nature:* a history of scientific institutions, enterprises and sensibilities. Londres Harper Collins, 1999.

QUEIRÓS, Francisco Alberto Fortunato. Carta de d. Pedro II, imperador do Brasil, ao rei d. Fernando II. *História*: revista da Faculdade de Letras, Lisboa, série 2, v. 2, p. 217-234, 1985.

RAFFARD, Henri. Apontamentos acerca de pessoas e cousas do Brasil. *Revista do Instituto Histórico e Geográfico Brasileiro*, Rio de Janeiro, t. 61, parte 2, p. 438, 1899.

RAVEN, Peter; EVERT, Ray F.; EICHHORN, Susan E. *Biologia vegetal*. Rio de Janeiro: Guanabara Koogan, 2001.

REIS, Fernando Egidio. Para a história da divulgação científica em Portugal: as ciências nos periódicos portugueses de finais do séc. XVIII e princípios do séc. XIX. *Revista Proform@r*, v. 13, jan. 2006.

Disponível em: <www.proformar.org/revista/edicao_13/divulga_cienc_portugal.pdf>. Acesso em: 1 jul. 2008.

_____. Scientific dissemination in portuguese encyclopaedic periodicals: 1779-1820. *History of Science*, Cambridge, v. 45, n. 147, p. 83-118, 2007.

RIDINGS, Eugene W. Pre-modern interest groups and government: Brazil in the nineteenth century. *The Americas*, Filadélfia, v. 46, n. 3, p. 315-333, 1990.

RODRIGUES, Cyro Mascarenhas. Gênese e evolução da pesquisa agropecuária no Brasil: da instalação da Corte portuguesa ao início da República. *Caderno de Difusão Tecnológica*, Brasília, DF, v. 4, n. 1, p. 21-38, 1987.

ROMEIRO, Ademar Ribeiro. Ciência e tecnologia na agricultura: algumas lições da história. *Caderno de Difusão Tecnológica*, Brasília, DF, v. 4, n. 1, p. 59-95, 1987.

ROSENBERG, Charles E. Rationalization and reality in the shaping of American agricultural research: 1875-1914. *Social Studies of Science*, v. 7, n. 4, p. 401-422, 1977.

ROSSI, Paolo. *O nascimento da ciência moderna na Europa*. Bauru: EdUSC, 2001.

ROSSITER, Margaret W. *The emergence of agricultural science*: Justus Liebig and the Americans (1840-1880). New Haven: Yale University Press, 1975.

SÁ, Magali Romero. *James William Helenus Trail*: a british naturalist in nineteenth-century Amazonia. 1995. 243 f. Dissertation (doctorade) – University of Durham, Durham, 1995.

_____. O botânico e o mecenas. *História, Ciências e Saúde – Manguinhos*, Rio de Janeiro, v. 8, p. 823-838, 2001. Suplemento.

_____; DOMINGUES, Heloísa M. Bertol. O Museu Nacional e o ensino das ciências naturais no Brasil no século XIX. *Revista Brasileira de História da Ciência*, Rio de Janeiro, n. 15, p. 79-88, 1996.

SALDAÑA, Juan José. Ciência e identidade cultural: a história da ciência na América Latina. In: FIGUEIRÔA, S. F. M. (Org.). *Um olhar sobre o passado*: história das ciências na América Latina. Campinas, SP: Unicamp, 2000. p. 11-32.

SANJAD, Nelson Rodrigues. *Nos jardins de São José*: uma história do Jardim Botânico do Grão-Pará (1796-1873). 2001. Dissertação (mestrado) – Instituto de Geociências, Universidade Estadual de Campinas, Campinas, SP, 2001.

_____. Éden domesticado: a rede luso-brasileira de jardins botânicos (1796-1817). In: SEMINÁRIO INTERNACIONAL LANDI E O SÉCULO XVIII NA AMAZÔNIA, 2003, Belém. *Anais...* Belém, PA: Universidade Federal do Pará/Museu Paraense Emilio Goeldi, 2003.

_____. *A coruja e a Minerva*: O Museu Paraense entre o Império e a República (1866-1907). 2005. Tese (doutorado) – Casa de Oswaldo Cruz, Fundação Oswaldo Cruz, Rio de Janeiro, 2005.

_____. *Emilio Goeldi (1859-1917)*: a ventura de um naturalista entre a Europa e o Brasil. Rio de Janeiro: EMC, 2009.

SANT'ANNA, Sabrina Parracho. Um certo Dr. F. Schmitd: circulação de ciência e tecnologia na relação Brasil-Alemanha. *Cadernos do CHDD*, Brasília, DF, v. 8, n. 15, p. 317-363, 2009.

SANTOS, Nadja Paraense dos. Pedro II, sábio e mecenas, e sua relação com a química. *Revista Brasileira de História da Ciência*, Rio de Janeiro, v. 2, n. 1, p. 54-64, 2004.

_____. Theodoro Peckolt: a produção científica de um pioneiro da fitoquímica no Brasil. *História, Ciências, Saúde – Manguinhos*, Rio de Janeiro, v. 12, n. 2, p. 515-33, 2005.

SCHUELER, Alessandra Frota Martinez de. A "infância desamparada" no Asilo Agrícola de Santa

Isabel: instrução rural e infantil (1880-1886). *Educação e Pesquisa*, São Paulo, v. 1, n. 26, p. 119-133, 2000.

SCHWARCZ, Lilia Moritz. *O espetáculo das raças*: cientistas, instituições e questão racial no Brasil (1870-1930). São Paulo: Companhia das Letras, 1993.

_____. *As barbas do imperador*: d. Pedro II, um monarca dos trópicos. São Paulo: Companhia das Letras, 1998.

_____. Introdução e esboço biográfico. In: BEDIAGA, Begonha (Org.). *Diário do imperador d. Pedro II*. Petrópolis: Museu Imperial, 1999. p. 31-54.

SCHWARTZMAN, Simon. *Um espaço para a ciência*: a formação da comunidade científica no Brasil. Brasília, DF: MCT, 2001.

SEDREZ, Lise. *Imperial Instituto Fluminense de Agricultura*: uma ONG ecológica no século XIX. Rio de Janeiro: Sociedade das Florestas do Brasil, 1993. Mimeo.

SEGAWA, Hugo. *Ao amor do público*: jardins no Brasil. São Paulo: Studio Nobel, 1996.

SERRANO, Jonathas. O amigo do imperador. *Revista do Instituto Histórico e Geográfico Brasileiro*, Rio de Janeiro, v. 98, n. 152, p. 105-110, 1925.

SHAPIN, Steven; THACKRAY, Arnold. Prosopography as a research tool in history of science. *History of Science*, Cambridge, v. 12, p. 1-28, 1974.

SHEETS-PYENSON, Susan. Popular science periodicals in Paris and London: the emergence of low scientific culture, 1820-1875. *Annals of Science*, [s.l.], n. 42, p. 549-572, 1985.

SILVA, André Felipe Cândido da. *Ciência nos cafezais*: a campanha contra a broca do café em São Paulo (1924-1929). 2006. 235 f. Dissertação (mestrado) – Casa de Oswaldo Cruz, Fundação Oswaldo Cruz, Rio de Janeiro, 2006a.

_____. A campanha contra a broca do café em São Paulo (1924-1927). *História, Ciências, Saúde – Manguinhos*. Rio de Janeiro, v. 13, n. 4, p. 957-993, 2006b.

SILVA, José Luis Werneck da. *Isto é o que me parece*: a Sain (1827-1904) na formação social brasileira de 1871 até 1877. 1979. Dissertação (mestrado) – Departamento de História, Universidade Federal Fluminense, Niterói, 1979. 2 v.

SIMÃO, André Luciano. *Congressos agrícolas de 1878*: um retrato do reformismo ao final do século XIX. 2001. Dissertação (mestrado) – Departamento de Sociologia, Instituto de Filosofia e Ciências Humanas, Universidade Estadual de Campinas, Campinas, SP, 2001.

SISSON, Sebastién Auguste. *Galeria dos brasileiros ilustres*. Brasília, DF: Senado Federal, 1999.

SODRÉ, Nelson Werneck. *Panorama do Segundo Império*. Rio de Janeiro: Graphia, 1998.

_____. *História da imprensa no Brasil*. Rio de Janeiro: Mauad, 1999.

STOKES, Donald E. *O quadrante de Pasteur*: a ciência básica e a inovação tecnológica. Campinas, SP: Unicamp, 2005.

SZMRECSÁNYI, Tamás. Elementos para uma história social da produção científica no Brasil. *Cadernos de Difusão Tecnológica*, Brasília, DF, v. 2, n. 1, p. 165-170, 1985.

_____. *Pequena história da agricultura no Brasil*. São Paulo: Contexto, 1990.

_____. Esboços de história econômica da ciência e da tecnologia. In: SOARES, Luis Carlos (Org.). *Da revolução científica* à *big (bussiness science)*: cinco ensaios de história da ciência e da tecnologia. São Paulo: Hucitec, 2001. p. 155-200.

_____; OLIVER, Graciela de Souza. A estação experimental de Piracicaba e a modernização tecnológica da agroindústria canavieira (1920 a 1940). *Revista Brasileira de História*, São Paulo, v. 23, n. 46, p. 37-60, 2003.

TAPAJÓS, Vicente. *Organização política e administrativa do Império*. Brasília, DF: Fundação Centro de Formação do Servidor Público, 1984.

_____; TÓRTIMA, Pedro. *Dicionário biobibliográfico de historiadores, geógrafos e antropólogos brasileiros*. Rio de Janeiro: Instituto Histórico e Geográfico Brasileiro, 1993.

TAUNAY, Carlos Augusto. *Manual do agricultor brasileiro*. São Paulo: Companhia das Letras, 2001. (Coleção Retratos do Brasil.)

TEIXEIRA, Rodrigo de Araújo. *Capacitação em melhoramento genético de plantas no Brasil*: situação atual e perspectivas. 2008. Dissertação (mestrado) – Instituto de Geociências, Universidade Estadual de Campinas, Campinas, SP, 2008.

TEMPERINI, Rosana Soares de Lima. *O sertão vai virar campo*: análise de um periódico agrícola (1930-1937). 2003. 102 f. Dissertação (mestrado) – Casa de Oswaldo Cruz, Fundação Oswaldo Cruz, Rio de Janeiro, 2003.

THOMAS, Keith. *O homem e o mundo natural*: mudanças de atitude em relação aos animais e às plantas. São Paulo: Companhia das Letras, 1988.

TOURINHO, Maria Antonieta. A salvação da lavoura: a Escola Agrícola de São Bento das Lages. *Revista Faced*, Salvador, v. 5, n. 4, p. 27-34, 2000.

TURAZZI, Maria Inês. A exposição de obras públicas de 1875 e os produtos da ciência do engenheiro, do geólogo e do naturalista. In: HEIZER, Alda; VIDEIRA, A. A. Passos (Org.). *Ciência, civilização e Império nos trópicos*. Rio de Janeiro: Access, 2001. p. 145-163.

TURNER, Frank. Public Science in Britain, 1880-1910. *Isis*, Chicago, v. 71, n. 259, p. 589-608, 1980.

VARNHAGEN, Francisco Adolfo. *Correspondência ativa*. Rio de Janeiro: Instituto Nacional do Livro, 1961.

VELHO, Léa. *Science on the periphery*: a study of the agricultural scientific community in Brazilian universities. 1995. Dissertation (doctorade) – University of Sussex, Falmer, 1995.

_____. A ciência e seu público. *Transinformação*, Campinas, SP, v. 9, n. 3, p. 15-32, 1997.

_____; VELHO, Paulo. The emergence and institutionalization of agricultural science. *Cadernos de Ciência & Tecnologia*, Brasília, DF, v. 14, n. 2, p. 205-223, 1997.

VERGARA, Moema de Rezende. *A Revista Brasileira*: vulgarização científica e construção da identidade nacional na passagem da Monarquia para a República. 2003. 234 f. Tese (doutorado) – Departamento de História, Pontifícia Universidade Católica do Rio de Janeiro, Rio de Janeiro, 2003.

_____. Ensaio sobre o termo vulgarização científica. *Revista Brasileira de História da Ciência*, Rio de Janeiro, v. 1, n. 2, p. 137-145, 2008a.

_____. Contexto e conceitos: história da ciência e "vulgarização científica" no Brasil do século XIX. *Interciencia*, Caracas, v. 33, n. 5, p. 324-330, 2008b.

VESSURI, Hebe. The institutionalization process. In: SAGASTI, Francisco R.; SALOMON, Jean-Jacques; SACHS-JEANTET, Celine (Ed.). *The uncertain quest*: science, technology and development. Tóquio: United Nations University Press, 1994. p. 168-200.

VIANNA, Hélio. *História da imprensa no Brasil (1812-1869)*. Rio de Janeiro: Imprensa Nacional, 1945.

VINCK, Dominique. Back to the laboratory as a knowledge production space. *Revue d'Anthropologie des*

Connaissances, Bruxelas, v. 2, n. 2, p. 159-165, 2007.

VITORINO, Artur José Renda. Reconversão do capital dos mercadores negreiros, os cartéis e a carestia no Brasil dos anos 1850. *História e-história*, Campinas, SP, 22 dez. 2004. Disponível em: <www.historiaehistoria.com.br/materia.cfm?tb=professores&id=15>. Acesso em: 22 nov. 2007.

_____. Política, agricultura e a reconversão do capital do tráfico transatlântico de escravos para as finanças brasileiras na década de 1850. *Economia e Sociedade*, Campinas, SP, v. 17, n. 3, p. 463-491, 2008.

WIELAND, Thomas. Scientific theory and agricultural practice: plant breeding in Germany from the late 19th to the early 20th century. *Journal of the History of Biology*, Dordrecht, v. 39, n. 2, p. 309-343, 2006.

ZARTH, Paulo. A construção de instituições de difusão tecnológica para o campo no Rio Grande do Sul. In: CONGRESSO BRASILEIRO DE HISTÓRIA DA EDUCAÇÃO, 4., 2006, Goiânia. *Anais...* Goiânia: Universidade Católica de Goiás, 2006. p. 1-10.

Iconografia

pág 13 - *Revista Agrícola*, v.18, n.4, p.30, 1873

pág 31 - *Revista Agrícola*, v.18, n.4, p.30, 1873

pág 50 - Arquivo POB, maço 132, doc. 6523

pág 72 - *Revista Agrícola*, v.2, n.3, p.58, 1870

pág 93 - AGP II-5-24

pág 95 - POB, maço 167, doc. 7712

pág 109 - *Flora Brasiliensis*, v. 3(2): Heft 85, t. 54, 1881

pág 115 - *Revista Agrícola*, v.5, n.1, p.50, de 1874

pág 144 - Revista *O Besouro*, n.15, p.120, 1878

pág 148 - Biblioteca / JBRJ

pág 160 - *Revista Agrícola*, v. 11, n. 3, p. 139, 1880.

pág 161 A - *Revista Agrícola*, v. 11, n. 2, p.89, 1880

pág 161 B - *Revista Agrícola*, v. 1, n. 2, p.14, 1869.

pág 161 C - *Revista Agrícola*, v. 11, n.2, p.190, 1880

pág 162 - *Revista Agrícola*, v.6, n.1, 1874, p. 8 e 9

pág 182 - *Revista de Horticultura*, v. 3, n.4, p.71, 1878

pág 184 - Ilustração Botânica, Köhler, F.E., Medizinal Pflanzen, v.2, p.169, 1890

pág 190 - *Revista Agrícola*, v.1, n1, 1869 p.18

pág 209 - *Revista Agrícola* de 1874, v.5, n.4, p.20

Cronologia

1859 Fundação dos institutos agrícolas da Bahia, Pernambuco e Sergipe.

1860 Criação do Imperial Instituto Fluminense de Agricultura pelo Decreto nº 2.607, de 30/6/1860. Presidente: Miguel Calmon du Pin Almeida, marquês de Abrantes (1860-1865); secretário: Frederico Leopoldo César Burlamaqui (1860 a 1863).

Estatutos do IIFA: Decreto nº 2.681de 3/11/1860.

Diretor do Jardim Botânico (JB): Custódio Alves Serrão.

1861 Burlamaqui é nomeado diretor fiscal do JB de 6/1861 a 8/1862.

O Jardim Botânico é desvinculado do Ministério do Império e subordinado ao recém criado Ministério da Agricultura, Comércio e Obras Públicas (Macop).

Contrato entre o Governo e o IIFA determina que a administração do Jardim Botânico fique sob responsabilidade do referido instituto. Os objetivos principais são fundar nas áreas contíguas ao Jardim Botânico um estabelecimento rural que pudesse servir de modelo e de escola prática de agricultura – 17/8/1861.

A posse do Jardim Botânico pelo IIFA como consequência do contrato firmado em agosto foi em 1/9/1861.

 Jardineiro-chefe do JB → Hermann Herbster.

1862 Herman Herbster é substituído por Joaquim de Souza Lisboa.

Burlamaqui apresenta, em reunião de diretoria do IIFA, uma proposta de rescisão do contrato com o governo alegando que as terras eram imprestáveis para os fins a que o instituto se propunha.

1863 Demissão, a pedido, de Burlamaqui como secretário do IIFA e diretor do JB. No IIFA, foi substituído por Sebastião Ferreira Soares, que permanece no cargo até a última ata de sessão publicada.

Carlos Glasl nomeado diretor científico do JB e da Fazenda Normal de 10/1863 a 5/1883.

A convite do diretor científico JB e da Fazenda Normal, chegam da Áustria o químico Alois Krauss, o marceneiro Ângelo Cichini e o maquinista Jorge Mayerhoffer.

1865 Falecimento do Miguel Calmon du Pin Almeida, marquês de Abrantes. Assume a presidência do IIFA, Luiz Pedreira do Couto Ferraz (futuro barão e visconde do Bom Retiro) por decreto de 21/11/1865. Vice-presidente: Irineu Evangelista de Sousa – barão de Mauá.

1866 O químico do IIFA, Aloix Krauss, é enviado à Bahia para estudar as enfermidades que atacavam os canaviais.

Início da cultura da bombonaça (*Carludovica palmata*) para a fabricação dos chamados chapéus do Chile no IIFA. A fábrica inicia seus trabalhos com 10 órfãos da Santa Casa empregados como aprendizes.

1867 Couto Ferraz propõe a criação de um Asilo Agrícola "à semelhança dos estabelecimentos desse gênero na Suíça para os meninos órfãos pobres".

1868 O JB passa a ficar aberto todos os dias úteis e santos das 6h às 17h e, em noites de luar, até às 21h.

1869	Primeiro número da *Revista Agrícola* do IIFA, subvencionada com verba da Assembleia Legislativa da província do RJ.
15/6/1869	É inaugurado o Asilo Agrícola na antiga Casa do Salitre do JB com o compromisso de instruir órfãos encaminhados pela Santa Casa e iniciá-los nos trabalhos agrícolas. Assume a direção do Asilo Agrícola Antonio Francisco Laczynski.
1870	Debate sobre a praga que atacava os canaviais produz documentos sobre o assunto e discordâncias na instituição.
1871	Proposta de Couto Ferraz para a criação de um Museu Industrial, Jardim Zoológico, Escola Veterinária e de Silvicultura.
	O governo adquire 11 chácaras e terrenos nas cercanias do JB para ampliação das atividades da Fazenda Normal.
	Inauguração do trajeto do Botanical's Garden até a Gávea e, naturalmente, cresce o número de visitantes do JB.
1872	Contratação do químico alemão Daniel Henningr (1872-1877).
1874	O editor da *Revista Agrícola*, Miguel Antonio da Silva encontra-se em viagem pela Europa em Comissão do governo e Joaquim Antonio de Azevedo é o redator durante quase todo o ano de 1874.
1875	Carlos Glasl assume a direção do Asilo Agrícola.
1876	Seguem os trabalhos de construção do prédio do Museu Industrial e recolhimento de acervo para exposição.
1877	Os relatórios ministeriais informam que o viveiro do JB tinha 100.000 m² e contava com mais de 350 mil plantas, considerado um dos maiores do mundo. Distribuição gratuita de 30 mil mudas para quase todas as províncias.
	O Asilo Agrícola conta com 30 alunos órfãos que trabalham nas plantações da Fazenda Normal.
1879	O IIFA busca auxiliar o governo no combate à enfermidade que assola a cana-de-açúcar de Pernambuco.
	Falecimento do redator da *Revista Agrícola*, Miguel Antonio da Silva. Assume, em seu lugar, Nicolau Joaquim Moreira.
1880	Otto Linger é contratado como químico do IIFA e permanece até 1889.
1881	Falecimento de José Pedro Dias de Carvalho, um dos membros mais ativos do IIFA e muito ligado a Couto Ferraz.
1883	Falecimento de Carlos Glasl.
	Assume, em 6/1883 até 12/1887, Nicolau Joaquim Moreira como diretor do JB, da Fazenda Normal e do Asilo Agrícola, além de permanecer como editor da *Revista Agrícola*.
	Inauguração, na Fazenda do Macaco, das novas instalações do Asilo Agrícola.
	É criada uma linha férrea ligando o JB com o novo prédio do Asilo Agrícola passando pela Fazenda Normal (RM 1884).

1885 No relatório ministerial, Nicolau J. Moreira afirma que o JB deveria ter um herbário, um museu, uma biblioteca e um catálogo científico das plantas existentes no parque. Afirma, ainda, que o edifício que estava sendo construído para abrigar o Museu Industrial estava em péssimas condições e os objetos doados, há mais de 10 anos, estavam se deteriorando.

1886 Falecimento do presidente do IIFA, Luís Pedreira do Couto Ferraz, visconde do Bom Retiro. Nomeado para presidente do IIFA o conde de Baependi (Braz Carneiro Nogueira da Costa Gama). Impossibilitado de exercer a função (faleceu no ano seguinte, com 75 anos), assume, interinamente, Pedro Dias Gordilho Paes Leme.

O ministro da agricultura critica o funcionamento do JB, da Fazenda Normal e do Asilo Agrícola.

Pedro D. G. Paes Leme sugere a compra de um terreno às margens da Estrada de Ferro d. Pedro II e mudança de local das atividades do IIFA.

1887 Nicolau Joaquim Moreira demite-se das direções do JB, da Fazenda Normal, do Asilo Agrícola e da *Revista Agrícola*.

Para exercer os cargos nas direções do JB, da Fazenda Normal e da Asilo Agrícola é nomeado Pedro D. G. Paes Leme e, para auxiliá-lo, Francisco Betim Paes Leme. A redação da *Revista Agrícola* é assumida por Ladislau Netto.

O prédio em que iria funcionar o Museu Industrial é demolido.

Os cargos de presidente, vice-presidente e secretário IIFA encontram-se vagos, assim como o de presidente e vice do conselho fiscal. Paes Leme os exerce interinamente.

1888 Ministro ordena a compra do terreno de 63 ha de propriedade do dr. Ribeiro de Avellar.

1889 Após a Proclamação da República, o IIFA retira de seu nome o epíteto Imperial e passa a se intitular Instituto Fluminense de Agricultura.

1890 O IIFA não consta mais nos relatórios ministeriais.

1891 É publicado o último número da *Revista Agrícola*.

Esta publicação foi impressa no
papel Pólem 90g utilizando a
tipologia Garamond e Aldine721 BT